KNAUR

LIEBE
Susanne Fröhlich
MACHEN
Constanze Kleis

KNAUR

Besuchen Sie uns im Internet:
www.knaur.de

Aus Verantwortung für die Umwelt hat sich die Verlagsgruppe Droemer Knaur zu einer nachhaltigen Buchproduktion verpflichtet. Der bewusste Umgang mit unseren Ressourcen, der Schutz unseres Klimas und der Natur gehören zu unseren obersten Unternehmenszielen. Gemeinsam mit unseren Partnern und Lieferanten setzen wir uns für eine klimaneutrale Buchproduktion ein, die den Erwerb von Klimazertifikaten zur Kompensation des CO_2-Ausstoßes einschließt.
Weitere Informationen finden Sie unter: www.klimaneutralerverlag.de

Originalausgabe September 2022

Ein Imprint der Verlagsgruppe
Droemer Knaur GmbH & Co. KG, München

Redaktion: Dr. Caroline Draeger
Covergestaltung: Isabella Materne
Coverabbildung: Alexander_P / Shutterstock.com
Satz: Adobe InDesign im Verlag
Druck und Bindung: GGP Media GmbH, Pößneck
ISBN 978-3-426-21494-7

2 4 5 3 1

Für unsere wunderbaren Freundinnen
und all die anderen Frauen,
die den ganzen herrlichen Beziehungsladen
so unverdrossen wie großherzig und oft
unter widrigsten Umständen mit ihrer Liebe
überhaupt erst am Laufen halten.

INTRO: WENN LIEBE DIE ANTWORT IST, WESHALB HABE ICH SO VIELE FRAGEN?

Everybody's got a hungry heart
(Bruce Springsteen)[1]

Die eine denkt noch darüber nach, ob sie ihrem ziemlich neuen Mann den Anblick einer Frau mit im Schritt verstärkter Fahrradunterwäsche zumuten kann. Die andere überlegt manchmal, ob man bei fortgesetzter Beschallung mit Heavy Metal im heimischen Wohnzimmer mildernde Umstände für Gattenmord geltend machen kann. Ja, wir beide befinden uns in sehr unterschiedlichen Beziehungsphasen.

Die eine ist ziemlich taufrisch verliebt. Die andere schon so lange verbandelt, dass selbst sie manchmal vergisst, wie das eigentlich alles angefangen hat (und bisweilen sogar, warum es immer weitergeht). Klar, dass jede von uns andere Fragen an die Liebe hat.

Erstaunlich allerdings, dass wir überhaupt so viele Fragen haben. Und nicht nur wir. Auch unsere Freundinnen, Mütter, Großmütter und deren Freundinnen. Egal, wie oft sie und wir schon verliebt waren, wie viel Zeit wir an der Seite von tollen und nicht so tollen Männern verbrachten, wie alt wir sind, wie viel wir also erlebt, gefühlt, erfahren haben.

Immer blieben und bleiben Fragen offen, werden neue gestellt, alte wieder hervorgeholt. Als wäre die Liebe ein Dreijähriger, der, kaum hat man eine Frage beantwortet, sofort wieder ein Dutzend neue hat. Solche wie: »Ist er der Richtige?«, »Wann weiß man, dass man ein Paar ist?«, »Wie sagt man einem Mann, dass der Sex, nun ja …?«, »Geht auch Liebe zu dritt?«, »Wie mache ich ihm klar, dass nur ich das größte Glück für ihn bin?«, »Warum kann man Leidenschaft nicht wie Fischstäbchen im Dreisternekühlfach lagern, damit sie bis zur goldenen Hochzeit taufrisch bleibt?«, »Ist es noch Liebe, wenn der Mann einem am Valentinstag keine Blumen schenkt?«

Gut, nach einigen Jahren hat man tatsächlich ein paar Antworten, die einem am Anfang vielleicht gefehlt haben (etwa ein entschiedenes »Ja« auf die Frage: »Werde ich irgendwann einmal wenigstens für ein paar Tage die Finger von ihm lassen können?«). Umgekehrt glaubt man gerade zu Beginn einer Liebe an Gewissheiten, die sich während einer Langzeitbeziehung schon mal dünnmachen können. Denn nein, man wird seine Angewohnheit, wichtige Entscheidungen erst mal mit seiner Mutter zu besprechen, nicht ewig »süß« finden. Nicht mal annähernd »ewig«, sondern genauer gesagt höchstens so lange, bis sie bei der Einrichtung der gemeinsamen Wohnung mitsprechen will.

Und schon wieder ist eine neue Frage auf der Welt: Wieso versteht er nicht, dass Mutti zwar klar die Beste ist, aber doch gefälligst für ihr eigenes Schlafzimmer neue Tapeten aussuchen soll?

Dann gibt es großartige, herzerwärmende, umwerfende Fragen – solche, mit denen praktisch schon die wichtigste aller Antworten mitgeliefert wird. Man weiß ja, dass es Liebe sein muss, wenn man hört: »Willst du meine Frau werden?« Oder: »Wie geht es dir? Was beschäftigt dich?« Oder: »Was soll ich heute für dich kochen?« Oder: »Du hast gerade so viel Stress, was kann ich tun, um dir das Leben ein wenig leichter zu machen?«

Auf der anderen Seite gibt es auch traurige, trostlose, verzweifelte Fragen. Solche, wie sie eine über 80-jährige Frau ihrem Therapeuten stellte (einem Freund von uns): Ob er nicht glaube, dass ein Anal-Bleaching ihre Chancen als Sexobjekt auf dem Senioren-Single-Markt verbessern könne? Ja, es gibt Fragen, in denen das

Unglück, der Frust, die Verzweiflung immer schon eingepreist sind. Zumal wenn sie sich alle um die eine, oft und leider so zentrale Frage drehen: »Bin ich liebenswert?«

Gar keine Fragen mehr an den anderen zu haben wäre allerdings auch nicht wünschenswert. Es ist schließlich eine emotionale Bankrotterklärung, wenn sich einer oder eine so gar nicht mehr für den anderen interessiert. Wenn man glaubt, ohnehin schon alles voneinander zu wissen. Deshalb ist es eigentlich ein Glück, wenn einen die Liebe noch im Seniorenheim vor tausend neue Fragen stellt. Nur so merkt man doch, dass man noch längst nicht fertig ist mit dem wunderbar Aufregenden. Der süßen Ungewissheit. Der Leidenschaft. Mit der Lust, mit dem Wollen und Genießen.

Deshalb haben wir einmal all die Fragen gesammelt, die uns und die Frauen um uns herum umtreiben. Dabei haben wir festgestellt, dass es uns oft gar nicht an Antworten fehlt. Sondern eigentlich vielmehr an Unerschrockenheit, Selbstbewusstsein, Souveränität, Eigensinn.

Wir wissen nämlich sehr viel häufiger, als wir uns eingestehen wollen, was das Richtige wäre. Etwa einen Kerl, der die »wenig definierten Oberarme« moniert, einfach mal an seinen noch sehr weniger definierten – nämlich ziemlich hängenden – Po zu erinnern und ihn danach vor die Tür zu setzen. Oder wenn wir überlegen: »Kann ich zum Geburtstag und zu Weihnachten ein Geschenk erwarten, und zwar ein mindestens hinreißendes?« (Auf jeden Fall!) Oder: »Sollte ich einem Mann beim ersten Date lieber verschweigen, wie erfolgreich ich beruflich bin?« (Niemals.) Wir trauen uns nur oft nicht, die auch laut auszusprechen und energisch durchzusetzen.

In diesem Sinne wollen wir mit diesem Buch ermutigen, jeweils für sich die Art von Antwort zu finden, die wir verdienen, die wir beanspruchen können, die uns stärker, mutiger, entschiedener und damit auch glücklicher macht. Und zwar auf dieselbe Weise, wie alle Frauen weltweit es abends am Esstisch, mittags im

Café, auf Reisen, täglich am Telefon und/oder per Mail tun: im Gespräch.

Liebe, das haben wir dabei festgestellt, ist in jedem Fall das, was man in der Grundschule früher ein »Tu-Wort« nannte. Sie ist kein selbstreinigender Backofen oder ein Bundeswehrlinseneintopf, der einfach so von allein Jahrzehnte haltbar bleibt. Zum Glück.

Was diesen herrlichen Zustand nämlich am Ende ausmacht: dass ihn sich jede von uns mit ein paar Grundzutaten ganz nach ihrem Geschmack zubereiten kann. Die wollen wir Ihnen im Folgenden präsentieren – mit einem hoffentlich spannenden, gut verdaulichen, sehr nahrhaften und nachhaltigen Liebesbuffet, also einer Art Schwarzwälder Kirsch mit Dinkelkeks-Qualitäten …

WORAN ERKENNE ICH DEN RICHTIGEN?

You can't always get what you want
But if you try sometime, you'll find
You get what you need
(Rolling Stones)[1]

Constanze

Oh, das ist gar nicht so einfach zu beantworten. Zumal und seit Traumprinzen nicht mehr auf weißen Pferden herumreiten. Stattdessen sollen wir Traumprinzqualitäten heutzutage auch dort erkennen können, wo sich die Prinzen als mittlere Angestellte, als Verkäufer, Juristen, Ingenieure, Flugbegleiter, Taxifahrer oder Versicherungsvertreter tarnen und, statt in Schlössern zu leben, in Wohnungen hausen, die aussehen, als wären sie von einem Büroausstatter eingerichtet worden. Du weißt schon: Stahlrohrsofa und so.

Vermutlich gehen die meisten von uns – ich eingeschlossen – bei der Suche deshalb ähnlich vor wie bei einem Lebensmitteleinkauf: Wir stellen uns eine Art Einkaufsliste zusammen. In diese fließen ein unsere Vorlieben und Abneigungen und einige sehr traurige Erfahrungen, denen wir zukünftig unbedingt aus dem Weg gehen wollen. Und natürlich auch, was man selbst an Voraussetzungen mitbringt. Meint: Klar wäre jemand wie Orlando Bloom eine fantastische Wahl. Aber wie groß ist die Wahrscheinlichkeit, dass er Katy Perry für eine Frau im Alter seiner Mutter verlässt?

Das wissen wir. Theoretisch. Praktisch kennen wir durchaus Frauen, die genauso gut sagen könnten: »Mir kommt nur ein Orlando-Bloom-Lookalike ins Haus!« Sie haben ihre Ansprüche so hoch gehängt, dass ein Klaus-Dieter oder ein Wolf-Ulrich da keinesfalls heranreichen könnte.

Ich denke da an Gertraud, die mit ihren 58 Jahren ganz fest daran glaubt, dass ein würdiges männliches Pendant höchstens fünfzig Jahre alt sein darf, mindestens über einen Hochschulabschluss, noch besser aber über einen Dr. oder Prof. vor dem Namen verfügen sollte und natürlich über ein stattliches Einkommen, das es ihr erlauben würde, endlich ihrer wahren Berufung – der Malerei – nachzugehen. Ich weiß nicht, ob da noch die gute alte Vorteilsheischer-Devise funktioniert: Wer viel verlangt, bekommt auch viel?! Und irgendwie ist es doch traurig, dass man lieber noch viele, viele Jahre lang Extrarunden im Single-Kosmos in Kauf nimmt, als sein Suchprofil etwas abzuspecken und die Grenzen des vermeintlich Unzumutbaren nicht so eng zu stecken, dass keiner mehr durchkommt.

Denn es erhöht die Erfolgsaussichten nachweislich enorm, wenn man bereit ist, hier und da ein paar Abstriche zu machen. Das hat der Mathematiker Peter Todd vom Max-Planck-Institut für Bildungsforschung in Berlin errechnet. Um »dem Größenwahn am simulierten Heiratsmarkt gegenzusteuern«, so Peter Todd, »haben wir den Teilnehmern etwas mehr Genügsamkeit verpasst«. Er zeigt, dass man mit Kleinigkeiten Wunder bewirkt: Es reicht, seine Toleranzgrenze – »Niemals ein Mann unter 1,85 m!« oder »Auf gar keinen Fall ein Fußballfan!« – um ein paar Millimeter nach unten zu verschieben. »Hauptsache, er reicht an das oberste Regalfach, wo ich die Schokolade versteckt habe!« oder: »Okay, Eintracht-Frankfurt-Fan geht, aber bei Bayern München hört der Spaß dann wirklich auf!« Mit so etwas kann man die eigenen Aussichten immens verbessern.[2]

Umgekehrt gilt: Wer Mr Perfect wünscht, der wird Mr Right voraussichtlich verpassen. Oder wie unsere so lebenskluge Freundin Regina immer sagt: Besser mit sechzig Prozent an einer herrlichen Sache beteiligt sein als zu hundert Prozent leer ausgehen. Zumal die Erfahrung zeigt, dass das gleichermaßen Verstörende wie absolut Hinreißende an der Liebe nun einmal ist, dass es ohnehin immer anders kommt, als man denkt.

LASS DICH ÜBERRASCHEN

Ich zum Beispiel wollte immer einen Mann, der es ruhig und harmonisch mag wie ich. Einen mit einem Faible für Reisen, Opern, klassische Konzerte. Der auch mal eine romantische Komödie mit mir schaut, unkommentiert von Sätzen wie: »Was 'n das für 'n Scheiß!« Der aber genauso komplizierte Kunstfilme schätzt, bei denen man sich nach drei Stunden immer noch fragt, worum es eigentlich geht. Einen, der wie ich viel liest, gerne auch aufwendig kocht, der Langschläfer ist und es liebt, möglichst lange bei Tisch zu sitzen, um mal alles gründlich durchzusprechen. Und das ist nur ein kleiner Ausschnitt einer ziemlich langen und – wie ich finde – dennoch relativ bescheidenen Wunschliste. Wenn ich mal etwas zum Lachen brauche, dann hole ich sie raus.

Der Mann, in den ich mich letzten Endes verliebt habe und mit dem ich jetzt seit dreißig Jahren zusammen bin, passt so gut zu meinen Vorlieben und Abneigungen wie ein Polarbär zu einer Butterblume. Uli ist ein absoluter Frühaufsteher. Wenn wir in all den Jahren noch nie gemeinsam im Bett gefrühstückt haben, dann auch, weil er das »ungemütlich« findet. Ganz und gar nicht ungemütlich findet er es im Gegensatz zu mir aber, sofort das Restaurant verlassen zu wollen, wenn die Teller leer sind. Nicht etwa nach einem Zehn-Gänge-Menü, sondern möglichst nach Vor- und Hauptspeise. Mehr gibt sein kulinarischer Geduldsfaden nicht her. Sobald also die Servicekraft herbeigeeilt kommt, weil ich die Hand gehoben habe, sagt mein Mann: »Die Rechnung bitte!«, obwohl ich eigentlich noch einen zweiten Wein bestellen wollte. Er bevorzugt außerdem Musik, die den perfekten Soundtrack zu einer Geiselnahme abgeben würde, und Filme, die kaum mehr Text haben, als auf eine Seite passt.

Kurz: Hätten Uli und ich uns nicht schon mit Anfang zwanzig ganz analog in einem Soziologieseminar an der Frankfurter Uni kennengelernt, wären wir niemals zusammengekommen. Jedwedes Partnerschaftsportal, das nicht gerade auf Würfeln oder Verlosungen setzt, hätte uns als füreinander gänzlich ungeeignet erklärt und sofort an andere vergeben.

Klar weiß ich nicht, ob ich über Tinder & Co. nicht vielleicht jemanden gefunden hätte, der viel eher meinem Beuteschema entspricht. Aber ich bin ganz sicher, dass sich dort sowieso nicht darstellen lässt, was uns zusammengebracht hat und ja im Prinzip unseren kleinen Beziehungsladen seit seiner Eröffnung überwiegend meistens zusammenhält. Etwas, das größer und mächtiger ist als jedweder Algorithmus. Die legendäre Chemie nämlich.

Diese an sich unerklärliche Magie, die dafür sorgt, dass man es einfach weiß, ohne es wissen zu können: »Der und kein anderer!« Noch ehe man mehr von einem Mann erfährt, als dass er sehr lustig und ziemlich sexy ist (du hättest Uli damals in seinem Blaumann sehen sollen, in dem er sich sein Studium mit Handwerkerarbeiten verdient hat ☺!), »als« und »wie« richtig anwendet und einen so fest im Arm halten kann, dass man keinerlei Zweifel mehr hat, angekommen zu sein. Ohne all die ganzen umfänglichen Persönlichkeitsanalysen, die Single-Börsen als die einzig vertrauenswürdige Startrampe einer glücklichen Beziehung betrachten. Bei dem, worauf es ankommt, funktioniert das simple Addieren von Vorlieben eben nicht.

Das Entscheidende ist längst passiert, noch lange bevor man weiß, ob einer ein Morgenmuffel ist, ein schwieriges Verhältnis zu seinen Eltern hat und ob er ein »introvertierter, intuitiver Denker und Beurteiler« oder doch eher ein »extrovertierter, konkreter, organisierter Fühlentscheider« ist. Zum Glück. Sonst würden wir uns wie einst die Königshäuser nur noch unter unseresgleichen paaren und hätten mit den typischen Inzucht-Folgen zu kämpfen: genetische, soziale und geistige Eintönigkeit. Am Ende kämen wir gar nicht mehr aus unseren Echokammern heraus, gäbe es diese herrliche »Scheißegal-Droge« namens Liebe nicht. Sie sorgt zum Glück ja dafür, dass einem von jetzt auf gleich herzlich wumpe wird, ob der andere auch Veganer oder Golfer, Akademiker oder Handwerker ist und überhaupt möglichst viele biografische Eckdaten mit uns teilt.

LIEBE AM RANDE DES STALKINGS

Klar hat diese Chemie definitiv auch Nachteile. Ich war zum Beispiel mal fast zwei Jahre heillos in einen Kommilitonen verschossen, von dem ich wirklich rein gar nichts weiter wusste, als dass er anbetungswürdig aussah. Keine Ahnung, was da los war – ob sich da irgendeine Schicksalsmacht mit einem Drogenproblem und einem Faible für schlechte Scherze austobte?! Kennst du vermutlich, kennt vermutlich jede Frau. Es war jedenfalls schlimm. Für mich. Und für ihn. Damals hieß es zum Glück noch nicht so, aber ich bewegte mich mit meiner Verblendung wirklich hart am Rande des Stalkings. Einmal hatte ich ihn genötigt, sich mit mir zu treffen. Obwohl wir uns nichts zu sagen hatten und er keinerlei Interesse an mir zeigte, blieb ich noch eine ganze Weile total verstrahlt. Jahre später sah ich diese ganz und gar ungerechtfertigte Liebe zufällig auf einer Party wieder und musste mich ernsthaft fragen, ob ich damals vielleicht mal eben kurz verrückt gewesen war.

Ein weiterer Nachteil dieser seltsamen, wunderbaren, mächtigen, unbegreiflichen chemischen Reaktion zwischen zwei (und manchmal auch nur bei einem) Menschen: Sie lässt sich online nur schwer darstellen. Deshalb müssen sich die Portale eben auf das verlegen, was digital abbildbar ist. Dabei liegt es in der Natur der Technik, dass es etwas Berechenbares sein muss. Etwas, das sich kategorisieren und in Algorithmen darstellen lässt – wie eben Hobbys, Einstellungen, Neigungen. So hochmodern das ist, so altmodisch ist es auch. Es führt etwas ein, das eigentlich noch aus

Zeiten stammt, in denen Eltern für ihre Kinder Ehen arrangierten – und dabei ganz ähnlich vorgingen wie die Portale heute: nach Übereinstimmung bei den wichtigsten biografischen Daten.

Aber dann passiert eben auch, was du und jede, die sich schon mal in diesem Kosmos umgesehen hat, kennt: Selbst wenn dann endlich mal theoretisch alles stimmt, einer klug ist, dieselben Bücher mag, auch gerne joggt, dieselben Reiseziele anstrebt, auch noch gut aussieht und sich exzellent ausdrücken kann – muss es noch lange nicht funken.

Umgekehrt ist diese seltsame Anziehungskraft, die sich so schwer erklären, analysieren und digitalisieren lässt, manchmal doch klüger als wir und unser Beuteschema. Bei meinem Mann und mir hat sich trotz aller Unterschiede gezeigt, dass wir in wesentlichen Dingen ziemlich gut harmonieren. Wir teilen diese Art von Humor, die sich so wenig erklären lässt wie die Liebe und gerade deshalb so gut funktioniert. Ich mag an ihm, dass er mir nicht die Welt erklären will und durchaus zuhört, wenn ich es umgekehrt versuche. Dass er sich sehr gut allein beschäftigen kann – und kein Problem hat, wenn ich mehrmals die Woche ohne ihn unterwegs bin, um Freundinnen zu treffen. Er findet mich sehr klug und hinreißend, was er – immer noch – sehr oft und überzeugend zum Ausdruck bringt. Er verschiebt klaglos seinen Skatabend, um mich zu meinem wöchentlichen Besuch bei meinem Vater zu fahren, weil ich zu spät dran bin. Und er serviert mir auch nach drei Jahrzehnten immer noch jeden Morgen Kaffee ans Bett. Er kann – wie sich herausgestellt hat – sehr gut und ziemlich lustig schreiben. Was mich schon aus beruflichen Gründen beeindruckt. Und das ist nur eine kleine Auswahl der Dinge, bei denen sich die »Chemie« bewährt hat.

Sie hat etwas gewusst, was wir noch nicht wissen konnten. Etwas, für das man Geduld braucht und eben genau die hormonelle Verstrahlung, die dafür sorgt, dass man auch eher geringe Teilmengen aushält, bis man merkt: Sie sind doch größer als gedacht. Leider ist diese Art des Kennenlernens – erst das Verknallt-Sein und dann die Frage, ob's überhaupt passt – mittlerweile fast aus der Mode gekommen. Wo alle Welt im Netz schaut, guckt kaum noch jemand analog. Vielleicht wird das auch unseren Blick darauf verändern, wen wir in der Liebe für uns als falsch und als richtig empfinden.

Das heißt im Umkehrschluss sicher nicht, dass man nicht auch auf Partnersuchportalen fündig werden kann. Im Gegenteil. Gerade weil immer mehr Menschen online suchen, wäre es fahrlässig, diese Option auszulassen. Das wäre, als bliebe man der einzige Gast in einer Kneipe, während nebenan der Bär steppt. Du weißt ja, es kann nur gelingen, was man auch versucht, und da steigen die Chancen – logisch – einfach mit jeder Gelegenheit, die man wahrnimmt. Reine Statistik: Da, wo sehr, sehr viele sind, ist einfach die Wahrscheinlichkeit doch ziemlich groß, dass sich auch Paare finden.

Allerdings scheint die möglichst umfängliche Datenerhebung, die Portale als die idealen zwischenmenschlichen Schnellkleber ausgeben, nicht gerade ein Erfolgsmodell. Wenn sich laut Parship-Werbung »alle 11 Minuten« ein Single über dieses Portal verliebt, klingt das zwar sehr verlockend. Aber erstens gibt es keine Auskunft darüber, wie lange diese Liebe hält. Fünf Minuten? Eine Woche? Zwei Monate? Ein Leben? Zweitens hat der Psychologe und Direktor emeritus am Max-Planck-Institut für Bildungsforschung Gerd Gigerenzer einmal vorgerechnet, wie es sich genau mit dieser vermeintlich so beeindruckenden Bilanz verhält. »Da melden Sie sich an und müssen nur elf Minuten warten, toll! Aber alle elf Minuten, das macht am Tag 130 Verliebte, im Jahr fast 50 000. Wenn Parship eine Million Kunden hat, sind das gerade mal fünf Prozent. Das ist Ihre rechnerische Chance, sich zu verlieben. Da können Sie zehn Jahre dabei sein und immer noch auf die große Liebe warten!«[3]

Kein Wunder, dass die ein oder andere unter unseren Single-Freundinnen eine gewisse Skepsis gegenüber dem Online-Dating hegt.

Sylvia zum Beispiel hat nach nur zwei Versuchen das Handtuch geworfen. »Mit dem einen habe ich mich wirklich gut verstanden. Wir haben fast drei Stunden am Stück geredet und uns zum Abschied geküsst. Danach hat er sich nie wieder gemeldet. Der andere hatte bei seinem Profil kräftig gelogen. Er war viel kleiner, viel dicker, viel älter, als er sich bei Tinder dargestellt hatte.« Sie hofft jetzt wieder auf die gute alte Methode, dem Zufall das eigene Glück in die Hand zu legen. Darauf, an irgendeinem Tresen, auf dem Tennisplatz, an der Tanke angesprochen zu werden und zu wissen: dieser oder keiner.

Aber ich fürchte, das ist mit über fünfzig ein gewagtes Projekt. Selbst bei optimistischer Lebenserwartung könnte das sehr, sehr lange dauern. Die meisten suchen nun einmal online. Sie heben draußen im wirklichen Leben kaum noch den Kopf, um dort ihre Chancen wahrzunehmen. Ich habe Sylvia gesagt, dass zwei Fehlgriffe leider nicht für eine gesicherte Feststellung darüber ausreichen, ob eine Online-Suche eine schlechte Idee ist.

Theoretisch kann der Richtige überall zu finden sein – im Supermarkt, in der S-Bahn, im Restaurant, im Museum – und, wie ich in einem Podcast gehört habe, auch bei einer Sexparty. Warum also nicht im Netz? Die Kunst, denke ich, besteht vielleicht ohnehin darin, die Liebe nicht bloß an Orten zu suchen, die sich dafür anbieten – solche wie Single-Partys oder Speeddating-Events. Sondern vor allem dort, wo man ohnehin gerne ist: im Theater, in Galerien, beim Sport oder vielleicht bei der Tiertafel, wo man ehrenamtlich aushilft.

Ich glaube, an solchen Lieblingsorten ist man entspannter und souveräner als an Plätzen, an denen man sich keinesfalls zum Spaß, sondern ausschließlich wegen der Partnersuche aufhält. Oder was meinst du? Du warst ja lange genug auch online unterwegs. Bestimmt hast du ein paar Tipps, ob und wie man dort den Richtigen findet. Vielleicht sogar den, den man eigentlich gar nicht gesucht hat und der gerade deshalb bestens passt?

GEHT ES NICHT AUCH OHNE ONLINE-DATING?

Vor allem hat das Online-Dating Menschen jeden Alters geholfen zu erkennen, dass es keinen Grund gibt, sich mit einer mittelmäßigen Beziehung zufriedenzugeben.

(Dan Slater)[1]

Susanne

Ich habe mich auch lange, ja, sehr lange gesträubt, mich in einem der vielen Datingportale zu präsentieren. So ein bisschen hat man immer das Gefühl, auf der menschlichen Resterampe gelandet zu sein. Da, wo sich die tummeln, die sonst keinen abkriegen. Sich selbst so zu sehen ist unangenehm. Aber in meinem Fall war, das musste ich mir irgendwann eingestehen, im wahren Leben seit Jahren tote Hose. Es ist eben mehr als unwahrscheinlich, dass ein Fremder einer Mittfünfzigerin an der Supermarktkasse sein Entzücken gesteht und um eine Verabredung bettelt. Und ich gehe wirklich sehr viel einkaufen, an mangelnden Möglichkeiten liegt es also nicht.

Conny, du weißt, ich saß nicht zu Hause und habe auf das erlösende Klingeln des Traummannes gewartet. Ich war brav draußen, wie es alle empfohlen haben, da, wo das Leben spielt. In Bars, in Ausstellungen, auf dem Flohmarkt, in Cafés und Restaurants. Ich habe Sport getrieben, mich bei Lauftreffs angemeldet und hatte jede Menge Spaß. Aber ich habe dabei nicht einen Mann getroffen, der mein Herz auch nur einen Hauch höher hat schlagen lassen.

Davon mal abgesehen: Das allein langt ja dummerweise nicht.

Im besten Fall ist das Gegenüber zumindest auch interessiert und bereit, sich auf etwas Neues einzulassen. Schon da ist die Lage bei Menschen über vierzig anders als bei 19-Jährigen. Viele haben schlicht genug. Von all den Enttäuschungen und den schlechten Erfahrungen. Und sind überzeugt, dass man ohne Liebe vielleicht doch besser dran ist.

»Beziehungen verkomplizieren das Leben, und das ist schon so anstrengend genug«, sagt eine unsere Freundinnen ziemlich pragmatisch und auch ein wenig ernüchtert. (Du weißt, wen ich meine!) All die Liebeserlebnisse, die man hatte, machen einen nicht nur klüger (im allerbesten Fall), sondern eben auch vorsichtiger. Man hat eine eingebaute Kopfbremse und auch über die Jahre schon die ein oder andere Liebesnarbe davongetragen. Man will nicht betrogen oder anderweitig hintergangen und verletzt werden.

Dieses »Eigentlich will ich. Aber was, wenn …?« hatte ich auch im Kopf. Der Impuls, sich selbst zu schützen, die Angst, sich Körbe einzufangen und trauriger als zuvor dazustehen – da kommt einem eine gewisse Unbeschwertheit abhanden. Doch genau diese Unbeschwertheit braucht es für eine angenehme Leichtigkeit. Eine Liebe, die beschwingt und einem nicht den letzten Nerv raubt. Angst spielte auch eine gewisse Rolle bei der Frage: Online-Dating, ja oder nein? Ich gebe zu: Allein der Gedanke, selbst hier zu scheitern (wo man es doch schon im echten Leben nicht geschafft hat!), ist nicht gerade aufbauend. Wenn man es da nicht hinkriegt, was bleibt dann noch? Nur noch der verdammte Zufall, auf den allerdings auch nicht wirklich Verlass ist.

Da ich dem Zufall jede Menge Zeit und ausreichend Gelegenheit gegeben habe – und er mich gemeinerweise total ignoriert hat –, habe ich es dann doch getan, das mit dem Online-Dating. Du weißt, wenn ich was mache, dann mit Karacho. Ich hatte verstanden: Wer seine Chancen deutlich vergrößern will, sollte nichts unversucht lassen. Schon weil jede Menge Männer und Frauen das gesamte Thema Liebe quasi ins Netz verlagert haben, gehört

Online-Dating heutzutage auf jeden Fall dazu. Flirt und Akquise finden bei vielen nur noch dort statt. Sie gucken nicht mehr in der Bahn oder beim Einkaufen, sie haben das gesamte Thema outgesourct. Es wäre doch verdammt schade, eine stetig wachsende Gruppe potenzieller Kandidaten für die große Liebe außen vor zu lassen.

ALLES SO BEQUEM HIER

Als ich anderen Freundinnen davon erzählt habe, waren einige nachgerade entsetzt. Vera, eine Bekannte, sagte, dass sie sich ganz sicher nicht wie eine beliebig verfügbare Ware im Internet präsentiert, da würde sie lieber hübsch zurechtgemacht in einer Bar warten, bis sie jemand anspricht. »Nimm dir ein Sitzkissen mit! Das kann dauern«, war mein Kommentar.

Die Wahrscheinlichkeit, in einer Bar, einem Restaurant oder an einer Bushaltestelle angesprochen zu werden, tendiert gegen null. Insofern ist die Annahme, dass man sich nur doll aufgerüscht in einer Bar aufhalten muss und die Sache läuft wie von selbst, ein ganz klein wenig naiv. Vor allem, wenn man die 35 hinter sich gelassen hat. Und selbst in der Generation U-30 wird inzwischen oft genug das Netz bemüht. Das weiß ich aus dem Freundeskreis meiner Tochter. Man sieht sich in einer Bar. Und anstatt direkt auf jemanden zuzugehen, schreibt man sich hinterher, nachdem man hartnäckig recherchiert hat, auf irgendwelchen Social-Media-Kanälen an.

Wieso also die Mühe auf sich nehmen, wenn man auf Datingplattformen ganz entspannt eine viel größere Auswahl an interessierten Frauen und Männern hat? Das findet zum Beispiel Holger, ein langjähriger Freund und Single: »Wenn ich ausgehe und eine anspreche, weiß ich ja nicht mal, ob sie nicht einen Freund hat. Und ich kann mir eine – oft reichlich grobe – Absage einfangen. Nachdem ich zwei oder drei Weißweinschorlen ausgegeben habe.

Das nervt. Da ist die Suche im Netz sehr viel bequemer. Die, die da drin sind, sind ja immerhin verfügbar. Und willig.« Das hört sich sehr unromantisch an, aber ganz falsch ist es nicht und irgendwie kann ich Holger auch verstehen. »Manche sind so zickig, wenn man sie nett anspricht, die tun gerade so, als hätte man ihnen ein unsittliches Angebot gemacht.« Da wagt sich mal einer und es ist uns Frauen auch nicht recht. Schwierig. Natürlich darf man ablehnen, aber man kann es ja nett machen.

CHANCEN-BOOSTER

Ja, es gibt diese wunderbaren ausnehmend romantischen Geschichten von Frauen, die im realen Leben zufällig auf »den einen« treffen, aber häufiger hört man mittlerweile von Paaren, dass sie sich im Internet kennengelernt haben. Inzwischen geben das die meisten auch offen zu. Die Zeiten, in denen diese Art der »Kontaktanbahnung« als anrüchig galt, sind zum Glück lange vorbei. Es ist normal, im Internet nach einem Partner zu suchen. Insofern plädiere ich dafür, alle Chancen, die es gibt, auch zu nutzen. Wie sagst du immer: Was man nicht probiert, kann auch nicht gelingen. Ich habe mich also nach und nach bei verschiedenen Portalen angemeldet, am Schluss selbst bei Tinder (man verliert irgendwann jede Hemmung), und mich mit dem Thema ausgiebig beschäftigt.

Aus eigener Erfahrung weiß ich inzwischen: Man kann sich online verlieben. So weit die zunächst sehr frohe Botschaft.

Schon deshalb macht es Sinn, diese Gelegenheit echt zu nutzen. Ja, auch ich habe lange diesen Traum geträumt, zum Beispiel an der Tankstelle angesprochen zu werden. Während ich an der Kasse Schlange stehe, kommt von hinten der unglaublich attraktive Neurochirurg und bittet inständig um eine Verabredung und gesteht, dass er sich direkt schockverliebt hat. (Obwohl man einen Bad-Hair-Day hat und nicht gerade ausgehfertig aussieht.)

Ein wirklich schöner Traum. Zurück in die Realität. Ich habe es ja schon geschrieben: Man kann sich über Datingportale verlieben. Aber (ja, leider hat auch diese herrliche Nachricht jede Menge Aber im Gepäck …) man muss tatsächlich hartnäckig sein. Und einiges aushalten. Ohne eine gehörige Portion Frustrationstoleranz, und ich meine ein richtig dickes Fell, geht beim Online-Daten gar nichts. Wer sich wie unsere Freundin Sylvia nach zwei Fehlversuchen ins Bockshorn jagen lässt, sollte es gar nicht erst im Netz versuchen. Hier muss man zäh sein. Ausdauernd wie ein Auerhahn, der seine Balzgesänge in der Hauptbalzzeit täglich bis zu sechshundertmal wiederholt.

GRUSEL-FAKTOR

Die Online-Partnersuche ist kein Sprint, sondern eher ein Marathon. Eigentlich schon fast ein Ultralauf. Einer, bei dem man noch nicht mal weiß, ob man das Ziel je erreicht. Eine Aussicht, die viele schon gleich zu Beginn abschreckt. Wozu bei einem kräfte- und nervenzehrenden Rennen antreten, wenn Belohnung und der Erfolg keineswegs garantiert sind? Die wenigsten Menschen sind bereit, Mühen auf sich zu nehmen, wenn hinten höchstwahrscheinlich nichts als Frust und Enttäuschung rauskommen.

Ich kenne inzwischen viele in meinem Umfeld, die wie Sylvia sagen: Einmal und nie wieder. Nein danke. Da bleibe ich lieber lebenslang Single. Das tue ich mir nicht wieder an. Ja, auch Barbara hatte ein absolut grauenvolles Date. Ein winziger Kerl mit einem gigantischen Ego. »Und sein Portemonnaie hat er auch noch ›vergessen‹ und Tischmanieren hatte er auch keine. Ein Horror!«, hat sie sich bei mir beschwert. Man könnte eine Partei gründen mit Frauen, die gruselige Erfahrungen mit dem Online-Daten gemacht haben.

Wer das Stichwort Online-Partnersuche in den Raum wirft, bekommt ähnliche Horrorszenarien geschildert wie beim Stichwort Wurzelkanalresektion. Allein die Erzählungen schrecken ab. Dabei – das kann ich aus Erfahrung sagen: Man gewöhnt sich an vieles und einiges ist, retrospektiv betrachtet, auch ganz schön witzig. Meine Freundinnen haben die Geschichten rund um meine skurrilen Dates sehr geliebt. Zwischendrin allerdings, dass muss ich zugeben, kann einem das Lachen wirklich vergehen. Online-Dating erfordert eine Extraportion Frustrationstoleranz und einiges an Selbstbewusstsein. Übrigens, wie mir Männer erzählt haben, auf beiden Seiten.

(FAST) ALLES EINE FRAGE DES BEUTESCHEMAS

Das Wichtigste, bevor man sich bei einem oder mehreren der bekannten Portale anmeldet, ist, die Erwartungshaltung nicht zu hoch zu schrauben. Nein, es regnet nicht alle sieben Minuten Traummänner, schon weil die Traummanndichte weltweit generell überschaubar ist. Mal davon abgesehen, dass es den universell einsetzbaren Traummann für jede von uns gar nicht gibt.

Schon deshalb lohnt es sich, vor dem Beginn des Online-Datings noch mal gründlich übers Beuteschema nachzudenken. Ungefähr zu wissen, was man will, kann nicht schaden. Aber es stimmt, was du mir immer sagst: Egal, wie viele Gemeinsamkeiten man hat, sie sind kein Garant fürs ausgiebige Funkensprühen. Nur weil der potenzielle Partner auch gerne Yoga macht, auch zwei ältere Geschwister hat, Tagliatelle mit Lachs-Sahne-Soße schätzt und seine Lieblingsrolle bei *Haus des Geldes*, der Netflix-Serie, auch Nairobi ist, heißt das noch lange nicht, dass ihr glücklich werdet, bis dass der Tod euch scheidet. Die Chemie ist das, was uns wirklich aufeinander fliegen lässt. Biochemie eben. Etwas, was man auch mit viel gutem Willen und Beharrlichkeit nicht beeinflussen kann.

Ich finde aber, dass man trotz aller Biochemie nicht alles dem Zufall überlassen und auch den Verstand nutzen sollte. Alle Studien und Statistiken zeigen, dass gewisse Gemeinsamkeiten vor allem die Langstrecke einer Beziehung leichter machen: Ein ähnlicher Humor, ähnliche Werte und Moralvorstellungen sowie ein nicht allzu großer Altersunterschied erleichtern die Sache oft ungemein.

Natürlich gibt es die berühmten Ausnahmen. Die CSU-Wählerin mit dem Grünen-Mitglied, das Feierbiest und die Stubenhockerin, das Sparbrötchen mit der Verschwenderin. Alles geht. Aber es macht die eh schon komplizierte Angelegenheit mit der Beziehung auf Dauer noch komplizierter. Elementare Unterschiede sind schwierig. Klar kann der Langschläfer mit der Frühaufsteherin oder der Supersportler mit der Couchpotato – aber wenn es um Werte geht und die sehr verschieden sind, wird es eine echte Herausforderung. Also ist es entscheidend, dass man sich Gedanken macht, was man aushalten kann und was nicht.

DIE KLEINEN UNTERSCHIEDE

Auch ich habe das vor meiner Partnersuche gemacht. Nach 21 Jahren mit Ende vierzig wieder in den Single-Kosmos geschleudert zu werden ist seltsam. Man ist so aus der Übung. Die Parameter meines Beuteschemas mussten zunächst dringend neu überdacht werden. Ich brauchte keinen Vater für meine Kinder, sie haben einen wunderbaren Papa. Ich brauchte niemanden, der mich finanziert, das kann ich selbst. Ich möchte jemanden, der das auch für sich selbst kann. Ich habe keine Lust, auf meine alten Tage jemanden auszuhalten. (Und nein, ich bin nicht geizig!) Ein sehr großes finanzielles Ungleichgewicht macht die Anbändelei auch nicht einfacher. Jemand, der nicht weiß, wohin mit all seinem Geld, führt ein anderes Leben als jemand, der immerzu knapsen muss. Eben mal ein Wochenende in Paris – für den einen gar kein Thema, für den anderen einfach unmöglich. Männer tun sich oft schwer, wenn Frauen mehr als sie verdienen.

Das hört sich an, als wären wir in den 1960er-Jahren stecken geblieben, aber es ist so. Nicht bei allen Männern, aber eben bei vielen. Gerne darf die Frau berufstätig sein, gerne auch viel verdienen, aber eben bitte nicht mehr als er. Mich verwundert das. Es muss doch ein sehr, sehr entspannendes Gefühl sein, eine Frau an der Seite zu haben, die sich im Zweifelsfall selbst durchbringen kann. Ich habe oft mehr verdient als der jeweilige Mann, mit dem ich liiert war. Für meinen Ex, den Vater meiner Kinder, war das nie ein Thema. Für andere schon. Es würde ihr Selbstbewusstsein schmälern. Sie kämen sich klein vor. Unterlegen. Komisch, dass das umgekehrt nie ein Thema ist? Welche Frau beschwert sich darüber, dass ihr Mann zu viel verdient? »Ach, der Horst, so ein cooler Typ, leider verdient er mir zu viel!«

Könnte man als Paar nicht auch sagen: Herrlich, da können wir uns ein wenig mehr gönnen. Wer als Frau einiges verdient, muss leider ein bisschen auf der Hut sein. Heiratsschwindler gibt es auf beiden Seiten der Geschlechter.

Ich habe eine Bekannte, nennen wir sie mal Paula, die hat nach fünf langen Jahren gemerkt, dass sie ausgenommen wurde wie die sprichwörtliche Weihnachtsgans. Zusätzlich zu der Demütigung und der riesigen Enttäuschung waren mehr als 50 000 Euro weg. Festzustellen, dass die vermeintlich große Liebe nur ans pralle Portemonnaie und den Familienschmuck wollte, war sicherlich nicht schön. Es gibt Männer, die machen das halbwegs professionell. Sie sind ausgebuffte Lügner und haben immer eine Ausrede parat. Will ein Mann sehr schnell ein kurzzeitiges Darlehen oder hat er eigentlich nie seine Geldbörse dabei – Finger weg. Egal, wie sexy und charmant der Kerl auch ist. Paula hätte über so eine Bemerkung nur spöttisch gelacht und gefragt: »Für wie doof hältst du mich eigentlich?« Hormone und die Hoffnung auf Liebe machen uns sehr schnell sehr doof. Von diesen Goldsuchern gibt es auch im Internet jede Menge. Man staunt. Paula allerdings hatte ihren Abzocker aus einer Bar. Auch abseits des Netzes ist nicht alles gut.

FAKE-KERLE

Ich hatte bei Tinder einen Mann, der mich anschrieb und vorgab, auf einer Ölplattform in der Nordsee zu arbeiten. Ein Texaner, irrsinnig gut aussehend, der sich nach zweimaligem Hin- und Herschreiben schon wahnsinnig verliebt gab. Ich habe ein gutes Selbstbewusstsein, weiß aber durchaus um meine Möglichkeiten, insofern kam mir diese affenartige Blitzliebe doch ein wenig seltsam vor. Und obwohl ich mit meinem mittelprächtigen Schulenglisch sicherlich nicht als Englisch-Simultandolmetscherin geeignet wäre, wunderte ich mich, warum ein gebürtiger Texaner ein dermaßen bescheidenes Englisch sprach beziehungsweise schrieb. Gesprochen habe ich den Mann ja nie. Zum Glück habe ich relativ schnell (dank deiner Hilfe beim Recherchieren!) bemerkt: Das ganze Profil des Kerls war ein einziger riesiger Fake. Eine Top-Mogelpackung, kunstvoll arrangiert.

Ich war an einen sogenannten Love Scammer geraten. An einen Mann, der sich ein begehrenswertes Profil zusammenschustert, um dusselige Frauen, gerne ein wenig älter und gerne auch schon reichlich frustriert, um reichlich Geld zu erleichtern. Mit ein bisschen Liebesgesäusel und großartigen Versprechen.

Love Scammer sind mit ein wenig Wissen leicht zu enttarnen. Sie haben fast immer einen Beruf, der ihnen spontane Treffen in den nächsten Monaten leider nicht ermöglicht. Sie arbeiten etwa bei Amnesty im Ausland, für Ärzte ohne Grenzen oder auf einer Ölplattform. In Wirklichkeit sitzen sie in Nigeria oder sonst wo auf der Welt und versuchen, auf die pseudoromantische Tour Frauen Geld aus der Tasche zu ziehen.

In meinem Fall habe ich sofort die Ölplattform gegoogelt und mich gewundert. Ja, es gab sie tatsächlich, aber sehr viele Meilen draußen im offenen Meer. Auf einem Bild meines schmucken »Verehrers« (er hat mich mit Bildern förmlich zugeschüttet) hat man allerdings im Hintergrund seines Arbeitsplatzes vor Computern einen Streifen Land gesehen. Und bei einer gründlichen

Bildrecherche (danke dir dafür noch heute!) hat sich dann herausgestellt, dass mein angeblicher texanischer Ölingenieur für seine Darstellung im Netz einfach Bilder des amerikanischen Botschafters in Neuseeland verwendet hat. Des unglaublich gut aussehenden Botschafters.

Ich habe den Love Scammer sofort auf seine »frappierende« Ähnlichkeit angesprochen und ihn bei der Internet-Plattform gemeldet. Wir kamen also gar nicht zu dem Punkt, wo der vermeintliche Verehrer plötzlich um Geld bittet. Weil er unverschuldet in einen Unfall geraten ist oder gerade keine Kreditkarte zur Hand hat, sein Kind – das er nach dem Tod seiner Frau selbstlos alleine aufzieht – eine Operation braucht und so weiter.

Merken: Wer Sie um Geld bittet (vor allem in diesem zarten Anfangsstadium …), ist im Zweifel nicht schockverliebt, sondern ein mieser Betrüger, der zeitgleich Dutzende von Frauen beackert.

MEHR IST MEHR

Außerdem hatte ich keine Lust auf einen exorbitanten Altersunterschied. Ich möchte weder eine Bachelorarbeit Korrektur lesen, auf vermeintliche »Schwiegereltern« treffen, die mein Jahrgang sind, noch direkt in die Pflege einsteigen. (Damit wir uns nicht falsch verstehen: Ich würde einen Mann, den ich liebe, auch pflegen, nur wenn möglich nicht sofort …).

Ich möchte gerne jemanden an meiner Seite, der ungefähr in derselben Epoche aufgewachsen ist wie ich. Der versteht, von wem ich spreche, wenn ich meine Lieblingsband erwähne. Ich habe keinen ausgeprägten Hang zum Toyboy. Ich bin nicht Madonna. Klar haben junge Männer im Zweifel knackigere Körper und vielleicht sogar, das hofft man zumindest, ein weniger traditionelles Frauenbild. (Ein wirklicher Vorteil. Insofern sollte man nicht in allzu engen Alterskategorien denken.) Aber: Der junge Körper ist ja allein auch nicht abendfüllend. Und mal ehrlich: Ich denke, wenn man sich nach langer Zeit mal wieder vor einem potenziellen Partner nackig macht, ist es angenehmer, man spielt in einer ähnlichen Liga.

Auch altersmäßig. Zipperlein und ein gewisser Verfall machen ja vor keinem Geschlecht halt. Was für einen jungen Mann spricht, ist die Haltung der älteren Männer, die es oft schon fast selbstverständlich finden, dass sie das naturgegebene Anrecht auf eine sehr viel jüngere Frau haben. Gleiches Recht für alle, könnte man da sagen.

Erinnerst du dich noch an den Juristen, einen knapp Achtzigjährigen, der dir neulich erklärt hat, er sei auf der Suche nach einer Frau? Du hast ihn ermuntert, noch mal Ausschau nach einer neuen Liebe zu halten, warst aber unterschwellig besorgt, er könne dich, immerhin knapp zwanzig Jahre jünger, ins Visier genommen haben. Man will ja niemanden vor den Kopf stoßen. Du hast dir direkt ein paar elegante und freundliche Absagemodelle überlegt. Aber weit gefehlt und zudem eine unnötige Vorsichtsmaßnahme. Er hat dir dann glatt erklärt, dass eine über Fünfzigjährige für ihn, der ja noch enorm rüstig sei, eher nicht infrage käme.

Da ist man wirklich schon mal sprachlos. Die Chuzpe, mit der Männer glauben, ihnen stünde was Junges, Frisches zu, ist erstaunlich. Was stimmt mit deren Selbstwahrnehmung nicht? Oder haben sie einfach nur ein enormes Selbstbewusstsein, von dem wir uns getrost die eine oder andere Scheibe abschneiden könnten?

Sollten wir deshalb – schon aus Gerechtigkeitsgründen – nicht auch die richtig jungen Männer ins Visier nehmen? Ich habe kein Problem damit, wenn sich Menschen ungeachtet ihres Alters kreuz und quer verlieben. Mein Radius sind ungefähr zehn Jahre nach oben und zehn Jahre nach unten. Mehr will ich nicht.

MÄNNERKATALOG

Ich war auf drei verschiedenen Portalen aktiv. Um es genau zu sagen: Tinder, Parship und Elite Partner. Mal mehr auf dem einen, mal mehr auf dem anderen. Wennschon, dennschon, war meine Devise. Was ich nicht geahnt habe, ist, wie zeitfressend diese Portale sein können. Gut, immerhin muss man sich für die Netzakquise nicht die Beine rasieren, sich die Wangen konturieren und in High Heels rumstöckeln, sondern kann im Rohzustand vor dem Bildschirm hocken und Männer sichten. Da spart man Zeit. Das war's dann aber auch.

Die Online-Suche nach dem Mann oder der Frau fürs Leben oder auch nur für ein wenig Spaß ist ein weitaus zeitraubenderes Unterfangen, als ich dachte. Um sich einen auszusuchen, muss man sich auf der anderen Seite auch präsentieren. Sich verfügbar zeigen. Sich anbieten. Daran sieht man auch, dass der Vergleich, Online-Dating sei wie Katalogshopping früher, einen kleinen Haken hat: Wer aussuchen will, muss sich ebenso begutachten lassen. Zeig mir dein Bild, ich zeige dir auch meins.

Schon mit der Auswahl der eigenen Bilder kann man viel falsch und richtig machen. Ein Porträtfoto sollte dabei sein (ohne Sonnenbrille, und auch keins der biometrischen Passfotos, auf denen man keine Miene verzieht). Und ein Ganzkörperfoto, beides am besten relativ aktuell.

Ich habe Männer getroffen, deren Fotos wahrscheinlich vor der Jahrtausendwende aufgenommen wurden. Das ist beim Zusammentreffen im realen Leben ziemlich ernüchternd. Manche hatten scheinbar über Nacht 25 Kilo zugenommen oder jedwedes Haupthaar verloren. Das ist frech und macht einen ärgerlich. Es ist ein bisschen wie bei einer Wohnungsbesichtigung. Man sieht im Netz Bilder von einer herrlichen Altbauwohnung, und wenn man hinkommt, liegt sie beschissen und muss komplett saniert werden. Wüsste man das vorher, wäre man selbst eventuell sehr viel gnädiger oder würde »die Wohnung« gar nicht erst anschauen …

Ja, das sind Äußerlichkeiten, und ja, die viel beschworenen inneren Werte …

Wir alle wissen, dass gutes Aussehen eine nette Beigabe ist, und die Auswahl rein auf dieses Kriterium zu beschränken wäre reichlich beschränkt. Aber wie auch im Leben, in der Bar, der Kneipe, im Sportverein oder auch auf dem Wochenmarkt – den ersten Eindruck liefert nun mal immer die Optik. Insofern lohnt es sich, ein gewisses Augenmerk darauf zu richten. Nicht zu geschönt sollten die Fotos sein und möglichst filterfrei. Eine 52-Jährige, die man wie durch dichten Glitzer-Feenstaub oder sanften Nebel nur erahnen kann, will niemand daten.

Zu viel Filter, zu wenig Tatsachen – das macht misstrauisch. Fotos haben, das muss man sich klarmachen, eine Art geheimen Subtext. Wer im knappen Tangabikini posiert, muss sich nicht wundern, auf seine Körbchengröße reduziert zu werden. Man darf und sollte sich durchaus so gut wie möglich präsentieren, aber zu viel nackte Haut sollte man vermeiden. Jedenfalls dann, wenn es um eine Beziehungssuche geht. Wer Bettgesellschaft will: Go for it. Dann ist weniger an Stoff oft mehr. Aber auch das klassische Bewerbungsfoto im dunkelblauen Blazer mit weißem Blüschen drunter ist nicht geeignet (trotzdem immer noch besser als das Bikinifoto!). Möglichst normal, freundlich und sympathisch sollten die Bilder sein. Sie sollten sich selbst darauf erkennen und mögen. Seien Sie, wonach man heute so oft strebt, einfach die beste Version Ihrer selbst. Fragen Sie im Zweifelsfall Freundinnen.

Wenn man sich durch die Fotogalerien der Suchenden blättert und wischt, fällt eines auf: Männer lieben Bilder, die sie beim Sport zeigen: mein Rennrad und ich, mein Triathlonleibchen (mit Startnummer!!) und ich, mein Klettergurt und ich. Die Botschaft: Ich bin durchtrainiert und aktiv. Auch unglaublich beliebt sind Fotos mit Auto oder Motorrad. »Schau mal, was mir gehört«, schreien diese Fotos. Wer es nötig hat, seinen Porsche oder seinen tiefergelegten Golf GTI zur Akquise einzusetzen, hat eventuell ansonsten nicht viel zu bieten.

Ein Klassiker bei den Männern: Selfies vor dem Badezimmerspiegel. Oft mit nacktem glänzendem Oberkörper und vor schrecklich biederen Spiegelschränken. Gern genommen werden auch Bilder am Strand in Badehose. Nach dem Motto: Sieh, wie viel Schönes du hier bekommst. Mich hat das immer irgendwie irritiert. Im normalen Leben trifft man sich (außer man lernt sich im Freibad oder in der Sauna kennen) ja die ersten Male eher bekleidet. Ich glaube nicht, dass ein Oberkörper viel über jemanden aussagt. Natürlich ist ein hübscher Brustkorb mit angrenzendem Sixpack eine feine Sache, ein schönes Add-on, aber wichtiger sind mir andere Qualitäten. Kann sein, dass ich in dieser Hinsicht spießig bin.

DAS JUGEND-GERÜCHT

Bevor man in die Online-Dating-Materie einsteigt, muss man wissen, im Netz wird geschwindelt, dass es nur so kracht. Auf beiden Seiten übrigens. Mir haben viele Freundinnen erklärt, dass man sich tunlichst nicht mit seinem wahren Alter präsentieren sollte, vor allem wenn eine Fünf oder gar Sechs vorne steht. »Da wirst du direkt aussortiert. Bist ein Ladenhüter, ohne dass dich irgendwer auch nur genauer in Augenschein nimmt. Da kannst du in Topform sein, aber aufgrund deines Alters wirst du noch nicht mal angezeigt. Weil man seine Alterswünsche eingeben kann. Und bei den meisten Männern ist bei neunundvierzig Ende.«

Das ist bitter. Keine Frage. Aber mal ernsthaft: Will man einen Mann, der eine Ü-50-Jährige per se gar nicht in Betracht zieht? Selbst wenn er in der gleichen Altersklasse zu Hause ist? »Die wollen nur Jüngere! So ist es halt!«, hat mir Ines, eine sehr attraktive Freundin, erklärt. Deshalb hat sie sich im Netz gleich mal zwölf

Jahre jünger gemacht. »Das ist eine Form der Notwehr!«, rechtfertigt sie ihre Lüge, »sonst scheide ich aus dem Rennen aus, bevor es überhaupt losgeht.« Ihre Taktik ist aufgegangen. Sie hat einen wunderbaren Mann kennengelernt, der noch mal jünger war als sie mit ihrem Fake-Alter.

Bei den ersten Dates der beiden war es schwierig für Ines. Sie ist Juristin, musste Studienzeiten, das Alter ihrer Tochter und alles Weitere an die Eingangslüge anpassen. Hat ziemlich herumlaviert. War ständig auf der Hut. Nach zwei Monaten, als sie sich nähergekommen waren, ist sie endlich zögerlich mit der Wahrheit rausgerückt. Das Lustige: Auch er hatte sich jünger gemacht. Ines war aber, nachdem beide die Karten auf den Tisch gelegt hatten, immer noch neun Jahre älter. Es hat nichtsdestotrotz gefunkt. Sie sind jetzt seit zwei Jahren ein Paar.

Es funktioniert, aber Ines hat noch immer Angst, dass ihr Alter irgendwann dazu führt, dass er sich verabschiedet. Für eine jüngere Frau. »Auch gleichaltrige oder ältere Männer verlassen einen gerne mal für eine Jüngere, das kann einem immer passieren!«, habe ich versucht, sie zu beruhigen. Im Zweifelsfall wird man immer für eine Jüngere verlassen. So banal, aber wahr.

WAHRHEITSLIEBE

Für mich kam das Altersschwindeln nicht infrage. Ich finde es seltsam, mit so einer fetten Lüge in eine potenzielle neue Beziehung zu starten. Davon mal abgesehen, kann man mich vortrefflich googeln, und der Schwindel käme schnell raus. Und mal ehrlich, ich sehe auch – abhängig von der Tagesform – etwa so alt aus, wie ich bin. Männer, die glauben, ihnen stehe auf jeden Fall eine sehr viel jüngere Frau zu, sind keine Männer, die mich interessieren. Ich finde es schon in Gedanken sehr anstrengend, plötzlich viel jünger aussehen zu müssen, als ich bin. Wenn eine Zahl kampfentscheidend sein sollte, bin ich raus. Wer mich mit 49 Jahren in Betracht ziehen würde, bei 52 aber »Auf keinen Fall die Alte!« schreit, dem kann ich nicht helfen. Schon deshalb habe ich in meinen Phasen des Online-Datings immer mein echtes Alter angegeben.

Ja, ich bekam jede Menge Zuschriften von Männern, die gut fünfzehn bis zwanzig Jahre älter waren. Auch (angeblich) vitale 80-Jährige haben mir geschrieben. »Sie sind der Jahrgang meines Vaters!«, habe ich einem mal geantwortet. Seine Replik: »Ich habe Erfahrung und muss nachts noch nicht mal raus!« Ein freundlicher Verweis auf seine noch funktionierende Prostata. Man könnte sagen, das ist altersdiskriminierend von mir, vor allem bei der Eins-a-Prostata, aber perspektivisch gesehen, wollte ich eben keinen Mann, der knapp dreißig Jahre älter ist als ich. (Nicht nur, weil ich dann – rein statistisch gesehen – spätestens in acht bis zehn Jahren erneut suchen muss!) Ergibt keinen Sinn, vor allem, wenn man die Lebenserwartung von Männern und Frauen im Blick hat.

Das gleiche Recht, »Nein danke« zu sagen, haben natürlich auch Männer. Das muss man sich überhaupt klarmachen: So wie wir Ansprüche haben, oft auch sehr skurrile – auf keinen Fall einen Bayern-München-Fan, auf keinen Fall einen Lehrer, auf keinen Fall einen mit Glatze … –, haben auch Männer Ansprüche. Die kann man blöd oder unverschämt oder auch beides finden, aber sie sind ebenso legitim. Was Ines behauptet, ist definitiv nicht falsch, aber es gibt auch Männer, die keine Frau wollen, die ihre Tochter sein könnte.

ALTERSBESCHRÄNKUNGEN

Ja, es schränkt den Kreis der Interessenten ganz schön ein, aber wer selbst nicht belogen werden will, sollte auch nicht lügen. Erstaunlicherweise habe auch ich zig Männer getroffen, die beim Alter ein wenig geschwindelt haben. Im Schnitt haben sie sich fünf Jahre jünger gemacht. 49 statt 54 etwa. Nicht, dass sie es mir gestanden hätten, aber dank Google war es zumeist einfach herauszufinden. Ich bin Journalistin, Recherche gehört zu meinem Alltag. Ich habe mich jedes Mal gewundert, warum sich selbst Männer jünger machen. Schon deshalb habe ich gefragt. »Weil man dann auch für jüngere Frauen attraktiver ist! Eine Mittdreißigerin reagiert eher nicht auf einen Mann jenseits der fünfzig. Ende vierzig geht aber noch«, war die schlichte Antwort, frei von jeder Scham.

UN-EHELICH

Grober Schwindel fliegt auf. Nicht nur bei Fotos. Spätestens beim ersten Date muss man damit rechnen, enttarnt zu werden. Es gibt keine Kneipe, in der das Licht so schummerig ist, dass man wie gephotoshoppt aussieht. Aber beim Lügen geht es immer noch dreister.

Ich habe einen Mann gedatet, der schon beim ersten Hin- und Herschreiben sehr flirty war. Als ich sein Foto einer Freundin zeigte, hat sie erschrocken geguckt. Das sei doch der G. aus F., der Mann ihrer Freundin R. Ich bin trotzdem zu dem Date. Habe ihn reden lassen. Und nach zwei Stunden einfach so en passant gefragt, wann er mir eigentlich sagen will, dass er verheiratet ist? Er war – immerhin – verlegen. Seine Frau wisse das, hat er versucht, sich rauszureden. Peinlich. Und wie respektlos seiner Frau gegenüber, sich auf einer Datingplattform anzubieten, wo ihn mit Sicherheit sehr viele sehen. All die Datingplattformen sind eben auch Tummelplätze für Männer (tatsächlich sind es vorwiegend fast nur Männer …), die längst vergeben sind.

Wie oft sieht man bei Tinder Fotos, auf denen der Kopf nicht mit drauf ist. Das ist ein eindeutiges Zeichen dafür, dass jemand nicht erkannt werden will (und/oder potthässlich ist). Darauf angesprochen, behaupten viele: »Du, ich bin so bekannt und in meinem Berufsbereich wäre das ungünstig!« Ich hatte einen, der geschrieben hat, er sei Arzt in einer Klinik und wolle nicht, dass andere davon erführen.

Mal ehrlich, ich fand den Gedanken auch nicht toll, dass mich jemand auf Tinder sieht und dann Dinge sagt wie: »Dass die das nötig hat …«, oder so ähnlich. Aber genau so kam es übrigens bei mir. Ich hatte meine Bilder kaum hochgeladen und freigeschaltet, da wurde ich noch am selben Tag von meinem Ex darauf angesprochen. Ein Kollege hatte ihm mein Profil gezeigt und süffisant gefragt, ob er denn wisse, was seine Ex so treibt. Er wusste. Ich hatte – wir haben ein wunderbares Verhältnis – längst mit ihm darüber gesprochen und ihn sogar um Rat bei der Bildauswahl gebeten.

»Oh Gott, das ist ja megapeinlich! Du Arme! Wenn sich das rumspricht!«, hat eine Bekannte gesagt. Fand ich nicht. Zum einen war ich nicht als Superschnapp auf einer Escortseite für »Alte heiße Hausfrauen«, habe mich nicht in einem Hauch von Nichts gerekelt. Zum anderen muss jemand, der einen dort entdeckt, ja selbst bei Tinder & Co. sein. Wem allein der Gedanke, auf Tinder gesehen zu werden, unangenehm ist, der muss es lassen.

Ich habe dort eine Menge Leute wiedergesehen. Auch solche, von denen ich es nie gedacht hätte. Das hat mich irgendwie beruhigt. Man fühlt sich nicht wie ein besonders schwer vermittelbarer Fall. Sondern einfach nur wie eine unter vielen. Wie hat mein Vater früher gesagt: »Es geht den Menschen wie den Leut…!«

VERSUCH UND GANZ VIEL IRRTUM

Klar hatte ich Dates mit Männern, denen es in erster Linie darum ging zu gucken, ob ich die »echte« Susanne Fröhlich bin. Bei diesen Verabredungen habe ich mir einiges anhören müssen. Ich sei ja gar nicht so eine Emanze, wie sie gedacht haben (doch!), ich sei netter und größer als im Fernsehen und gar nicht so mopsig.

Es war wie eine Probefahrt in einem Auto, von dem man wusste, dass es einem sowieso nicht gefällt. Manche der Kerle sagten auch direkt, dass sie verheiratet sind und was Leckeres für nebenher und fürs Bett suchen. Das muss man nicht gutheißen, aber es ist zumindest ehrlich. Klar gibt es auch sehr bizarre Typen, ganz in Lack und Leder, voll tätowiert oder gleich komplett nackt mit exotischen Haustieren auf dem Schoß. Es gibt Männer, die schreiben nur: »Ficken?« anstatt: »Hallo, nett, dich hier zu treffen!« Das alles muss man nicht mögen. Und auch nicht liken.

Das Internet, so viel sollte man wissen, lässt viele – schon weil es an jedweder sozialen Kontrolle fehlt – alles, was sie je über Manieren oder Anstand gehört haben, über Bord werfen. Das ist bedauerlich, aber zum Glück muss man ja nicht jeden nehmen, sondern kann frei wählen. Eines ist allerdings wichtig: Wer keine Zeit für ein Date Auge in Auge hat, der hat etwas zu verbergen. So beschäftigt ist niemand, dass er sich nicht mal eine Stunde für einen Kaffee freinehmen könnte.

Was ich bei all meinen Online-Liebesversuchen festgestellt habe: Es ist sinnvoll, sich möglichst schnell zu treffen. Monatelanges Hin- und Hergeschreibsel baut eine Erwartung auf, die der Realität oft nicht standhält. Manche Männer sind gewiefte Schreiber, aber das allein ist leider kein Garant für tolle Kommunikation. Die, die so unglaublich fantasievoll schreiben, sind oft welche, die wissen, worauf Frauen stehen. Routiniers in Sachen Akquise. Leider gilt aber nicht auch das Umgekehrte: Nur weil einer schlecht schreibt, ist er noch lange kein toller Kerl. Persönlich sollten die Nachrichten sein, interessiert, offen und freundlich. Oft genug merkt man schnell, dass einer hauptsächlich »Copy-and-paste« benutzt. Wer sich nicht mal mit den ersten Sätzen Mühe gibt, den kann man bedenkenlos aussortieren.

Ich habe langweilige Männer getroffen – so langweilig, dass ich fast beim Essen weggeratzt wäre –, totale Angeber und selbstverliebte Idioten, die es geschafft haben, in drei Stunden nicht einmal eine Frage zu stellen. Ich habe Volltrottel geküsst, Männer, von denen ich dann erfahren habe, dass sie – manchmal sogar am selben Abend – mehrere Dates hatten. Und da wahrscheinlich genauso beherzt geknutscht haben. Ich bin Hunderte von Kilometern für einen Teller mieser Spaghetti mit einem sehr kleinen Mann gefahren und hätte mich danach selbst ohrfeigen können. Aber ich wollte eben auch keine Chance verpassen. Nach dem Motto: Man weiß ja nie – vielleicht ist es genau der, und nur weil du zu faul warst …

Das Gute: Man wird auf Dauer beim Online-Daten auch schlauer. Man merkt schneller, wer das quasi als Hobby betreibt und wer vielleicht wirklich »ernstere Absichten« hat. Sehr zur Entspannung beigetragen hat der Tipp eines guten Freundes: Ich solle mich nicht zu sehr auf »den einen« fokussieren, sondern immer noch zwei andere in Reserve halten. Ein netter Abend hieße eben noch gar nichts. Und während ich auf eine Nachricht von dem Mann auf Position eins warte, könne ich doch mit Nummer zwei sehr hübsch ausgehen. Wird es verbindlicher, solle ich die anderen in den Wind schießen, aber solange es nur um einen Kaffee geht oder mal ein Abendessen oder einen Drink in einer Bar, sei die Exklusivität beim Daten vielleicht übertrieben. Das war ein guter Rat.

Es hilft, sich nach zwei, drei Nachrichten nicht zu sehr reinzusteigern. Ich kenne Frauen, die nach einer Woche Mailwechsel und zwei Telefonaten überzeugt waren: Das ist er! Der Mann, mit dem ich alt werde. Oder einfach nur noch älter. Mein Seelenverwandter.

Was aber auch für mich selbstverständlich war: Wenn man nach ein, zwei Dates das Gefühl hat, da könnte mehr draus werden, dann lässt man das mit dem Paralleldaten. Einfach aus Anstand. Ich habe einmal jemanden näher ins Auge gefasst, der mir zu Beginn ganz gut gefallen hat. Nach ein paar Dates hat er mich im Affenhaus des Zoos leidenschaftlich geknutscht. Danach wollte ich zu einer Freundin fahren. Ganz beseelt. Ich dachte, das hat vielleicht Potenzial.

Ich war noch nicht im Auto, da hat er angerufen. Wie lieb. Dachte ich. Er scheint ja wirklich verknallt, wenn er sich jetzt schon wieder meldet. Leider war es ein wenig anders. Er hat eine andere anrufen wollen, eine, mit der er sich eine Stunde nach unserem Kuss im Affenhaus verabredet hatte. Hat sich schlicht in der Taste verdrückt. Kurz mal den Überblick über seine Frauenbekanntschaften verloren. »Ich freue mich wahnsinnig, dass wir uns gleich sehen. Meine Lippen freuen sich auf dich!«, hat er ins Telefon gesäuselt und da war mir klar, er knutscht alles, was geht – und das mit nicht mal einer Stunde Wartezeit dazwischen. »Ja, ich freue mich auch sehr für dich«, habe ich geantwortet und ihm noch ein schönes Leben gewünscht.

Drei Monate später hat er sich wieder bei mir gemeldet und gesagt, wie sehr er das alles bereut. Das nennt man in der Datingsprache Zombieing. Wenn jemand quasi von den Toten aufersteht nach langer Funkstille. Aber dummerweise kann ich ausgesprochen nachtragend sein und so gut war das Küssen auch nicht.

GEISTERSTUNDEN

Auch demütigend fand ich das Ghosting. Männer, die einem herrlich schreiben, mit denen man schon ein Date hatte und sich auf mehr freut. Und dann: das große Nichts. Sie melden sich nicht mehr. Reagieren nicht auf zaghafte Nachfragen und gehen nicht ans Telefon. Tauchen einfach ab. Sind wie Geister von der Bildfläche verschwunden. Blockieren einen auf allen Kanälen. Wenn es kurz nach dem Kennenlernen passiert, ist es nur mieses, asoziales Verhalten. Feige noch dazu. Es ist unangenehm, jemandem zu sagen oder zu schreiben, dass es leider doch nicht für mehr reicht, aber den Arsch in der Hose sollte man bitte haben! Trotzdem: Zu Beginn sollte man es keinesfalls persönlich nehmen. Die Gegenseite kennt einen ja noch gar nicht.

Geghostet zu werden ist leider schon fast normal, wenn man sich ins Online-Dating-Abenteuer begibt. Es erwischt nahezu alle. Man will, wenn einem das passiert, zu gerne eine Erklärung. Man fragt sich, woran es gelegen haben könnte. Bin ich zu dick, zu schrill, zu laut oder was auch immer? Aber genau diese Erklärung wird einem verweigert. Man kann eigentlich nur den »nassen Labrador« machen: schütteln und weiter geht's.

Das Netz macht Dinge wie Ghosting & Co. leichter, als das im realen Leben möglich wäre. Denn dort besteht ja immer die Möglichkeit (und somit die Gefahr), noch mal aufeinanderzutreffen. Gerade wenn man sich aus dem persönlichen sozialen Umfeld kennt. Das würde sich rumsprechen. »Stell dir vor, der Leo hat die Susanne richtig fies behandelt ... Was für ein Drecksack.«

Im Internet kann man wunderbar verschwinden und muss sich nicht mal erklären, geschweige denn rechtfertigen. Das scheint praktisch, ist aber zutiefst unfair und stillos. Vom Ghosting gibt es jede Menge Varianten. Benching ist so eine, die viele mit Sicherheit auch aus dem echten Leben kennen. Man wird geparkt und bei Bedarf neu entflammt. Aufgewärmt eben. Da kommt ab und an eine Nachricht, damit man auf kleiner Flamme weiterkocht: »Musste an dich denken«, und wenn es denn mal passt oder gerade niemand sonst parat steht, auch mal mehr. Nach dem Motto: Besser als nichts ist die ja schon.

Ich kenne all das. Nichts davon ist schön oder macht Spaß. Schon deshalb sollte man tunlichst darauf achten, es nicht zu persönlich zu nehmen – die Gegenseite kennt einen ja nicht wirklich –, und vor allem darauf, nicht selbst so ein Ekel zu sein. Es ist fair, anderen zu sagen, dass man leider nicht interessiert ist. Auch wenn man natürlich auch die Schmeicheleien von Männern genießt, die nicht die richtigen sind. Man muss und sollte nicht zu sehr ins Detail gehen. »Der Funke ist nicht übergesprungen, du bist ein netter Mann, aber mehr ist da für mich leider nicht«, reicht im Normalfall.

GESTÄNDNISSE

Irgendwann ist – bei all dem Dating – der Punkt gekommen, wo man die Karten auf den Tisch legen muss. Wo man deutlich erklären muss, was Sache ist. Natürlich fragt man nicht bei der zweiten Verabredung, ob das jetzt was Ernstes, Festes sei oder wann man »endlich« seine Eltern kennenlernt? Das ist vielleicht ein wenig schnell. Aber man sollte sich auch nicht Monate oder Jahre hinhalten lassen.

Die Frage nach einer Form von Verbindlichkeit ist heutzutage ein sehr heikles Thema. Ich habe eine Bekannte, die seit zwei Jahren einen Mann datet, mit ihm Sex hat und die Wochenenden verbringt. Früher wäre klar gewesen: Die beiden sind ein Paar. Aber bis heute kennt sie niemanden aus seiner Familie und auch seine Freunde sind ein Tabu. »Ich will mich nicht festlegen, ich brauche Zeit«, sagt er. Sein Tinder-Account ist immer noch aktiv, das hat sie gecheckt.

Ich würde mir das nicht gefallen lassen. Irgendwann muss man wissen, wo (wie du es nennst) »die Reise hingeht«. »Aber wenn ich Druck mache, kann es ja sein, dass er verschwindet!«, sorgt sich meine Freundin Annett. Ja, das kann sein. Aber will man jemanden, der immer noch sucht und sich währenddessen die Zeit in unserem Bett und Herz vertreibt? Will man mit dieser permanenten Unsicherheit leben? Immer mit der Hoffnung, dass er eines Tages aufwacht und voller Inbrunst seufzend eingesteht: »Ja, heute Nacht ist es mir klar geworden: Du bist es!«

Aber um noch einmal auf deine Frage zurückzukommen: Online-Dating ist auf jeden Fall einen Versuch wert. Bei allen Demütigungen, die mit dazugehören. Ich habe noch immer zwei Freunde, die ich ursprünglich mal gedatet habe. Tolle Männer, aber keine Partner für mich. Das ist doch auch schon mal schön. Und hätte ich inzwischen keinen Lebenspartner, ich wäre sicherlich noch im virtuellen Anbahnungs-Kosmos unterwegs. Bei allem Frust hat es mir auch Spaß gemacht. Und ich habe einiges gelernt. Über mich und die Männer. Zum Beispiel, dass man sich immer viel zu viele Sorgen über Optik und Gewicht macht. Oder denkst du, auch die Liebe hat einen BMI?

Zehn Regeln fürs erste Date:

1. **Eigentlich klar und selbstverständlich: An einem öffentlichen Ort treffen und mindestens eine Freundin darüber informieren, mit wem man wo ist.**
2. **Nicht verkleiden. Nicht zu viel Schminke. Nicht zu viele nackte Tatsachen. Mühe geben, aber nicht übertreiben. Entspannt, lässig und chic. Turnschuhfrauen, die auf einmal in High Heels staksen, wirken komisch.**
3. **Der miese Ex ist kein gutes Gesprächsthema.**
4. **Dein Wunsch nach Heirat und Kindern eignet sich auch nicht!**
5. **Ein Date ist kein Verhör! Keinen Fragenkatalog abfeuern! Nicht zu viel lästern!**
6. **Familiengeschichten können sehr, sehr langweilig sein!**
7. **Handy in der Tasche lassen! Instagram & Co. während eines Dates zu checken ist unhöflich!**
8. **Interesse zeigen, nachfragen – okay. Aber keine Vorträge halten. Ein Date ist keine Vorlesung.**
9. **Das ist nicht der Moment für den Schluck zu viel. Klar geht ein Glas Wein oder auch zwei, aber Komasaufen ist nicht wirklich sexy.**
10. **Nicht davon ausgehen, dass der Mann die Rechnung zahlt. Zumindest sollte man anbieten, die Hälfte zu übernehmen.**

HAT DIE LIEBE EINEN BMI?

Nicht die Schönheit entscheidet, wen wir lieben, die Liebe entscheidet, wen wir schön finden.
(Sophia Loren)[1]

Constanze

Ich war Mitte zwanzig, als ich mit meinem damaligen Freund, einem Jungunternehmer, der sehr gut verdiente und noch besser aussah, in einem italienischen Restaurant saß. Ich hatte mir bestellt, was ich damals sehr gern aß: ein Schnitzel – paniert natürlich – mit Bratkartoffeln und dazu einen Wein.

Ich war fast durch mit meinem Essen, als er seine Hand auf meine legte. Er sah mir dabei tief in die Augen und schuf so eine an sich perfekte Wohlfühlatmosphäre für einen Heiratsantrag. Erwartungsvoll hörte ich auf, an meinem Schnitzel herumzusäbeln. Dann sagte er etwas, das unseren Beziehungsstatus tatsächlich abrupt veränderte. Er meinte nämlich, ich müsse langsam mal anfangen, auf meine Figur zu achten. Er beobachte schon länger ein besorgniserregendes Faible für Hochkalorisches bei mir, sorge sich sehr, dass ich zu dick werden könnte.

Ich war bedient. Ich meine, ich wog damals zwanzig Kilo weniger als heute. Etwa 56 Kilo auf 1,74 cm. Wann immer ich zum Arzt kam, wurde ich auf Blutarmut untersucht. Beim letzten Griechenland-Urlaub mit einer Freundin hatte ein sehr engagierter Verehrer mein Aussehen begeistert »präraffaelitisch« genannt. Das musste ich nach meiner Heimkehr auch erst mal nachschlagen, aber es beschrieb offenbar blasse, leicht anämische Erscheinungen, die Mitte des 19. Jahrhunderts immerhin schon mal eine ganze Künstlergeneration in Ekstase versetzt hatten.

Kurz: Ich war megaschlank. Bloß offenbar ausgerechnet dem Mann, der vorgab, mich zu lieben, nicht schlank genug. Was hatte er vor? Wollte er mich zukünftig im Handschuhfach seines Citroëns unterbringen?

Klar war ich sauer. Aber dann heulte ich. Ich wusste, dass man als Frau mit einem Rest von Selbstachtung nicht mit einem Mann zusammenbleiben konnte, der seine Gefühle vom BMI seiner Partnerin abhängig machte. Ich meine, was würde er bei den ersten Falten tun? Oder was würde er tun, wenn ich etwa an Krebs erkranken und mal eben all meine Haare, vielleicht sogar meine Brüste verlieren würde? Meinen Namen vom Klingelschild abschrauben und mich im Keller einsperren?

Beim nächsten Mann, das nahm ich mir an diesem Abend vor, sollte das ganz anders werden. Der sollte mich vor allem für meine inneren Werte vergöttern, für all das, was wie eine Blackbox nach einem Flugzeugabsturz garantiert unbeschadet bleibt von jedweden optischen Verschleißerscheinungen. Klugheit, Humor, Freundlichkeit, Neugier zum Beispiel und von mir aus auch, dass ich ein 1-a-Gulasch zubereiten kann. Ich stellte mir vor, was sich auch alle mir bekannten Frauen unter wahrhaftiger Hingerissenheit vorstellen: mit dem Herzen gesehen zu werden anstatt mit den Augen von Heidi Klum.

Andererseits: Würde es uns wirklich gefallen, wenn einer die Optik ganz außen vor ließe und sich nur auf den Charakter konzentrierte? Es würde uns vermutlich eher enorm verunsichern, wenn einer kein Wort über unsere Schauwerte verliert. Umgekehrt sind wir selbst bei Weitem nicht bereit, einem Mann vor allem in die Seele zu sehen und etwa zu ignorieren, wenn die auf 1,62 Metern doch eher beengt wohnt.

Die Liebe hat nun einmal ein Idealgewicht. Und zwar bei allen Beteiligten. Ich finde es deshalb schwierig, von einem anderen die Großmut zu erwarten, die man selbst nicht aufbringt. So wie unsere Freundin Maja. Ja, sie ist eine tolle Frau – souverän, lustig, hübsch, erfolgreich. Dass sich bei ihr 85 Kilo auf 1,69 Metern herrlichster Rundungen verteilen – gar kein Thema. Würde sie nicht selbst eines draus machen.

Erstens hat sie auf ihrem Parship-Profilfoto mindestens 15 Kilo Speck so gut versteckt, dass nicht mal Sherlock Holmes sie mehr finden würde (muss sie unbedingt noch fragen, wie das eigentlich geht). Zweitens beurteilt sie selbst potenzielle Kandidaten vor allem nach ihrem Aussehen, nach Körperlänge und -umfang. Ihr Beuteschema: ein Athlet von mindestens 1,85 Metern. Als ihr kürzlich ein entsprechender Volltreffer gleich beim ersten Date sagte, er habe die schlanke Frau gewünscht, als die sie sich auf ihrem Profil dargestellt habe, war sie trotzdem sauer.

Irgendwie verrückt. Und nicht nur, was sie anbelangt. Wir Frauen sind mindestens genauso »ungnädig«, wie wir es Männern immer unterstellen. Wir gehen nach ähnlichen – oberflächlichen – Kriterien vor. Solchen, die man auch als »leere Kalorien der Partnersuche« beschreiben könnte. Ich meine, was sagt die Körperlänge darüber aus, wie gut einer als Liebster taugt? Oder auch der Status eines Mannes? Zumal wir mittlerweile in einem Alter sind, in dem wir uns allein finanzieren und Ernährerqualitäten ungefähr so dringend brauchen wie einen Pizza-Dom.

Klar: Sich von seinem eigenen Hang zu Äußerlichkeiten zu trennen ist viel schwerer, als einen schnöseligen Jungunternehmer in die Wüste zu schicken. (War übrigens nicht gerade das hellste Licht auf der Torte. Und habe ich gesagt: »Du, ich mache mir wirklich Sorgen, dass du verblödest, weil du nie ein Buch liest?« Leider nein!) Das weiß ich, weil ich ihn dann bald verabschiedet und schließlich wirklich einen – meinen – Mann gefunden hatte, dem zehn Kilo mehr oder weniger an mir herzlich egal sind. (Gilt natürlich auch umgekehrt …) Der auch dann nicht das Licht ausmachte, als mich ein Wespenstich links unterm Auge für ganze zwei Wochen in etwas verwandelte, das selbst die Zombies aus seiner Lieblingsserie in Panik versetzt hätte. Ein Mann, dem ich erst mal den Unterschied zwischen Sommersprossen und Altersflecken erklären müsste und ebenso, was eigentlich Cellulite ist.

Aber das werde ich natürlich in keinem Fall tun. Das wäre ja, als würde ich Wegweiser aufstellen, auf denen steht: Nur noch dreißig Zentimeter bis zur nächsten Problemzone.

Ich könnte eigentlich also sehr, sehr zufrieden mit mir sein, weil da einer ENDLICH so gar keinen Wert auf eine perfekte Optik legt. Aber natürlich macht es mich glücklich, regelmäßig versichert zu bekommen, dass er eben nicht nur meine inneren Werte liebt, sondern auch meine äußeren schätzt. Und klar schleppe ich meinen mittelalten Körper nicht allein deshalb drei Mal die Woche in den Park zum Joggen, weil es so gesund ist, sondern weil ich leidlich schlank bleiben will.

Ich möchte im Rahmen meiner Möglichkeiten gut aussehen. Das heißt: Ich kenne meine Grenzen. Aber es heißt nicht, dass ich sie nicht hier und da ein wenig ausweite und den Verhandlungsspielraum mit der Natur ausschöpfe. Umgekehrt muss ich es aber auch anderweitig nicht übertreiben und jeden meiner Makel leidenschaftlich lieben. Ich finde, es genügt, wenn sie und ich so etwas wie eine Vernunftehe führen. Wir wissen, was wir aneinander haben, aber ich werde ihm sicher keine Valentinskarte schicken. Oder bist du etwa ganz dicke mit deinem Bauchspeck? Man soll sich ja heutzutage besonders als Frau rundum ganz doll lieb haben können …

MUSS ICH MICH ERST SELBST TOLL FINDEN, BEVOR ES EIN ANDERER TUT?

Wer sagt denn eigentlich, dass Dünne mehr Spaß haben? Ich lasse mir doch von meiner Waage nicht vorschreiben, wie glücklich ich bin!
(Eine Freundin)

Susanne

Es wäre ein Anfang. Zum Glück gibt es die Body-Positivity-Bewegung. Ich bewundere ihre Ikonen dafür, wie sie für uns und vor allem für die jüngeren Frauen eine Schneise durch die Folterkeller und Bootcamps des Schönheitswahns schlagen. Und klar kann man nicht erwarten, dass einen ein anderer liebt, wenn man das nicht mal für sich selbst erledigt. Allerdings finde ich auch das andere Extrem schwierig: Den Ist-Zustand vergöttern zu müssen. Jedem Makel einen Dankesbrief zu schreiben, weil er mich erst zu der Frau macht, die ich bin. Ich will aber nicht für jedes Extrakilo einen Fanclub gründen. Und auch nicht für jede neue Falte eine Willkommensparty schmeißen. Ich meine, das tue ich ja auch nicht in anderen Bereichen, wo ich höchstens mittelmäßig bin: beim Singen zum Beispiel oder beim Tanzen. Da würde auch niemand von mir erwarten, dass ich mir für mein Gekrächze und Gehopse applaudiere. Umgekehrt brauche ich deshalb auch nicht in mein Kissen zu heulen, weil sich SO garantiert niemand in mich verliebt. – Nicht mal ich.

Ich glaube, es ist diese Mischung, die vielleicht nicht schön macht, aber auf jeden Fall anziehend (ich finde ja, anziehend ist immer schön, umgekehrt ist schön nicht immer anziehend).

Wichtig ist, die Makel nicht zu Vorstandsvorsitzenden unseres Stimmungsmanagements zu machen. Da gibt es eine gute Methode, die das verhindert. Sie heißt »Framing« und ist eine moderne Variante von »Die Kirche im Dorf lassen«, also die Verhältnismäßigkeit zu wahren und sie vielleicht noch ein wenig zu den eigenen Gunsten auszulegen. Framing-Effekte findet man oft dort, wo man etwas in einem möglichst guten Licht präsentieren will – egal, ob es sich um Politiker, Zervelatwurst, Aktien oder Ferienwohnungen handelt. Man richtet den Blick sanft auf positive Teilbereiche und so fällt automatisch auch ein wenig Zauberstaub auf das Große und Ganze.

So hat man in einem Versuch nachgewiesen, dass Konsumenten lieber Gehacktes kaufen, das laut Packungsangabe »zu 75 Prozent aus Magerfleisch« besteht, als solches, das »25 Prozent Fett« enthält. Also sage ich doch nicht, mein Hintern ist zu dick, sondern: Ich habe ziemlich schöne Brüste und eine großartige Taille! Gut, meine Nase ist vielleicht etwas groß, aber bei meinen Haaren habe ich in der großen Gen-Lotterie einen Hauptgewinn gezogen.

Aber so ein positiver Blick ist natürlich schwer. Wir sind nach wie vor sehr darauf getrimmt, vor allem den Verbesserungsbedarf zu sehen und nicht, was vielleicht nicht vollkommen sein sollte, aber vollkommen in Ordnung ist. Es gibt nur wenige, denen genau das gelingt: realistisch zu bleiben, ohne sich zu grämen. Die verstanden haben, dass Liebe und ein blendendes Aussehen höchstens weit entfernte Bekannte sind.

Meine alte Schulfreundin Marion ist so eine Frau: ziemlich klein, ziemlich rund, sicher nicht das schönste Mädchen auf dem Schulhof und trotzdem oder gerade deswegen haben die Männer bei ihr Schlange gestanden. Sie verfügte über eine innere Souveränität, eine, die sich nicht von einem abgebrochenen Fingernagel, nicht durch einen Bad-Hair-Day und schon gar nicht von ein paar Kilo zu viel erschüttern ließ. Sie hat den schönsten Frauen die Männer abspenstig gemacht, weil sie so lässig und entspannt war. Sie ist längst sehr, sehr glücklich verheiratet. Und obwohl man ihr natürlich auch das Älterwerden ansieht und sie praktisch nichts dagegen unternimmt, wirkt sie mit ihrer Unabhängigkeit von all den Beautyanforderungen jünger als manche, die sich mit Botox & Co. konservieren.

Nein, man muss sich Liebe keinesfalls mit Schönheit, Jugend, Schlanksein »verdienen« und auch nicht mit einem Übermaß an Selbstverehrung. Sonst würden ja nur noch die, die all diese Kriterien erfüllen, zusammenkommen. Aber das tun sie gerade immer weniger. Es gibt Studien, die sagen, dass gerade diese wahnsinnig geschönten Bilder aus den sozialen Netzwerken für enorme Verkehrsberuhigung sorgen. Und zwar ausgerechnet bei jenen, die im besten Paarungsalter sind und blendend aussehen. Gerade sie scheuen zunehmend den Realitätsschock des echten Liebens, mit allem, was dazugehört – auch und vor allem den Kontrollverlust über die eigene Optik. Die sterilen Bilder, die man in der virtuellen Welt von sich macht und von anderen bewundert, passen nicht zum Austausch von Körperflüssigkeiten, Speichel, Schweiß, zu Stellungen, bei denen man vorher keine Lichtkontrolle machen konnte und bei denen man eben keinen Filter drüberlegen kann. Kurz: Statuen haben keinen Sex. Die Gefahr ist viel zu groß, vom Podest auf den Boden und in die Niederungen des Alltags zu stürzen, wo Leute wie du und ich gänzlich ungefiltert leben und lieben – mit allen Risiken, die damit verbunden sind. Auch dem, einfach mal richtig scheiße auszusehen.

Ich denke: Wer selbst leidlich großmütig auf sich und auf andere blickt, der darf auch erwarten, mit der gleichen Großzügigkeit betrachtet zu werden. Vermutlich ist das der ganze Trick.

Allerdings haben Männer da scheinbar noch andere Problemzonen im Auge als wir und lassen es oft beim Thema »Karrierefrau« deutlich an Toleranz fehlen. Was meinst du: Soll man auf das zarte Ego Rücksicht nehmen und sein Licht ordentlich unter den Scheffel stellen oder riskieren, dass der Mann die Flucht ergreift, wenn er hört, dass wir mehr verdienen, das größere Auto fahren, in Eigentum statt zur Miete leben?

WIE VIEL WEIBLICHER ERFOLG IST EINEM MANN ZUZUMUTEN?

Die Frau hat jahrhundertelang als Lupe gedient, welche die magische und köstliche Fähigkeit besaß, den Mann doppelt so groß zu zeigen, wie er von Natur aus ist.

(Virginia Woolf)[1]

Constanze

Eine Frage, die auf den Müll der Geschichte gehört. Gleich neben den Männern, die sofort unter Kastrationsängsten leiden, sobald eine Frau überhaupt ihr eigenes Geld verdient und unfallfrei einen Reifen wechseln kann.

Trotzdem: Noch im dritten Jahrtausend verschreckt es Männer, wenn sich schon beim Erstkontakt offenbart: Da ist eine erfolgreich, vielleicht sogar erfolgreicher als er. Die könnte sich selbst einen Porsche leisten und ist also deutlich schwerer mit dem eigenen zu beeindrucken als eine Frau, die mit dem Hollandrad unterwegs ist. Wir haben Freundinnen, die parken ihren Sportwagen deshalb lieber mal ums Eck, damit der Kandidat nicht gleich die Flucht ergreift.

Das sind keine eingebildeten Befürchtungen und sie sind längst nicht nur in der Generation 50 plus berechtigt. Selbst sehr viel Jüngere finden offenbar immer noch, dass Frauen abschreckend selbstständig sein können.

Kira, 32-jährige Besitzerin einer Bar, erzählte mir erst letzte Woche, wie ihr wegen ihres beruflichen Erfolgs mal wieder ein Mann abhandenkam: »Das war richtig gut angelaufen. Wir hatten viel Spaß miteinander, haben uns bestens verstanden. Bei einem ersten Wochenendtrip fragte er mich, wie viel Umsatz ich eigentlich mache. Das habe ich ihm gesagt und auch, dass ich einige Aktiendepots habe, mit denen ich eine ziemlich erfreuliche Rendite erwirtschafte. Dem blieb echt kurz die Spucke weg. Das habe ich schon gemerkt. Aber dann lief es einfach weiter wie gehabt. Wir haben uns am Montagmorgen verabschiedet. Am Mittag kam eine WhatsApp von ihm. Er habe noch einmal über ›uns‹ nachgedacht und dabei festgestellt, dass es doch nicht ›so gut‹ passt. Ich kann es nicht beschwören, aber es ist schon ein verdammter Zufall, wenn das eine sich so kurz nach dem anderen ereignet. Zumal mir das schon häufiger passiert ist.«

Natürlich hatte Kira gleich erzählt, was sie beruflich macht. »Aber er hat mich in meiner Bar kennengelernt, wo ich eine Tresenschicht übernommen hatte, weil eine Mitarbeiterin ausgefallen war. Erst dachte er, ich sei so eine kleine Servicekraft, die sich was zum Studium dazuverdient. Dann hatte er schon ein wenig schlucken müssen, als er hörte, dass ich die Besitzerin bin, und noch einmal mehr, als er verstanden hat, wie gut der Laden läuft und dass ich ihn bestens im Griff habe, ebenso wie die Jungs, die für mich arbeiten.«

Um einen, der für sein Ego offenbar das Gefühl braucht, einer Frau überlegen zu sein, ist es natürlich nicht schade. Meine Erfahrung zeigt, dass solche Männer in Beziehungen noch über Jahre versuchen, die Welt für sich wieder geradezurücken, indem sie die Erfolge ihrer Frauen entweder ignorieren oder kleinmachen. Sie schlecht behandeln, um sie für männliche Unterlegenheitsgefühle »büßen« zu lassen. Und außerdem möchte ich mich nicht dauernd für etwas ganz Selbstverständliches entschuldigen müssen: dass ich in manchem besser bin als er – und zwar nicht darin, seine Unterhosen zu bügeln oder ein 1-a-Gulasch zuzubereiten. Bereiche, in denen Männer weibliche Ambition erstaunlicherweise ja ohnehin klaglos IMMER ganz wunderbar finden.

Und jetzt eine weitere heikle Frage zum Thema Wahrheitsliebe: Wie viele Ex-Liebhaber kann und darf man einem neuen Mann auf die Nase binden?

SOLLTE MAN DIE GENAUE ZAHL SEINER EX-GELIEBTEN VERRATEN?

Bevor du nicht deine Reputation verloren hast,
wirst du nicht wirklich merken,
was für eine Belastung sie war.
(Margaret Mitchell)[1]

Susanne

Wie viele Chancen hätte wohl eine Frau auf dem Single-Markt, wenn sie wie weiland Hugh Hefner einfach mal die Zahl ihrer Sexpartner mit 2000 angeben würde?

Gut, die allermeisten von uns würden das schon aus lebenszeitlichen Gründen nicht schaffen bis 2000 zu kommen. Jedenfalls nicht, ohne ihren Beruf aufzugeben oder den Beischlaf zum Hauptberuf gemacht zu haben. Aber tatsächlich wäre selbst eine deutlich geringere Zahl – sagen wir mal 100 – nicht zu empfehlen. Selbst fünfzig oder dreißig oder zwanzig wären vermutlich heikel.

Männer gehen zwar selbstverständlich davon aus, dass Frauen – zumal in unserem Alter – auch eine Vergangenheit haben. Aber so genau wollen sie es am Ende des Tages dann doch nicht wissen. Es genügt, die ernsthaften Beziehungen zu erwähnen und dabei die intimen Details auszusparen. Umgekehrt möchte ich auch von einschlägigen Informationen über die Ex (Körbchengröße, Lieblingsstellung, anatomische Besonderheiten) verschont bleiben, ebenso wie von jedweden Kerben im Bettpfosten eines Mannes.

Außerdem will man ja mit einem Neuen sowieso ganz von vorne anfangen. Irgendwann nach ein paar Dates – natürlich – auch erotisch.

Natürlich könnte man nach einem schönen Abend dann auch gleich miteinander ins Bett gehen. Nichts dagegen zu sagen. Außer, man ist schon leicht verliebt. Ich finde, gerade dann kann man sich – wenigstens ein wenig – Zeit lassen mit dem ersten Sex. Schließlich spekuliert man ja auf eine längere Verbindung und es gibt also keinen Grund zur Eile.

Oder was meinst du?

WANN IST DER PERFEKTE ZEITPUNKT FÜR DEN ERSTEN SEX?

Darling, ich weiß, es ist lange her,
dass du befriedigt worden bist, ich sehe es in deinen Augen,
du brauchst es wirklich!
(Prince)[1]

Constanze

Wenn es nach manchen Männern geht, am besten gleich. Vielleicht nicht direkt im Restaurant. Aber schon ein Dreigang-Menü würde für einige die Sache ungebührlich hinauszögern. Scheint effektiver, gleich herauszufinden, ob man auch beim Sex harmoniert, ehe man unnötig weiter in Weißweinschorle, Kino, Konzerte investiert, ohne zu wissen, ob sich das überhaupt rentiert. Bei dieser Gelegenheit kann man dann gleich noch diesen unerträglichen Erwartungsdruck abbauen, der jeder Premiere innewohnt. Und der ja immer größer wird, je länger der Sex auf sich warten lässt.

Tatsächlich aber, so meine Erfahrung, verhalten sich längst nicht alle Männer wie ein Achtjähriger vor Weihnachten, der am liebsten schon am 1. Advent die Geschenke auspacken würde. Es ist vielmehr auch eine Typfrage, ob einer gleich zur Materialprobe auf seine oder meine Matratze bittet oder sich noch ein wenig gedulden will.

Ich schreibe bewusst »will« und nicht »kann«. Denn diese Dampfkesselüberdruckventil-Idee, nach der Männer sofort explodieren, wenn sie nicht mindestens drei Mal am Tag Sex haben und quasi schon aus Überlebensgründen dringend eine Frau gleich beim ersten Date abschleppen müssen, ist natürlich Blödsinn.

Männer können genauso wie Frauen mal abwarten, wie und ob sich eine Beziehung entwickelt. Es hat andere Gründe, wenn sie trotzdem auf sofortigem Vollzug bestehen (okay, nicht im Restaurant. Jedenfalls nicht, wenn es ein gutes ist und man dort gern wieder zum Essen vorbeischauen würde). Nach meiner und der Erfahrung von Freundinnen erfolgt danach nur selten ein zweites Date. Wozu auch, wenn Mann bereits hat, worum es ihm eigentlich ging? Und wenn nicht, gibt es häufig trotzdem keine zweite Begegnung, weil dieser Typus nur selten auf ein Pferd setzt und sowieso schon bei der nächsten baggert.

Das sollte man sportlich nehmen. Da prallen einfach unterschiedliche Interessenlagen aufeinander. Der eine will nur das eine. Die andere möglicherweise schon etwas mehr. Natürlich kann jede, während sie auf Mr Right wartet, mit Mr Wrong sehr guten Sex haben. Auch daraus sollen schon Beziehungen erwachsen sein. Kann aber auch sein, dass man weder Lust auf Sex noch auf einen One-Night-Stand oder gar ein langfristiges Projekt mit einem Drängler hat. Dann würde ich immer einfach nach Hause gehen. Selbst wenn der Mann gerade meine Linguine mit Trüffel und zwei Weißwein bezahlt hat. Ich habe zwar gelesen, dass Paare im Werden heute immer früher miteinander ins Bett gehen und die starren Datingregeln – erst mal mindestens drei bis fünf Verabredungen, bevor es zur Sache geht – ohnehin obsolet sind.

Andererseits ist Vorfreude die schönste Freude. Ich finde auch, dass es etwas Vertrauen und Nähe braucht, um sich vor einem anderen zu entkleiden, mit wenigstens so viel Licht, dass man sieht, ob man mit einem Mann oder einer Giraffe ins Bett geht. Und natürlich, um einem anderen zu sagen, was man sich wünscht und wo.

Klar, manchmal fällt einem das alles bei jemandem, an dem das Herz nicht hängt, fast leichter. Jemand, bei dem man sich also keinen Kopf darüber macht, ob er es vielleicht zu herrisch finden könnte, wenn man ihm erst mal einen Überblick gibt, wo genau er Hand anlegen sollte. Bei dem es einem auch egal ist, ob die

Brüste vielleicht ein wenig schlaff sind und der Bauch auch schon mal besser in Form war.

Ja, es gibt auch beim Sex eine Art Barkeeper-Effekt. So wie viele Menschen dem Fremden hinter dem Tresen manchmal sehr viel bereitwilliger ihr Herz ausschütten als einem, der ihnen nahe ist, ist man bei einem, bei dem es nicht drauf ankommt, vielleicht entschiedener.

Ich würde sagen: Der perfekte Zeitpunkt für den ersten Sex ist der, an dem man wirklich Lust darauf hat und es tut, weil man es selbst will. Und nicht, weil man denkt, dass der Mann sonst weg sein könnte oder dass er einen für verklemmt hält, oder weil man glaubt, dass man sich für eine Essenseinladung revanchieren sollte. Dann ist alles richtig – zwischen jetzt gleich und erst in vier Wochen.

Obwohl: Je länger man wartet, umso mehr Zeit hat das Lampenfieber, sich in unerträgliche Höhen zu schrauben. Denn egal, wie oft man schon Sex hatte – immer stellt man sich doch nach einer längeren Pause und mit einem neuen Mann die Frage: Hat man zwischendurch vielleicht wesentliche Trends beim Sex verpasst? Solche, die man nun draufhaben müsste? Kurz: Glaubst du, dass man Sex verlernen kann?

KANN MAN SEX VERLERNEN?

In meinen Sexfantasien wurde ich noch nie für meinen Intellekt geliebt.
(Nora Ephron)[1]

Susanne

Das habe ich mich – nach unfreiwilliger längerer Abstinenz – auch schon gefragt. Aber wenn man die wichtigsten anatomischen Besonderheiten des anderen (oder eigenen) Geschlechts so grob im Kopf behalten hat, also weiß, wo oben und unten ist: auf keinen Fall. Schon deshalb nicht, weil man mit einem neuen Menschen auch im Bett immer wieder ganz von vorne anfängt. Und egal, wie viel Sex man vorher mit Klaus oder Martin oder Peter oder Simon oder Stefan oder Jörg hatte – mit dem nächsten Mann ist dann doch wieder alles ganz anders. Und was Gaby in den gemeinsamen Jahren 1979–1995 in Ekstase versetzt hat, muss Stefanie zehn Jahre oder auch bloß eine Woche später noch lange keine Lust bereiten.

Gilt ja übrigens auch umgekehrt: Während Karl es mochte, dass sein Penis etwas härter bearbeitet wurde, kann das bei Michael eher Kastrationsängste und Fluchtreflexe auslösen. Beim Sex mit einem neuen Menschen sind wir jedes Mal wieder blutige Anfänger und haben alle die gleichen Ausgangsvoraussetzungen wie die vermeintlichen Sexroutiniers. Nein, man verlernt Sex nicht. Aber man lernt ihn immer wieder neu. Am besten auch mit demselben Mann oder derselben Frau. Ich glaube, das ist ein ganz gutes Rezept. Aber ich kann verstehen, dass einen die Aussicht auf den Wiedereinstieg in den Sex ganz schön nervös macht. Schließlich lungern heutzutage Fragen im Schlafzimmer herum, die vor einigen Jahren ganz sicher noch nicht dort waren …

Zum Beispiel die: Wie trägt man heute sein Schamhaar?

WIE TRÄGT MAN HEUTE DAS SCHAMHAAR?

Ich weiß, dass Körperbehaarung manche Frauen stört, aber viele Männer mögen einen flauschigen Partner.
(Dame Edna)

Constanze

Wirklich? Du willst von mir Frisurentipps fürs Untenherum? Andererseits: berechtigte Frage. Sie wird ja auch dauernd gestellt. Gerade erst hat mir das Radio zum Frühstück die Info serviert, welche Intimfrisur Männer »heiß« macht und mit welcher man sich als Frau besser gar nicht erst auszieht.

Manchmal habe ich das Gefühl, man geht heute nicht mehr nur mit einem neuen Mann, sondern auch mit lauter Dos and Don'ts ins Bett. Mich stresst das. Zumal ich einer Generation angehöre, die jahrzehntelang von der Annahme ausging, dass es wenigstens da unten keinen Stylebedarf gibt. Wir haben einfach wachsen lassen und gingen – an dieser Stelle mögen sich vermutlich neunzig Prozent der unter Vierzigjährigen auf der Stelle übergeben – tatsächlich ungewachst, ungestutzt, unfrisiert miteinander ins Bett. Ich habe noch Bikinifotos aus den 1980er-Jahren, in denen es sich rechts und links entlang des Beinausschnitts fröhlich kräuselt.

Und klar, auch die Beine waren so, wie sie nun mal von der Natur auch bei Frauen ursprünglich gedacht waren: behaart. Manchmal kehrte eine Freundin von einer USA-Reise zurück und berichtete uns erstaunt, dass dort Haare an Frauenbeinen eine maximale Peinlichkeit darstellten. Als wäre man gerade vom Planeten der Affen in der Zivilisation gestrandet, ohne vorher Zeit gehabt zu haben, sich ordentlich herzurichten. Ziemlich bald rasierte dann erst die eine, dann die andere und irgendwann auch ich. Mittlerweile finde ich es ziemlich befremdlich, wenn eine ihre Haare einfach so ungebremst wachsen lässt. Dann denke ich: Das haben sie gut hinbekommen, die Betreiber von Waxing-Studios und die Hersteller von Lady-Shavern, Enthaarungscremes und Beruhigungsgels von zu Recht irritierten Haarwurzeln. (Ich hätte auch eine Sinnkrise, wenn mein ganzer Daseinszweck plötzlich obsolet wäre.)

Erinnerst du dich noch, wie uns ein ziemlich bekannter Fernsehmoderator einmal an einer Hotelbar ein Gespräch darüber aufdrückte, wie ekelhaft es für einen Mann sei, beim Oralsex mit der Frau ihre Schamhaare zwischen den Zähnen zu haben? Ekelhaft war dabei etwas ganz anderes: dass ein an sich fremder Mann uns in ein Kopfkino zog, in das wir so mit ihm keinesfalls freiwillig gegangen wären. Außerdem: Da tat einer sexuell maximal befreit und wollte mit uns über wirklich alles reden können. Gleichzeitig grauste er sich aber vor einer ganz normalen Schambehaarung.

Das ist ja überhaupt das Verrückte: Einerseits heißt es Anything goes beim Sex und gleichzeitig werden überall Ge- und Verbotsschilder aufgestellt. Natürlich gerade solche, die mal wieder Beautydruck machen. Übrigens: Laut einer Studie[1] gibt es einen signifikanten Zusammenhang zwischen dem Aufkommen sexuell übertragbarer Krankheiten und der Frequenz der Intimrasur. Je öfter und intensiver die Haare entfernt werden, desto höher ist demnach das Risiko gerade für Krankheiten, die durch Hautkontakt übertragen werden können, wie Herpes oder HPV.

DESIGNER-MUSCHIS

Wo alle glatt rasiert sind, gibt es freie Sicht. Auch auf eine neue Problemzone: die Vulva. Dass wir da nun auch Vergleichsmöglichkeiten haben, verdanken wir dem Breitbandinternet und dem

Smartphone. Dort ist auch der Mainstream-Porno omnipräsent und nimmt Einfluss auf unsere Vorstellung von dem, was angeblich geht und was gar nicht. Von einer »Intim-Ästhetik« also.

Hatten wir vor dem Internet allenfalls mal in der Sauna oder unter der Dusche nach dem Sport Gelegenheit, die eigene Vulva mit der von anderen Frauen zu vergleichen, treten wir nun anscheinend zu einem »Global Vulva Beauty Contest« an. Und zwar gegen Frauen, die unter anderem auch mit Großaufnahmen ihrer Intimzone ihr Geld verdienen und deshalb nun selbst dort bleachen, straffen und unterspritzen.

Wir haben zum Glück andere Einnahmequellen. Das sage ich nicht, weil unsere Vulven nicht großaufnahmetauglich wären. Aber sowenig wir uns mit Supermodels messen wollen, so wenig möchte ich mich mit Pornodarstellerinnen vergleichen müssen. Ich möchte auch nicht diese dort gezeigte Art von Sex, nicht die Männer, die da die Designer-Muschi bearbeiten, und auch nicht die, die glauben, das im heimischen Bett nachturnen zu müssen.

Es war früher echt entspannter, wenigstens seine Vulva nicht unter Perfektionsdruck stellen zu müssen. Sondern einfach zu denken: Das ist vollkommen in Ordnung und nur für mich und für den oder die anderen, mit dem ich Sex habe. Das sollte es gerade auch für junge Frauen wieder sein. Gerade bei ihnen ist die Idee einer Designervulva am stärksten verbreitet. Sie sind deshalb auch besonders anfällig dafür, den ganzen schönen Sex in die Tonne zu treten, bloß weil sie finden, dass sie sich mit dem, was da unten bei ihnen los ist, auf keinen Fall einem Mann präsentieren können.

»Normal« sollte aber nicht das neue »schrecklich« sein. Egal, in welcher Körperregion. Und bei Frauen ebenso wenig wie bei Männern. Auch bei Männern sind schließlich Beautyanforderungen untenherum ganz schön »gehoben« worden. Und zwar im wahrsten Sinne des Wortes: Hodensackstraffungen sind gerade sehr angesagt. Liegt vermutlich auch an den Verheißungen der Anbieter. Demnach muss eine »Penisvergrößerung (...) nicht immer mit einer Operation am Penis selbst einhergehen. Oft reicht schon eine Straffung des Hodensacks aus, um die Länge Ihres besten Stücks wieder voll zur Geltung zu bringen. Wie beispielsweise die Haut im Gesicht wird auch der Hodensack im Laufe des Lebens schlaffer. Die kurze ästhetische Behandlung wird Ihr Erscheinungsbild verbessern, wodurch Sie sich in den Momenten der Zweisamkeit wieder selbstbewusster, männlicher und wohler fühlen werden.«[2]

Ich glaube ja, dass man sich schon dann selbstbewusster, männlicher, weiblicher und überhaupt wohler fühlt, wenn man einfach freundlicher auf den eigenen und den Körper des anderen schaut. Denn es ist ja so: Ganz egal, wie viel man am Körper verbessert hat – nie wird er perfekt sein.

Und guten Sex kann man sowieso nur haben, wenn man nicht die ganze Zeit darüber nachdenkt, wie man aussieht oder der andere Mensch einen sieht. Ob der Bauch schwabbelt und die Brüste vielleicht gerade unvorteilhaft baumeln. Ob man auch gut riecht und schmeckt.

TANNENBÄUMCHEN IM SCHRITT

Das ist ja auch so ein Thema: dass vor allem uns Frauen ständig weisgemacht wird, alles, was in unserem Schritt an Sekreten und Gerüchen produziert wird, sei unsauber, würde müffeln. Deshalb führen Drogerien ganze Regalwände von Intimzonen-Pendants zu den kleinen Tannenbäumchen, die man sich zur vermeintlichen Geruchsverbesserung mal ins Auto gehängt hat. »Odor-Control« nennt sich das etwa. Was allein wegen »control« sowieso schon mal der grundfalsche Ansatz ist – gerade dort, wo der zeitweilige Kontrollverlust ja sogar ziemlich erwünscht wäre.

Ich stelle mir vor, wie eine »freshe« Designer-Muschi auf einen Designer-Hodensack trifft. Was werden die wohl tun? Tauschen sie Autogrammkarten aus? Zeigen sie sich gegenseitig, wie viele

Follower sie auf Instagram haben? Machen sie gemeinsam ein YouTube-Tutorial »Geschlechtsorgane – perfekt formen, ausmessen, schneiden«? Ich kann mir da vieles vorstellen. Aber nicht, dass ich jetzt auch noch untenherum eine ästhetische und olfaktorische Problemzone eröffne. Wozu auch – ist ja alles sehr fein so, wie es ist. Bei mir ebenso wie bei dir und bei allen anderen Frauen.

Ich sehe aber auch und besonders bei jüngeren Frauen, wie unendlich schwer es ist, sich dem Bombardement der vermeintlichen Must-Haves beim Sex zu entziehen. Da wird einfach behauptet: »Das macht man jetzt so«, dann macht man es halt so. Ohne noch groß nachzudenken, ob man »es« überhaupt machen will. Ganz besonders gilt das für Analsex – den Spitzenreiter der To-do-Liste. Oder was meinst du?

IST ANAL DAS NEUE COOL?

»Alles auf der Welt dreht sich um Sex, außer Sex.
Beim Sex geht es um Macht.«
(Oscar Wilde)[1]

Susanne

Muss man ausgerechnet dieser Praktik noch ein eigenes Kapitel widmen? Ich finde: Ja. Weil sie stellvertretend steht für etwas, was beim Sex so oft richtig schiefläuft: Wenn man gar nicht mehr überlegt, ob man das überhaupt möchte und mag, was da passiert. Weil man denkt, das gehöre eben heute ins Sexportfolio einer aufgeschlossenen und begehrenswerten Frau. Vielleicht möchte man Erwartungen nicht enttäuschen, nicht riskieren, als irgendwie verklemmt zu gelten.

Ein Vorwurf, von dem Claudia so weit entfernt ist wie der Mond. Trotzdem hat sie kurzerhand erst letzte Woche einen angehenden One-Night-Stand sozusagen im Keim erstickt. »Der hatte nicht mal gefragt, ob ich damit einverstanden bin. Der hat mich einfach umgedreht und wollte loslegen. Als ich sagte, anal käme für mich gerade nicht infrage und schon gar nicht einfach so, meinte er, ich solle mich mal nicht so anstellen, das gehöre schließlich mittlerweile zum ›Basis-Programm‹.«

»Zum ›Basis-Programm‹, besonders bei Analverkehr«, erwiderte sie ihm, gehöre etwas ganz anderes, nämlich Vertrauen, Rücksichtnahme, Vorsicht, Geduld. »Wer nur ein bisschen Ahnung hat, weiß, wie sensibel wir hintenrum sind – dass das Rektum trocken und empfindlich ist. Man muss behutsam und sehr langsam vorgehen, damit nichts reißt oder wehtut. Davon hatte der Anal-Dilettant aber offenbar keine Ahnung. Der wollte bloß seinen Porno abspulen. Ich möchte bezweifeln, dass der sich überhaupt jemals selbst gefragt hat, worin da für eine Frau eigentlich der Spaß liegen soll.«

Tatsächlich gilt »anal« auch durch die Verbreitung von Porno im Internet quasi als Must-Have einer geilen Sexualität, als Nachweis, dass man sozusagen trendgerecht vögelt. Das allein ist schon absurd.

Noch viel verrückter ist aber, was etwa Bettina Weidinger vom Wiener Institut für Sexualpädagogik erzählt: »Hieß es früher bei den Mädchen lediglich: Hilfe, er will Analverkehr! Oder bei den Burschen: Wie krieg ich sie dazu? So ist heute die Fragestellung eine ganz andere. Es wird zuerst einmal gemacht. War es unangenehm, fragen die Jugendlichen, wie sie den Schmerz vermeiden können. Sie erkundigen sich also nach einer mechanischen Anleitung, statt zu hinterfragen, warum sie etwas machen, was für sie offensichtlich nicht passt.«[2] Daran sollten wir vielleicht denken – wenn mal wieder einer kommt, der etwas durchsetzen will, was wir nicht wollen.

Was im Bett passiert, sollte sich immer an den Bedürfnissen und Wünschen der Beteiligten entlang entwickeln. An den eigenen. Nicht an denen, die »man« haben sollte oder die angeblich »dazugehören« oder die andere »mal hatten«, die sich nicht so »anstellten«.

Doch selbst bei günstigsten Voraussetzungen – manchmal funktioniert es einfach nicht. Ausgerechnet im Bett. Was tut man dann? Auf Besserung hoffen?

WAS TUN, WENN ES AUSGERECHNET BEIM SEX NICHT MATCHT?

»Ich bin so schlecht im Bett.
DAS musst du erlebt haben.«
(Anonym)

Constanze

Die Frage ist doch, warum es nicht matcht. Vielleicht ist er mindestens so aufgeregt wie ich und hält sich vor lauter Nervosität an den letzten Strohhalmen fest, die ihm sein von der Versagenspanik geleerter Kopf bietet. Mancher knetet, leckt und drückt und stößt so quasi um sein Leben. Immer entlang der Stellen, die er für eine sichere Erregungsbank hält. Nur mit einem Ziel vor Augen, der Frau möglichst rasch einen Orgasmus zu verpassen. Den sie vermutlich schon deshalb nicht haben wird, weil ihr das einfach alles zu schnell und zu mechanisch passiert und sie schon merkt, dass da bloß ein Ehrgeiz befriedigt werden soll und ein Programm abgespult wird.

In diesem Fall kann man die Aufregung in die dafür vorgesehenen Bahnen lenken. Männer sind froh, wenn man ihnen sagt, was man sich wünscht, und auch, was gar nicht geht. Woher sollen sie sonst auch wissen, was uns gefällt? Durch Gedankenlesen? Versuch und Irrtum? Wenn wir nie mehr anrufen? In Tränen ausbrechen? Anfangen zu kichern?

Ich weiß, das ist eine sehr hohe Hürde. Wir – auch ich – stellen uns ja viel lieber vor, wie die Liebe und die Romantik quasi ein intuitives Erotik-GPS ergeben, das einen sicher zu den Lustzentren führt. So wie in den romantischen Komödien, in denen die Liebe auf Platz eins der »100 Sextechniken, die sie verrückt machen« steht. Gerade, wenn es ansonsten sehr gut passt und man eigentlich schon geplant hat, die Zukunft mit diesem Mann zu verbringen, lohnt es sich, darüber zu sprechen, warum es nicht matcht und natürlich: wie und wo sich das ändern lässt.

DER BRÖTCHEN-GAU

Meist aber passiert ausgerechnet beim Sex dieselbe Tragödie wie in der Geschichte des alten Ehepaars: Jahrelang hatte die Ehefrau ihrem Mann beim Frühstück immer die obere Hälfte des Brötchens überlassen, weil sie dachte, die mag er besonders. Nun platzt ihm eines Morgens der Kragen und er sagt: »Kannst du EINMAL nicht an dich denken und mir die Hälfte des Brötchens geben, die ICH gern esse?«

Tatsächlich, so erzählt es eine befreundete Psychotherapeutin, erlebe sie in ihrer Praxis Frauen, die schon sehr lange in einer Beziehung sind und die sagen: »Ich habe noch nie darüber nachgedacht, was mir beim Sex guttun könnte.« Wie so oft heißt das Schlüsselwort deshalb: Kommunikation. Man muss reden, bevor es zum Brötchen-GAU kommt. (Zum Glück bin ich sowieso keine Frau, die bloß ein halbes Brötchen isst.)

Wenn es also vermeintlich nicht matcht, dann vor allem, weil guter Sex nicht einfach vom Himmel fällt, wenn zwei Tennis mögen und französische Kunstfilme und außerdem noch grob die primären Geschlechtsmerkmale kennen. Es gehört vor allem Sprechen dazu und außerdem, dass man weiß, wovon man – oder eben frau – redet. Seinen Körper sollte man also gut genug kennen, um qualifiziert Auskunft darüber geben zu können, was gewünscht ist, wo und wie. Der sogenannte Solosex ist also der Anfang von allem. Zur Unterstützung bietet der Sextoy-Markt einige erfreuliche Hilfsmittel. So ist etwa ein Vibrator – neben den eigenen Händen – ein ziemlich nützliches Instrument zur Erkundung der Lust-Homebases. Mal ehrlich, wenn ich selbst nicht mal weiß, wie ich mich zum Orgasmus bringe, wie soll es dann ein Mann können?

GOTTES SEXCLUB IST GROSS

Reden garantiert nicht in jedem Fall ein manierliches Sex-Match. Es gibt Unverträglichkeiten, die sich selbst damit nicht aus der Welt schaffen lassen. Wenn einer etwa unter gutem Sex ein Remake von »Hairy Popper und die Kammer des Schleckens« oder »Schwanz der Vampire« versteht (ja, diese Porno-Titel gibt es tatsächlich). Wenn er also den dort so unverdrossen verbreiteten Sex-Fake-News aufsitzt. Etwa, dass Frauen sofort kommen, sobald sie einen Penis sehen. Dass bei uns die erogenen Zonen tief im Rachen sitzen und es Frauen wahnsinnig befriedigt, wenn sie Männern zu Diensten sein können. Vor allem aber: wenn einer – typisch erotischer Falschfahrer – findet, dass es selbstverständlich immer die anderen Verkehrsteilnehmer sind, die sich in der Richtung irren. Ansonsten gilt natürlich: Nicht nur Gottes Garten, sondern auch sein Sexclub ist groß.

Wie groß, das habe ich bei einem Rundgang auf der Erotikmesse »Venus« in Berlin erlebt. Einige Besucherinnen ließen sich da von ihren Männern an einem Halsband durch die Menschenmenge in den Ausstellungshallen führen. Als wäre es ganz normal, am hellen Nachmittag nichts weiter zu tragen als ein Halsband, eine Korsage und einen »Hollywood-Cut«. Allein zu sehen, wie diese Frauen zwischendrin untenherum weitgehend entblößt auf den mit vergilbtem Plastik überzogenen Stühlen der Messekantine saßen und eine Currywurst aßen, nahm dem Ganzen allerdings doch ein wenig den Reiz. Auch die Abteilung Fesselspiele: nichts für mich. Aber offenbar für sehr viele andere Menschen. Ebenso wie das, was man bei den Bühnenshows sah. Genauer gesagt, das, was zum Vorschein kam, wenn sich die Darstellerinnen der Erotikshows umdrehten und die Pobacken auseinanderrissen.

Da blinkte dann etwas, das man dort so wenig vermutet hätte wie ein Eichhörnchen im Badezimmerschrank: Kristall-Edelsteine. »Der perfekte Analstöpsel für alle, die mal etwas Neues ausprobieren wollen! Auch ideal für unterwegs!«, wurde das vermeintliche Must-Have beworben.

Ich dachte daran, wie unsere Mutter uns als Kinder ermahnte: »Achte immer darauf, was du untenherum trägst. Wenn du einen Unfall hast, können es vielleicht alle sehen.« Und wie verstörend es dann für eine Endfünfzigerin wäre, mit einem XXL-Rheinkiesel-Plug in der Notfallambulanz des örtlichen Klinikums zu landen.

Ja, hier wurde durchaus meine Fantasie angeregt. Aber nicht immer so, wie es den Anbietern wohl vorschwebte. Der Penisring »Lovely« etwa versprach nicht nur aufregende Zusatzfeatures wie Vibration. Via Bluetooth sollten auch Stoßgeschwindigkeit, Erregungskurve sowie der Kalorienverbrauch aufgezeichnet und an die dazugehörige App weitergeleitet werden. Nach dem Sex braucht man also nicht mehr zu sagen: »Ich habe schon Schöneres erlebt!« Man kann einfach wortlos auf die personalisierte Sexanalyse auf dem Smartphone deuten. Ein Vorteil. Der Nachteil: Was passiert, wenn mein Smartphone gehackt wird? Finde ich dann meine Erregungskurven im Internet?

Was mir auf der Messe am besten gefiel: Pärchen wie Heike und Joachim aus Aachen. Die streiften Händchen haltend durch die Hallen. Auf der Suche nach Anregungen. Mit Einschränkungen. »Wir sind keine Fetischfreunde. Aber Sextoys sind für uns schon immer ein Must-Have!« Beide sagten, sie favorisierten eher »Klassiker, ohne all den Schnickschnack«. Ganz einfach Dildos!

Seit dreißig Jahren ist das Paar verheiratet und offenbar ziemlich glücklich. Ob Sextoys beim Durchhalten helfen? Ja, die würden den Sex durchaus »aufpeppen«. Aber natürlich brauche man genauso immer mal was »fürs Herz«. Kleine Geschenke, die er ihr schickt, wenn sie unterwegs ist. Durchaus auch mal einschlägig. Jetzt, wo die Kinder groß sind, könne man ja viel mehr ausleben. Die erwachsene Tochter, erzählten die beiden, sei mit ihnen gemeinsam zur »Venus« gereist.

*Susanne

Ich glaube, meine Tochter würde sich fast lieber die langen Haare abschneiden, als mit mir eine Sexmesse zu besuchen, um sich mit mir über Sextoys auszutauschen. Und mir geht es umgekehrt genauso.

Constanze

Trotzdem imponierte mir die Lockerheit, mit der Heike und Joachim das Thema leben. Sie zeigte mir mal wieder, dass auch Neugier und Offenheit dazugehören. Beides bringt man viel eher gemeinsam mit jemandem auf, der gleichzeitig auch Respekt vor den Grenzen des jeweils anderen hat. Der vorsichtig, fürsorglich und zugewandt ist, nicht irgendeine To-do-Liste abarbeitet. Und vor allem: jemand, der Humor hat. Mit so einem matcht der Sex bestimmt in jedem Fall. Dann hat man eine großartige, hinreißende, leidenschaftliche Nacht verbracht.

Natürlich erwartet man, dass der Mann das – jedenfalls so ungefähr – auch pronto schreibt. Möglichst in der ersten Stunde nach dem Abschied. Tut er aber nicht. Soll man dann sofort beleidigt sein? Selbst schreiben, weil man ja emanzipiert ist? Oder wie Dornröschen warten, wann es der Prinz einrichten kann?

WER SCHREIBT WEM ZUERST UND WANN?

»Meine Art, Liebe zu zeigen,
das ist ganz einfach schweigen.«
(Daliah Lavi)[1]

Susanne

Selbstverständlich schreibt der Mann. Und zwar direkt nach dem ersten Date. Er ist ja sofort und maximal in mich verschossen und will das auch pronto zum Ausdruck bringen. Auch aus der bestimmt riesigen Angst heraus, mich könnte auf dem Weg nach Hause ein anderer ansprechen und mich ihm vor der Nase wegschnappen.

So oder ähnlich steht es in unserem Romantik-Drehbuch. Das hat sich in den letzten zwanzig Jahren wenigstens in einer Hinsicht emanzipiert – nämlich von der Idee, dass natürlich auch Frauen den nächsten Schritt machen könnten. Theoretisch sind wir dazu selbstverständlich in der Lage. Praktisch erwarten wir, dass der Mann es tut. Weil der schon immer den ersten Schritt getan hat. Weil die Rollen verteilt sind. Weil das Sicherheit gibt, wenn die Choreografie steht. Ähnlich wie beim Standardtanzen.

Und es ist – ehrlich gesagt – auch nicht zu viel verlangt. Es ist vielmehr eine Anfangsinvestition. Es zeigt, für dich mache ich mich mal kurz ziemlich nackig, noch lange bevor wir beide ausgezogen im Bett liegen. Eine Art emotionaler Kredit, der einige Zinsen abwirft. Schließlich sollen wir später auch Geburtstagsgeschenke für seine Mutter mitbesorgen, seine Unterhosen waschen und wissen, wo er den Autoschlüssel hingelegt hat. Da sollte so eine kleine WhatsApp-Nachricht – »War ein so schöner Abend! Werde von dir träumen …« – mindestens drin sein.

Sonst droht die digitale Version des »Warum ruft er mich nicht an?«, mit der wir in unserer Jugend so unfassbar viel Zeit an die Falschen vergeudet haben. Immerhin müssen wir heute nicht mehr daheimbleiben, um wie damals tagelang das Telefon zu bewachen, das dann ohnehin nicht klingelte. Jedenfalls, wenn er den Anruf nicht schon gleich am ersten oder zweiten Tag nach einem Date erledigt hatte. Und es ist auch für Männer heute denkbar niedrigschwelliger zu erledigen. So eine kleine Textnachricht ist deutlich leichter geschrieben, als es war, zum Hörer zu greifen und sich – womöglich – einen abzustottern.

Alle mir bekannten Liebesgeschichten um mich herum fingen tatsächlich damit an, dass ein Mann getan hat, was ein Mann tut, der sich wirklich verguckt hat: gleich nach dem ersten Treffen eine süße kleine Nachricht zu schreiben. Das ist – wie ich finde – der unausgesprochene Deal: erst er, dann ich. Wenn ein Mann den nicht kennt, kennt er vermutlich auch andere essenzielle Vereinbarungen nicht (Geschenke, Komplimente, Interesse).

Bleibt die Nachricht also auch am nächsten Tag aus, ist der Mann nicht von Aliens entführt worden. Er liegt auch nicht mit zwei gebrochenen Armen im Krankenhaus oder hat über Nacht eine Amnesie erlitten.

Es macht überhaupt wenig Sinn, sich Ausreden für ihn zu überlegen. Er hat kein Interesse. Punkt. Das ist in Ordnung. Es besteht schließlich keine Pflicht, sich in mich zu verlieben (was ich persönlich sehr schade finde). Ich bin ja auch nicht in jeden verliebt, mit dem ich mal ein Glas Wein trinke, aber in so ziemlich alle ein bisschen, die danach über ausreichend Stil verfügen, um sich noch einmal zu melden. Und: Textet er ordnungsgemäß, finde ich, sollte man auch leidlich zügig antworten. Also nicht erst nächste Woche – oder auch nicht übermorgen.

Meine Mutter hat zwar immer behauptet: »Willst du gelten, mach dich selten.« Aber das habe ich ja praktisch schon erledigt, indem ich den anderen den ersten Schritt machen ließ. Also noch mal zum Mitschreiben: Männer – besonders aus unserer Generation – rechnen in der Regel nicht damit, dass sich Frauen melden. Ist ein Mann interessiert, ruft er an, schickt eine WhatsApp-Nachricht. Noch in derselben Nacht oder spätestens am nächsten Tag. Oder am übernächsten, wenn ein Meteoriteneinschlag ausgerechnet sein Haus getroffen hätte.

Falls das nicht passiert, will er einfach nicht. Das ist schade, aber nicht zu ändern. Auch nicht durch eine Nachricht an ihn. Aber der Anfang birgt ja noch ganz andere Probleme.

Zum Beispiel: Was, wenn man nur so mittel-überzeugt ist? Weitermachen und darauf hoffen, dass die Glut sich doch noch zum Flächenbrand aufrafft? Oder die Sache gleich beenden?

KANN MAN SICH EINEN MANN AUCH SCHÖN DENKEN UND FÜHLEN?

Nein, ich habe Mr Right noch nicht getroffen.
Aber dafür Mr Bindungsscheu, Mr Lügner, Mr Mutti-ist-die-Beste, Mr Erklär-dir-die-Welt.
(Anonymus)

Constanze

Gibt es durchaus: Frauen, die ganze Jahrzehnte mit Männern verbringen, nicht weil diese Männer so wunderbar, hinreißend, großartig wären. Sondern vor allem aus der Sorge, überhaupt keinen mehr zu bekommen, wenn man diesen Kompromiss ziehen lässt.

Auf einer ähnlich dünnen Basis habe ich auch mal eine Beziehung begonnen. Nach fast drei Jahren Single-Dasein war ich schon sehr besorgt, dass da keiner mehr kommen könnte. Ich habe mir große Mühe gegeben, ihn mir passend zu denken – weil an sich ja auch nichts gegen diesen Mann sprach: Er sah gut aus, war enorm klug, lustig (und ein wenig kindisch) und sehr verschossen in mich.

Ich dachte: Das reicht. Hat es aber nicht.

Ich war unglücklich. Er war unglücklich. Und ehrlich: Dafür ist das Leben wirklich zu kurz. Man könnte das Problem mit Alkohol lösen – immerhin haben britische Psychologen in einem hochprozentigen Test herausgefunden, dass man sich sein Gegenüber schön trinken kann. Dass Frauen und Männer den anderen gleich viel attraktiver finden, wenn sie nur genug Promille intus haben.[1]

Das erklärt den vermeintlich exzessiven Freixenet-Konsum von Naddel, als sie noch mit Dieter Bohlen zusammen war. Aber wer möchte so enden?

Also: Auf keinen Fall etwas fortsetzen, von dem man nicht wirklich überzeugt ist.

Schon haben wir die nächste Herausforderung: Wie erklärt man einem Mann, dass er nicht der Richtige ist?

WIE ERKLÄRT MAN EINEM MANN, DASS ER NICHT DER RICHTIGE IST?

Wer A sagt, der muss nicht B sagen.
Er kann auch erkennen, dass A falsch war.
(Bertolt Brecht)[1]

Susanne

Ich finde, das macht man am besten so, wie man es für sich selbst am liebsten hätte: freundlich, schonend und ohne dem anderen das Gefühl zu geben, ihm sei gerade eine Dampfwalze übers Herz gerollt. Jede von uns weiß, wie nachhaltig eine grobe Zurückweisung (»Es ist nichts Persönliches, aber du bist mir einfach zu alt.«) die Seele erschüttert. Mir hat auch mal einer gesagt, ich sei die Erste seit zig Jahren mit echten Brüsten, das fände er befremdlich. Und einer hat sich erdreistet zu sagen: »Nun ja, dein Körper, das ist nicht so mein Geschmack.« Unter uns: Dass ich keine filigrane Elfe bin, hätte er auch sehen können, bevor ich das Kleid ausgezogen hatte …

Bei aller Freundlichkeit der Absage, umgekehrt sollte man aber auch dafür sorgen, dass die Hoffnung wirklich radikal auf Diät gesetzt wird und praktisch nix mehr zu essen bekommt. Da darf kein Verhandlungsspielraum mehr bleiben.

Das gelingt längst nicht allen. Und manche wollen es auch gar nicht. Stefanie etwa sonnt sich gern in dem Gefühl, noch ein paar Verehrer an der Hand zu haben. Von keinem will sie etwas. Aber jedem gibt sie gerade so viel Zuwendung, wie ein Mann braucht, um weiter von ihr zu träumen. Ja, das ist schon ein wenig gemein.

Andere Frauen sind einfach zu konfliktscheu, um eindeutig zu werden, und tauchen im Zweifel ab, bevor sie es einmal sagen:

»Hör zu, ich mag dich. Aber aus uns wird kein Paar werden.« Ich kann verstehen, wenn man sich gern den Sex mit einem Mann warmhalten würde, aber dafür nicht gleich das ganze Beziehungspaket kaufen will.

Ich würde das aber sagen, wie ich es umgekehrt gern hören möchte. Bevor ich mir überlege, wen ich zur Hochzeit einlade. Eine Ablehnung im Schnellverfahren finde ich ausgesprochen garstig. Frauen, denen ein Blick ins Restaurant genügt, um zu entscheiden, dass sie sich das Essen mit der Parship-Bekanntschaft – »diesem Waldschrat« – lieber sparen, und grußlos verschwinden, verderben letztlich für uns alle das Datingklima.

Und man weiß ja nie. Marion, eine Bekannte, hätte auf diese Weise den Mann verpasst, den sie jetzt seit vierzehn Jahren herzlich liebt. »Wir waren auf einem Parkplatz verabredet, um von dort einen Spaziergang zu starten. Als ich ankam, stand da schon ein Mann an ein Auto gelehnt. Ich dachte mir, dass das Jan sein muss. Und dann dachte ich: nix wie weg. Er war schauderhaft angezogen. In Klamotten, die aussahen, als hätte seine Mutti sie ihm 1978 rausgelegt. Ich wollte aber nicht unhöflich sein und bin schließlich doch ausgestiegen. Zum Glück. Ich weiß nicht, was es war. Aber sobald ich in seine Nähe kam, war ich total in ihn verschossen. Die Klamotten haben wir irgendwann entsorgt und ihn völlig neu eingekleidet.«

Also gilt es wohl irgendwie den Mann nicht zu früh, aber auch nicht zu spät ad acta zu legen. Obwohl da jede von uns sicher ihren eigenen Kriterienkatalog hat, wann genau ein Date sich erledigt hat. Bei der einen sind es die Socken in den Sandalen, bei der anderen Kurzarmhemden und bei sehr vielen hört die Freude am Mann auf, wenn er im Restaurant »Die Rechnung, bitte getrennt!« ordert. Findest du das zu streng oder in Ordnung?

WER ZAHLT DEN ERSTEN RESTAURANTBESUCH?

Eine aktuelle Studie belegt, dass 55 Prozent der Männer beim ersten Date die Rechnung bezahlen. Die anderen 45 Prozent haben nie ein zweites Date.

(Jimmy Fallon)[1]

Constanze

Ganz klar: der Mann. Oder sagen wir so: Er sollte überzeugend darlegen, dass er die Absicht hat. Ich kann dann immer noch sagen: »Wir teilen!« Denn ehrlich: Unsere Emanzipation hängt nicht an einer Portion Spaghetti Vongole und zwei Pinot grigio. Und die Männer, die an der Restaurantrechnung ein Exempel statuieren wollen mit dem Satz »Ihr wollt doch immer so gleichberechtigt sein!«, sind oft auch die ersten, die uns Frauen nicht mal den kleinsten Aufsichtsratsposten gönnen.

Manieren sind auch Haltegriffe und eine Art Zeichensystem. Und so eine Rechnungsübernahme im Restaurant drückt eben für alle verständlich aus, dass ein Mann Fürsorglichkeit und Interesse und Wertschätzung aufbringt.

Was umgekehrt passieren kann, wenn man das, und zwar »aus Prinzip« verweigert, war kürzlich in einer Folge von *First Date Hotel* zu sehen. Ein Senior und eine Seniorin, Walter (78) und Gabi (69), trafen sich da zum ersten Mal bei einem Essen vor laufender Kamera. Es war total süß, die beiden zusammen zu sehen, weil sie voneinander so enorm beglückt zu sein schienen. Als hätten sie die letzten Lebensjahre genau auf diesen Moment gewartet. Dann kam die Rechnung. Der Senior – der nach allem, was er am Leibe trug, recht wohlhabend zu sein schien – schaute drauf und meinte dann: »Wir teilen, jeder zahlt für sich.« Dazu wurde eine kleine Interviewsequenz mit ihm eingeblendet, in der er erzählt, dass er das »ganz bewusst getan« habe, um Gabi auf die Probe zu stellen. »Ich will sehen, welche Einstellung Gabi gegenüber diesen Dingen hat, wo doch die ganze Welt denkt, der Mann müsste das tun.«

Gabi war bedient – lehnte enttäuscht ein zweites Date ab und hatte Tränen in den Augen, als man sie danach befragte, wie es gelaufen sei. Sie komme sehr gut für sich selbst auf, sagte sie. Aber wenn es um ein erstes Rendezvous ginge, solle ein Mann sich doch von seiner besten Seite zeigen wollen. Walter aber habe seine billigste gewählt. Und das nicht nur in finanzieller Hinsicht. Zumal Walter sonst so ganz und gar nicht den Eindruck machte, als sei ein Feminist an ihm verloren gegangen. Aber gut, mal angenommen, er hätte generös gesagt: »Das übernehme ich!«, und auch ansonsten alles ziemlich richtig gemacht. Gabi wäre bereit gewesen für späte, aber sicher große Gefühle.

Dann hätte ja bald so unübersehbar wie ein rosa Elefant dieser eine Satz im Raum gestanden: »Ich liebe dich!« – und mit ihm die Frage: Wer sagt ihn zuerst?

WER SAGT ZUERST: »ICH LIEBE DICH!«?

Weit ist der Weg vom Herz zum Mund –
Männer brauchen dafür schon mal Reiseproviant.
(eine Freundin)

Susanne

Ich hatte mal einen Freund, der schon nach zwei Treffen mit verklärter Miene gehaucht hat: »Ich liebe dich.« Natürlich hört man diesen Satz unglaublich gern, aber man will eben auch gerne glauben, was man hört.

Wann also ist der richtige Moment, um einander die Liebe zu gestehen? Zu früh ist seltsam, wenn der alles entscheidende Satz kommt. Aber nie ist es fast noch schlimmer. Ich finde nach wie vor, dass es Abstufungen gibt und geben sollte. Man ist verknallt, verzückt, man hat jemanden lieb und irgendwann ist es dann Liebe. Aber wann sagt man was? Und vor allem: Wer wagt sich zuerst aus der Deckung? Es ist ein seltsames Spiel, das da oft läuft. Auch bei mir war es ein bisschen so: Ich wollte diesen verdammten kleinen Satz, wollte ihn aber auf keinen Fall zuerst sagen. Da ist diese Angst, dass man seine Liebe gesteht und der andere einfach gar nichts sagt und leicht verlegen guckt.

Wer den Mut aufbringt und »Ich liebe dich« sagt, muss genau damit rechnen: dass die »geliebte« Gegenseite möglicherweise nicht ebenso entflammt ist. No risk, no fun, könnte man sagen. Trotzdem habe ich es nicht über mich gebracht, das Wagnis einzugehen.

Allein der Gedanke! Der andere reagiert nicht, zumindest nicht so, wie man es erwartet! Dieser Moment, in dem man wartend dasitzt und innerhalb von Sekunden weiß, dass man sich zu weit aus dem Fenster gelehnt hat. Ja, es gibt Menschen, die sagen: »Was soll's. Ich empfinde so, dann sage ich es auch.«

Ich bin voller Bewunderung für sie. Für diese Risikobereitschaft. Aber: Einer muss es ja auch tun, damit der andere reagieren kann. Wenn auf Dauer zwei dahocken, die beide Angst vor einer möglicherweise wenig charmanten Reaktion haben, kann die Sache ewig dauern.

Manchmal hat man bei Männern den Eindruck, dass sie, sobald sie »Ich liebe dich« aussprechen, damit ihr gesamtes Eigentum, ihr geliebtes Moped und ihre Wohnung, also ihr komplettes Leben übereignen. Wieso stellen sich Männer bei diesem kleinen Satz so an, als hätte man sie aufgefordert, ihr Auto zu verschenken oder sich eigenhändig zu kastrieren? Fürchten sie, dass sie damit ihren Anspruch auf die Sportschau verlieren? Dass ihnen Handschellen angelegt und sie in der Küche an den Herd gekettet werden? Dass seine Kumpels davon erfahren werden und ihn lebenslänglich von der Skatrunde ausschließen? Es muss jedenfalls eine ungeheure Hürde sein, sonst würde beispielsweise Bruce Willis in dem Film *Das fünfte Element* nicht erst warten, bis der Meteorit, der die Erde zerstören wird, nur noch 68 000 Meilen entfernt ist, bevor er es endlich zu Mila Jovovich sagt: »Ich liebe dich!« Obwohl es dieser Satz ist, der die Menschheit retten wird.

Ähnlich Großes bewirken die drei kleinen Worte auch in nicht verfilmten Beziehungen. Drei Worte, die dafür sorgen, dass Frauen sofort ihren Verstand und große Teile ihres Urteilsvermögens verlieren. Oder jedenfalls die Bereiche des Denkens, die ihnen normalerweise sagen: »Er hat schon wieder die Handtücher im Bad liegen lassen.« Oder: »Wieso soll ich eigentlich alles im Haushalt allein machen?« Oder: »Wäre schön, er würde mal nicht schon um neun auf dem Sofa einschlafen.«

Zwar behauptet die Männerforschung, der Mann sei einfach nicht fürs Gefühlige geschaffen. Doch gerade die Vernunft, von der es doch immer heißt, sie sei das männliche Hauptfach, sollte ihm in aller Deutlichkeit sagen, dass ein Mann nur profitiert, wenn er – wenigstens einmal wöchentlich – deutlich macht, wie sehr er die Frau an seiner Seite schätzt und liebt. So weit, so eindeutig. Nur, wie kitzelt man es aus ihm heraus?

Eine Möglichkeit: Sie geben ihm dieses Buch zu lesen – und unterstreichen die relevanten Passagen. Oder sie trauen sich und gehen in die Offensive. Nicht beim zweiten Date, nein, auch dann nicht, wenn Sie denken: »Aber ich fühle es.« Lassen Sie Ihrem Gefühl ein bisschen Zeit zu reifen. Schauen Sie sich das Objekt Ihrer Liebe und Begierde ruhig noch ein wenig an. Wenn sie dann das Gefühl haben, es muss raus: Go for it. (Vielleicht hat er es bis dahin auch längst gesagt.)

Angeblich sind Männer schlecht im Verbalisieren, und wie wir schon geschrieben haben, neigen sie ja auch dazu, ihre Liebe durch Taten zu zeigen. Man muss also nur geduldig hingucken. Jemand, der die Herzensfrau morgens im Dunkeln zur S-Bahn begleitet, der guckt, ob die Reifen an ihrem Fahrrad genug Luft haben, der ihr zuliebe regelmäßig mit in die Oper geht, der klaglos jedes Wochenende bei ihren Eltern zum Sonntagsessen aufläuft, wird sie aller Wahrscheinlichkeit nach lieben. Warum sonst sollte er all diese Dinge tun? Ich verstehe aber jede, die trotz aller offensichtlichen Liebesbeweise auch mal einfach hören will: »Ich liebe dich.« So schwer kann es doch nicht sein? Doch, für manche ist es schwer. Man hat das Gefühl damit eine Form der Verbindlichkeit einzugehen, bei der man noch nicht weiß, ob man sie einhalten kann. Außerdem fürchten einige, den anderen mit dem Liebesgeständnis zu sehr unter Druck zu setzen.

Außerdem gilt es zu beachten: Es gibt auch in der Liebe eine Art Choreografie. Man steigt niedrigschwellig ein. »Ich hab dich gern« ist so ein wunderbarer Anfang, der den anderen weniger unter Druck setzt. Verknalltsein ist die nächste Stufe, bevor man sich die Worte abringt: »Ich bin in dich verliebt.« Eins nach dem anderen. Es gibt ja keine Eile, keine Frist für den alles entscheidenden Satz.

Geduld heißt das Zauberwort. Für mache Männer aber ist der kleine Satz nun einmal die erwähnte große Hürde. Fast schon ein »Ich will mit dir alt werden« oder »Werde meine Frau«. Als würde man sich mit der Liebeserklärung dauerhaft binden. Quasi etwas Unauflösbares eingehen.

Fast schlimmer als zögerliche Kerle finde ich die, die einen rasant und inflationär mit »Ich liebe dich« überschütten. Ein »Ich liebe dich« sollte etwas Exklusives und Besonderes sein. Man will keinen Mann, der das nach zwei Treffen sagt. Aber eben auch keinen, der Jahre dafür braucht. Seit sich meiner erst mal überwunden hatte – und das hat ganz schön gedauert –, sagt er es fast täglich. Wie schön! Eigentlich ist ja damit klar: Wir sind ein Paar! Oder was meinst du? Wann ist der Moment gekommen, an dem man es endlich ganz sicher weiß – wir gehören zusammen?

AB WANN SIND WIR EIN PAAR?

Nach zwei Jahren sagte ich zu meinem Freund:
»Verrat mir deinen Namen oder es ist vorbei.
(Rita Rudner)[1]

Constanze

Es gab Zeichen: regelmäßige Übernachtungen, Verabredungen, wir verbrachten viel Zeit miteinander, lernten unsere jeweiligen Freunde kennen, fuhren gemeinsam nach Karlsbad, um dort zwischen einer Reisegruppe sehr schlecht gelaunter Ex-DDR-Bürger im Zuschauerraum einer Kleinkunstbühne ein sehr skurriles Silvester zu feiern. Und vor allem: Wir sagten einander: »Ich habe mich in dich verliebt!« Es lief einfach absichtslos absichtsvoll.

Rückblickend haben wir dann gemeinsam den 15. Februar zu dem Tag ernannt, ab dem wir ein Paar wurden. Da fand der erste Sex statt. Ich weiß natürlich: Das bedeutet noch längst nicht zwangsläufig, dass man sofort immer zusammengehört, wenn man Sex hat. Selbst viel Sex, und das über Monate, führt keinesfalls automatisch zu einem Paarstatus. Manche denken sogar ganze Jahre, sie wären längst ein Paar, während der andere das Ganze bloß für eine flüchtige Begegnung hält. Selbst wenn sie schon ihr Rasierzeug, ihre Socken und ihre Spielekonsole in unserer Wohnung untergebracht haben, können Männer offenbar noch ihren Rückzug damit begründen, dass es da offenbar ein großes Missverständnis gab, und sagen: »Du, für mich war das eigentlich nichts Festes. Also, ich sehe da jetzt keinen Grund, weshalb ich mich auf einmal für eine Trennung rechtfertigen müsste. Wenn du dir etwas anderes vorgestellt hast, ist das nicht mein Problem. Ist ja nicht so, dass wir einen Vertrag unterschrieben hätten.«

Ich verstehe, dass man Gewissheit will. Aber ich fand auch immer diese Zwischenzeit schön, in der noch nichts definiert und alles offen war. In der man so zu zweit einfach in den Tag hineinliebte. Eine große Freiheit, mit gerade so viel Wissen, wie man brauchte, um zumindest für diesen Tag oder die Woche zuversichtlich zu sein. Und genug Interpretationsspielraum, um total neugierig und sehr gespannt die gemeinsame Zukunft im Kopf schon mal entlang der eigenen Sehnsüchte und Wünsche auszuschmücken. Ohne dass die Realität schon den Korrekturmodus angeworfen hätte.

Es wäre schade, diese Phase auszulassen. Ich jedenfalls habe sie sehr genossen. Zumal man – egal, wie großzügig ein Mann Versprechen regnen lässt, dass man ab sofort zu zweit und für immer durchs Leben geht – sich immer auch enorm täuschen kann. In unserem Umfeld sind gleich drei Frauen, bei denen die jeweiligen neuen Männer engagiert alle Zweifel pronto aus dem Weg geräumt hatten. Die jeder für sich darauf bestanden, gleich »Nägel mit Köpfen« zu machen. Sie brannten darauf, der ganzen Familie vorgestellt zu werden, den Freundinnen, den Kindern, und zusammenzuziehen.

Maren, eine Freundin, du erinnerst dich?! Sie hatte nach anfänglichem Zögern ihre sehr günstige Wohnung in Bestlage aufgegeben, um mit einem – wie er immer betonte – »rasend in sie verliebten« Wolfgang eine neue, ausgesprochen luxuriöse Bleibe anzumieten. Als fast alle Umzugskartons ausgepackt waren, kam er eines Abends nach Hause und erklärte: Er habe sich da in eine neue Kollegin so dermaßen verguckt, dass er unmöglich weiter mit Maren zusammenbleiben könne. Zum Schock kam noch der Frust, wieder eine neue Wohnung zu brauchen – die neue hätte sie sich nicht allein leisten können.

Jetzt fragt sie sich in ihrer winzigen Zweizimmer-Butze, nur halb so groß, aber doppelt so teuer wie ihre alte, schöne Single-

Wohnung, an welcher Stelle genau sie hätte misstrauisch werden müssen. Ich glaube, bei der Frage, ab wann man nun genau ein Paar ist, gibt es überhaupt sehr viele Dosierungsprobleme. Jeder hat sein eigenes Timing, seine eigene Vorstellung davon, wann genau man eine qualifizierte Entscheidung füreinander fällen kann.

ENTSCHEIDUNGSHILFEN MADE IN USA

Ein Bekannter, auf Tinder unterwegs, erzählte mir vor ein paar Tagen, sein letztes Date habe gleich nach dem dritten gemeinsamen Abend ihren Tinder-Account geschlossen und entschieden, dass sie jetzt ein Paar waren. Keine Ahnung, ob sie Sex hatten (so gut kennen wir uns nun auch nicht). Er sei der Frau zugeneigt, sagt er, dennoch geht ihm das »alles viel zu schnell«.

Gut, sie ist US-Amerikanerin. Da hat man andere Zeitpläne. Dort sieht es die nationale Dating-Choreografie vor, spätestens nach dem dritten Date darüber zu sprechen, wie es weitergeht. Dafür stehen zwei Optionen zur Verfügung: europäisch oder amerikanisch. Amerikanisch meint, dass man am Anfang noch andere datet. Maximal zwei sind gestattet. Europäisch bedeutet, man entscheidet sich ziemlich früh und exklusiv.

Weißt du, warum das europäisch heißt, wo doch die meisten Männer auf dem Kontinent bei der Frage »Paar oder kein Paar?« eher vom Sternzeichen »Schnecke« sind? Ich jedenfalls habe keine Ahnung! Ich weiß nur: In den USA gilt es als durchaus total normal, schon recht früh Beziehungsweichen zu stellen. Dann hat man das große entscheidende Gespräch. Das nennt sich »talk«. Wer nicht »talkt«, hat keine Vereinbarung. Der oder die kann weiterziehen und spart Zeit, Gefühle und all die Energie, die das große Rätselraten über den aktuellen Beziehungsstatus verbraucht.

Nach einem Jahr darf die Frau dann einen Verlobungsring im Gegenwert von möglichst so ziemlich genau drei Nettomonatsgehältern des Mannes erwarten. In Texas sind es sogar vier. An dieser Stelle hat Jörg – der Bekannte mit der US-amerikanischen Freundin – dann schon ein wenig Angst bekommen. Er wird sich wohl trennen und jammert: »Wieso kann man den Dingen nicht einfach ihren Lauf lassen?«

VERBINDLICHKEITEN

Mir würden da schon ein paar Gründe einfallen. Zum Beispiel, dass die biologische Uhr von uns Frauen leider nicht auf männliche Saumseligkeit eingetaktet ist. Wir können – wollen wir Kinder haben – eben nicht ewig auf Männer warten, die sich noch mit 55 nicht entscheiden mögen (außer natürlich für ein neues Rennrad, den Surfurlaub oder den Großbildfernseher ...). Aber auch wenn sich die Sache mit der Fortpflanzung längst erledigt hat, scheinen wir Frauen noch immer ungeduldiger zu sein – während Männer offenbar weiterhin glauben, alle Zeit der Welt zu haben.

Vielleicht liegt es daran, dass wir die Vernünftigeren sind und die zunehmend übersichtliche Lebenszeit im Blick haben, während Männer irrtümlich glauben, man könne die Deadline dadurch verlängern, dass man sie ignoriert. Andererseits braucht es, finde ich, schon eine gemeinsame Weile, um eine qualifizierte Entscheidung für oder gegen das »auf immer und ewig« treffen zu können. Eine, mit der auch wirklich der andere gemeint ist. Die sich eben nicht nur der Unsicherheit verdankt, einen Mann vielleicht nicht halten zu können, oder der Furcht, nicht liebenswert genug zu sein.

Zögern ist ja nicht zwangsläufig eine Folge der Sorge, diesen speziellen Menschen vielleicht verlieren zu können, sondern manchmal auch ein grundsätzliches Misstrauen in die eigenen Anziehungskräfte – in das, was man glaubt, vom Schicksal erwarten zu dürfen.

Ich habe eine Freundin, Stefanie, die praktisch immer schon bei der ersten Verabredung unbedingt Gewissheiten erwartete. Eine Zusicherung der Männer, es handele sich um ein Schockverliebtsein. Am liebsten wäre es ihr gewesen, Udo oder Klaus oder Martin hätten ihr schon bei der Vorspeise einen Vertrag vorgelegt, in dem sie sich zu fortgesetztem Interesse verpflichteten. Wenigstens für die Zeit, die Stefanie sich für sie interessierte. Am besten aber für länger. Sie ärgerte sich oft nach ersten Verabredungen über diese schreckliche Ungewissheit, die die Männer ihr zumuteten. So sah sie es jedenfalls. Der Verlauf ihrer Beziehungsanbahnungsversuche schien sie nur darin zu bestätigen, dass man gar nicht früh genug alles abklären könne. Meist kam es dann tatsächlich zu kaum mehr als ein wenig Sex und einer weiteren Enttäuschung. Zu Dates ging sie zunehmend mit Groll und düsteren Ahnungen. Sie wusste ja nun schon, was passieren wird: »Die wollen sich ja alle nicht mehr festlegen.« Sie verhielt sich wie jemand, der am liebsten schon vor Weihnachten seine Geschenke auspackt – aus der irrigen Annahme heraus, so etwaige Enttäuschungen besser ertragen zu können. Aber niemand verbringt gern Zeit mit Menschen, die immer nur »mehr, mehr, mehr« Sicherheiten brauchen, ohne je abwarten zu können, ob man sie ihnen nicht irgendwann freiwillig und gern gibt.

Ich schreibe das übrigens deshalb in der Vergangenheitsform, weil Stefanie mittlerweile komplett mit »den Männern« und also mit der Liebe abgeschlossen hat. Und ja, das ist wirklich traurig.

MIESES TIMING

Vielleicht sollte man erst mal sich selbst fragen: Warum muss ich jetzt unbedingt wissen, ob wir ein Paar sind? Sind wir es nicht ohnehin längst? Warte ich tatsächlich schon zu lange auf Eindeutiges wie Liebesbekundungen? Verbindlichkeiten? Oder ist die Ungeduld meiner eigenen Unsicherheit geschuldet?

Wer es genauer wissen will, kann sich – bevor er den anderen mit seinen Zweifeln wuschig macht – an dem orientieren, was der Familiensoziologe Oliver Arránz Becker[2] einmal gemeinsam mit einem Team von Forschern als »Marker« für die Intensität einer Beziehung ausgemacht hat. Wurde man schon den Eltern und Freunden vorgestellt? Von Freunden gemeinsam zu Essen und Partys geladen? Haben beide schon mal »Ich liebe dich!« gesagt? Dann ist das schon mal ein sehr vielversprechender Anfang. Geht es weiter damit, dass man seine Zahnbürste, Schminkzeug, Klamotten in der Wohnung des anderen deponiert hat? Herzlichen Glückwunsch! Und wenn dann noch die Wohnungsschlüssel ausgetauscht sind, eine gemeinsame Wohnung anvisiert wird oder gar Familienplanung im Gespräch ist (für die, die dafür noch infrage kommen), sollten eigentlich die überwiegend meisten Zweifel ausgeräumt sein und man es ohnehin wissen: Wir gehören zusammen! [3]

Es kann aber auch anders laufen: Zieht der andere sich zurück? Hat er auch nach einigen gemeinsamen Wochen immer noch seinen Tinder-Account laufen? Plant er oft ohne mich? Hat er nur sporadisch Zeit? Fragt er nicht nach, wie es mir geht oder womit ich gerade beschäftigt bin? Kenne ich seine Kinder auch nach einem Jahr bloß von Fotos? Dann sollte man tatsächlich einmal reden. Darüber, warum er es nicht gleich sagt: »Ich bin nicht wirklich interessiert an dir!«

Mein Mann hat übrigens nach einem sehr vielversprechenden ersten Monat – in dem alles ganz vorschriftsmäßig lief, bis wir beide schon mal »ich liebe dich« gesagt hatten – noch einmal alles auf den Kopf gestellt. Wir waren verabredet, wollten ausgehen, ich hatte mich hübsch gemacht, war voller Vorfreude. Er klingelte. Pünktlich. Und anstatt mich in den Arm zu nehmen, sagte er: »Also ich habe da noch mal drüber nachgedacht. Ich glaube, wir passen doch nicht zusammen.« Dann ging er wieder. Und ich war am Boden zerstört. Drei Tage später meldete er sich – überzeugend – zerknirscht mit einer fetten Entschuldigung. Ich bin sehr froh, damals gedacht zu haben, dass ja jeder mal kalte Füße haben kann – obwohl es natürlich nicht gerade charmant war.

Allerdings ist mieses Timing nicht in jedem Fall zu entschuldigen. Du weißt, ich bin eigentlich ziemlich großmütig, aber wenn sich einer noch bis nach der Rente nicht festlegen will und dann auf die Schnelle noch eine Rundumbetreuung sucht, darf sich Unentschlossenheit durchaus rächen. Habe ich dir von dem Senior erzählt, der der damals 76-jährigen Mutter einer Freundin bei einer Kaffeefahrt mal eben zur Materialprobe in die Seite kniff und meinte: »Ich hörte, Sie waren Krankenschwester?« Und sie: »Wenn Sie eine günstige Pflegekraft suchen, empfehle ich die Gelben Seiten.«

Ich hoffe, du bist mit der Antwort zufrieden? Wenn die Frage, ab wann man denn nun ein Paar ist, geklärt wäre, kommt schon die nächste: Soll man Kinder verleugnen, eine Weile verstecken oder gleich alle zum ersten Date mitbringen?

WANN SOLLTE ICH DEM NEUEN MANN MEINE KINDER VORSTELLEN?

Nicht mein Zirkus, nicht meine Affen.
(Anonym)

Susanne

Mathilda, eine Freundin, hatte sich frisch verliebt und ihre Kinder schon zum dritten Date mitgenommen. Bevor überhaupt klar war, ob und was aus der neuen Bekanntschaft werden würde. »Er soll gleich wissen, auf was er sich einlässt. Und ich will auch, dass die Kinder Bescheid wissen.«

Ein gewagtes Unterfangen – in jeder Hinsicht. Ich glaube, beim Thema »Familienzusammenführung« ist eine gewisse Zurückhaltung von Vorteil. Warum nicht erst mal selbst schauen, wie es läuft, bevor man die Kinder um ihre Meinung fragt? Sicherlich gibt es nicht »den« perfekten Moment und auch keine allgemeingültige Zeitangabe, aber im Zweifelsfall lohnt es sich zu warten, zumindest so lange, bis man selbst sehr entschieden ist. Es kann ja nicht angehen, dass die Kinder die Wahl des Partners bestimmen. Ich weiß noch, wie ich das erste Mal den Sohn meines Lebensgefährten getroffen habe. Es war etwa einen Monat, nachdem wir zusammengekommen sind. Ich saß im Garten und er schaute mäßig begeistert, sagte aber höflich: »Guten Tag.« Als ich ihn später gefragt habe, wie er das fand, hat er erwidert: »Ich dachte, oh Gott, schon wieder eine!« Inzwischen lachen wir darüber.

Meine erwachsenen Kinder wussten von Beginn an, dass ich jemanden kennengelernt hatte. Als ich nach vier Monaten nachgefragt habe, ob sie ihn mal treffen wollen, hat meine Tochter nur streng geantwortet: »Lern ihn doch erst mal selbst kennen, bevor du ihn vorführst.« Ich war kurz beleidigt, in meiner Verliebtheit wollte ich nur zu gern das Go meiner Kinder. Ihren Segen sozusagen. Den haben sie mir dann beim ersten Zusammentreffen gegeben. Glück gehabt.

SCHATTENFRAU

Heute schlagen sich meine Kinder oft genug auf seine Seite, machen Witze mit meinem neuen Partner und über ihn und er gehört zur Familie.

So wie es die gibt, die sofort die Kinder präsentieren, gibt es auch die andere Fraktion: Leute, die ihre Kinder verstecken, als wären die im Zeugenschutzprogramm. Lina, eine Bekannte, hatte einen neuen Freund, Werner, der sich nicht vorstellen konnte, seine 13-jährige Tochter je vorzustellen. »Das sind zwei Welten, die nichts miteinander zu tun haben!«, hat er Lina erklärt. Er wolle das der »Kleinen« nicht zumuten. Und letztlich habe das eine ja auch nichts mit dem anderen zu tun. Lina sieht das anders: Wie soll das auf Dauer so funktionieren, wenn er seine Tochter für immer versteckt hält? Ist sie nicht präsentabel? Schämt er sich für sie? Nein, Werner möchte »nur« nicht, dass sich eine Frau zwischen ihn und die Tochter stellt.

Lina hat sich getrennt. Mit Bedauern. Aber sie hatte keine Lust, für die nächsten Jahre eine Schattenfrau zu sein. Weihnachten allein dazuhocken und nur am Muttiwochenende mal zu Werner in seine Wohnung zu dürfen.

Kinder komplett rauszuhalten aus neuen Beziehungen ist unmöglich. Aber es ist sinnvoll, zunächst zu gucken, ob aus der Sache was Festes werden könnte. Zu viele verschiedene Männer beziehungsweise Frauen präsentiert zu bekommen macht Kinder auf Dauer mürbe. Sie sollten schon bemerken, dass man es ernst meint. Und sie brauchen Zeit, um sich an Neues zu gewöhnen, egal, wie nett und aufmerksam man mit ihnen ist. Es ist gut, nichts erzwingen zu wollen. Ja, die zwei sind jetzt ein Paar, und ja, sie sind verdammt glücklich, aber das bedeutet nicht automatisch, dass man rund um die Uhr die happy family spielen muss. Kinder finden es seltsam, wenn man Mama von jetzt auf gleich gar nicht mehr für sich hat. Es sie nur noch im Doppelpack mit Werner, Hans oder Jörg gibt.

Wie so oft im Leben: Die Dosierung macht's. Im besten Falle fragen die Kinder irgendwann: »Wo ist denn eigentlich Jörg, Hans oder Werner? Warum kommt der nicht mit?«

Am Ende aber sind Kinder nicht die einzige Mitgift. So ein Mann bringt ja immer auch die Frau seines Lebens mit: Mutti. Da hat sich bei mir schon gelegentlich mal die Frage gestellt: Muss ich die mögen?

MUSS ICH SEINE MUTTER MÖGEN?

Mami ist die Bestie!
(Anonym)

Constanze

Es gibt keine Männer ohne Altlasten. Selbst die, die man jungfräulich in dem dafür richtigen Alter übernimmt, standen schon mal unter weiblichem Einfluss: dem ihrer Mutter. Vermutlich die ohnehin größte Hypothek, die Männer mit in eine Beziehung bringen.

Da ich schon einige Beziehungen hatte, bevor ich den aktuellen Mann traf, kann ich aus Selbsterfahrung sagen: Der mütterliche Arm reicht weit bis ins hohe Erwachsenenalter und ist leider nicht so einfach zu entsorgen wie das scheußliche Salzteiggebinde der letzten Verflossenen.

Es muss nicht so schlimm kommen wie etwa bei Erich Kästner, über dessen problematisches Verhältnis zum »lieben Muttchen« Bestsellerautor Florian Illies schrieb: »Der Mutterschoß ist eigentlich eine Einbahnstraße. Aber Erich Kästner fährt gegen die vorgeschriebene Fahrtrichtung zeitlebens zurück.«[1] Mir sind durchaus Fälle untergekommen, wo Mutti tatsächlich noch die Unterwäsche für den längst erwachsenen Sohn beschaffte (und also immer auch irgendwie dabei war, wenn man ihm diese vom Leibe riss).

Und nach dem, was Freundinnen zum Thema beizusteuern haben, suchen Mütter später auch die Tapeten für die gemeinsame Wohnung aus und reden selbst beim Vornamen der Enkel mit. Bei manchen Männern lagert zudem auf ewig schreibgeschützt auf der Festplatte, was Mutti ihnen mal mit auf den Weg gab: wie man einen Haushalt zu führen hat etwa, die einzig akzeptable Zubereitung von Kartoffelsalat (OHNE Mayonnaise) und vor allem: wer für das alles idealerweise zuständig ist (die Frau natürlich).

Ich hatte Freunde, die mich ihren Müttern erst gar nicht vorstellten, weil sie wussten, dass die niemals Gefallen an einer Frau finden würden, die noch andere Ambitionen hat als die, ihren Sohn rundum zu versorgen (ohnehin in der heimlichen Überzeugung, dass das keine so gut kann wie sie). Eine fand, ihr Sohn könne sich ja gern an und mit mir »die Hörner abstoßen«, aber für die lange Strecke erhoffe sie sich doch etwas »Besseres« für ihren Goldjungen.

Die Mutter meines Mannes weigerte sich ein Jahr lang, mich kennenzulernen. Mit der Begründung, sie hänge noch so sehr an meiner Vorgängerin und empfinde es als illoyal, gleich einfach zur Nächsten umzuschwenken – wie ihr offenbar so wankelmütiger Sohn. Ich fand das eigentlich ziemlich respektabel. Warum sollte sie meiner Vorgängerin einfach den Stuhl vor die Tür des Mutterherzens stellen, wenn sie sich doch so gut mit ihr verstanden hat. Nur, weil der Sohn jetzt eine Neue hat. Und ehrlich: Es hat mir rein gar nichts ausgemacht. Schließlich habe ich mir den Mann ausgesucht und nicht die Mutter.

Als wir uns dann trafen – Schwiegermutti in spe und ich –, stellte ich fest, dass mein Mann längst ordnungsgemäß abgenabelt war und sich schon lange vor meiner Zeit in entscheidenden Lebensfragen jedwede Einmischung verbeten hatte. Es wäre ihm im Traum nicht eingefallen, wichtige Entscheidungen – wie zum Beispiel die Anschaffung eines neuen Sofas – mit seiner Mutter durchzusprechen.

Wir erzählten ihr, was wir planten. Sie sagte, ob ihr das gefiel oder nicht (meistens nicht), und dann machten wir, was wir für das Beste hielten. Wenn sie meinte, sie verstehe nicht, wie Frauen erst Kinder bekommen, um sie dann »wegzuorganisieren«, erinnerte ich die Vollzeithausfrau daran, dass sie ihre drei Söhne ja auch nicht stundenlang bespielt hatte. Im Gegenteil. Die wurden – sobald sie laufen konnten – morgens rausgeschickt zum

Spielen und abends mussten sie halt zum Abendbrot wieder zurück sein. Als sie mich einmal fragte, wie wir es denn halten würden, wenn wir mal Kinder hätten, sagte ich: »Dann bleibt der daheim, der weniger verdient. Und ich sage dir gleich, das bin nicht ich.«

SCHWIEGERMONSTER

Das kann auch ganz anders laufen. Andrea, eine Freundin, bekam wegen ihrer Schwiegermutter regelrecht Depressionen. Nichts konnte sie dieser Irene recht machen. »Bei allem gibt sie ihren Senf dazu: wie ich unsere Kinder erziehe, wie ich koche, wie ich aussehe, wie ich atme.« Es war schon deshalb nichts zu machen, weil ihr Mann das alles »nicht so schlimm« fand und immer sagte: »Mach dich doch mal locker, du weißt doch, wie sie ist!«

»Die fiesesten Sachen sagte Irene auch tunlichst, wenn ihr Butzeli gerade aus dem Raum war. Auch da hätte ich mir gewünscht, dass mir mein Mann einfach mal glaubt. Er ist derjenige, der seiner Mutter mal einen Platzverweis erteilen müsste, sagen sollte, dass sie dauernd Grenzen verletzte. So hatte sie mich von vornherein als Störfaktor in ihrer innigen Beziehung zu ihrem ›Schatzi‹ ausgemacht.« Seine Mutter sprach bei allem mit, kaufte Bettwäsche, fütterte die Kinder (entgegen dem ausdrücklichen Wunsch von Andrea) mit Billigschweinefleisch vom Discounter – »Da soll sich eure Mutter mal nicht so haben!« – und schenkte ihrem mittlerweile erwachsenen Sohn zum Geburtstag immer noch Unterwäsche und Pyjamas. »Als wollte sie sichergehen, dass er sich auf keinen Fall nackt neben mich legt.«

Andrea hat sich schließlich abgenabelt. Hat den Kontakt zur Schwiegermutter komplett abgebrochen. Ihrem Mann war das natürlich mega-unangenehm. Denn genau das hatte er ja mit seinem ewigen Beschwichtigen vermeiden wollen: dass der Konflikt eskaliert. »Mir aber egal. Als der Psychiater mir Psychopharmaka verschreiben wollte, damit ich ein wenig runterkomme, dachte ich: Nee, diesen Gefallen tue ich Irene jetzt mal nicht, dass ich mich jetzt auch noch biochemisch auf ›handzahm‹ herunterdimmen lasse, damit ich sie ertrage.«

DEMARKATIONSLINIEN

Ehrlich gesagt: Ich neige nicht allzu sehr dazu, nach der Pfeife von anderen zu tanzen. Zumal wenn es so aussichtslos ist wie bei Andrea. Selbst ein Irene-Klon an der Seite ihres Sohnes würde sie nicht zufriedenstellen – weil es ja auch nur ein Klon und nicht die Original-Irene wäre. Wozu sich also anstrengen? Natürlich: War meine Schwiegermutter zu Besuch, haben wir – mein Mann und ich – getan, was wir konnten, damit sie es hübsch hat bei uns. Haben die Katzen weggesperrt, vor denen sie sich gruselte. Ich habe gekocht, was ihr schmeckt, und später auch einen Kuchen auf den Kaffeetisch gestellt. Den ich allerdings gekauft hatte. Ich weiß, das gefiel ihr eigentlich nicht. Seit ich einmal ein Gespräch zwischen ihr und ihrer Schwester mitgehört hatte, in dem sich die Schwester mokierte, dass ihre Schwiegertochter es nicht mal schaffe, selbst einen Kuchen zu backen. War mir aber egal.

Ich habe zwischendurch auch immer mal gesagt, wo genau die Demarkationslinie zwischen ihrem und unseren Leben verläuft. Sie hat es sportlich genommen, so wie ich, wenn sie beim Essen etwa meinte, dass mein Kartoffelpüree schon etwas derb geraten wäre.

Sie hat mich tatsächlich sehr gemocht. Wie es die meisten Leute schätzen, wenn man ihnen zeigt, wo der Spaß aufhört. Oder was passiert, wenn die Warnungen ignoriert werden. Gilt auch für die Männer, die mit 45 immer noch Mutti-Überfürsorge genießen und meist – typisch Mann – auch den Stress fürchten, der entstehen könnte, würden sie sich einmal deutlich gegen die Einmischung und für ihre Frau positionieren.

Außerdem: Wer verzichtet schon gern auf ein Zwei-Frau-Betreuungsteam, bei dem sich beide Frauen darum balgen, wer dem Mann den besseren Service bietet? Aus dieser Kampfarena sollte man sofort aussteigen. Sonst wird man nur verlieren: Zeit, Energie, Nerven, Selbstachtung.

KOSTEN-NUTZEN-OMI

Aber es geht eben auch nicht, seine Schwiegermutter einerseits nicht ausstehen zu können, sie niemals einzuladen oder bei ihr vorbeizuschauen oder regelmäßig mal anzurufen. Und sie dann andererseits in Anspruch zu nehmen, wann immer es einem beliebt.

So macht es Antonia, eine Schulfreundin: Fährt die Familie in den Urlaub, darf »Omi« im Haus einchecken, um sich um die beiden Katzen und den Garten zu kümmern und bei der Gelegenheit auch mal die Gardinen zu waschen und überhaupt das ganze Haus einer Grundreinigung zu unterziehen. Ihre Enkel sieht sie praktisch nur, wenn Antonia mal einen freien Nachmittag oder Ruhe für eine spontan anberaumte Zoomkonferenz braucht. (Nicht ohne ellenlange Kinder-Beipackzettel: Niemals Süßigkeiten. Auf keinen Fall Schweinefleisch. Die Glotze bleibt aus … Ganz so, als hätte »Omi« ihre eigenen beiden Kinder in einem Verschlag aufwachsen lassen.) »Omi« wird im Gegenzug allerdings nicht zum Kindergeburtstag geladen und nimmt auch ansonsten kaum am Familienleben ihres Sohnes teil. Antonia findet sie nämlich »nervig« und »schlicht« und schämt sich ganz offenbar für den Background ihres Mannes Gerhard. Der nimmt es hin.

Er will keinen Ärger und schleicht sich deshalb lieber heimlich zu seiner Mutter. Antonia und Gerhard verfügen aber nicht nur großzügig über »Omis« Zeit – sie haben auch deren Erspartes, immerhin 100 000 Euro, genommen, um das Reihenmittelhaus zu finanzieren, in dem die Familie wohnt.

Gut, man könnte sagen: »Omi« ist selbst schuld, wenn sie sich so ausnutzen lässt. Aber die fürchtet vermutlich und zu Recht, dass sie ihre Enkel gar nicht mehr sehen würde, sollte sie Ärger mit Antonia riskieren. Aber es ist nie gut, sich erpressbar zu machen. Am Ende sollte »Omi« ein wenig energischer an der Gerhard-Stellschraube drehen: sich verbitten, dass er heimlich zu ihr schleicht, als wäre sie seine Affäre, und deutlich machen, dass, wer was will, nett sein muss. Ein Prinzip, das Antonia und Gerhard ja auch nicht fremd war, als sie Geld fürs Haus brauchten.

Angeblich ist ja Geigespielen das Komplizierteste, was man tun kann – ich finde, dass Patchwork fast noch schwieriger ist. Zumal ich das Gefühl habe: Das klappt immer nur bei den anderen. So wie bei dir. Oder täusche ich mich?

WIESO FUNKTIONIERT PATCHWORK IMMER NUR BEI ANDEREN?

Eine Familie, die leiblich und geistig vereint ist,
gehört zu den seltenen Ausnahmen.
(Honoré de Balzac)[1]

Susanne

Mein Freund hat ein Kind, ich habe zwei. Seins ist siebzehn Jahre alt, meine sind dreißig und vierundzwanzig. Wenn der Mann, den man liebt, die Kinder, die man hat, nicht gerne mag, hat man ein Problem. Und umgekehrt.

Wenn es mit den Kindern Theater gibt, macht das jede Liebe schwierig. Ein Angriff auf die eigenen Kinder ist etwas sehr Persönliches, und egal, wie freundlich man es formuliert, kommt das Gegenüber sofort in eine Verteidigungshaltung. Ich kenne das von mir selbst. Nörgle ich über meine Kinder, ist das in Ordnung. Erdreistet sich jemand anderes, gerate ich sofort in Rage.

Ich kann mit Kritik an mir besser umgehen als mit Kritik an meinen Kindern. »Man hält sich einfach raus aus der Erziehung der ›fremden‹ Kinder!«, lautet der Rat einer Freundin, die Patchwork-erprobt ist. Das ist leicht gesagt und schwer gemacht. Wenn man das Gefühl hat, da läuft was richtig falsch, ist es eine echte Herausforderung, sich jeden Kommentar zu verkneifen. Da müsste man mich schon sedieren.

Ich habe Glück, ich habe den Sohn meines Freundes richtig gern und er, so scheint es jedenfalls, mich auch. (Gefühle eines 17- Jährigen zu deuten ist nun mal kompliziert!)

Auch meine Kinder sind angetan von Mamas Neuem. Schon weil ich damit vom Markt bin und beschäftigt. Aber ich denke:

nicht nur deswegen! Und er mag sie sehr. Uff. Da habe ich wirklich Glück gehabt. Das hätte auch anders kommen können.

Wäre ich mit einem Mann zusammen, der meine Kinder nicht ausstehen kann? Ganz ehrlich: Ich glaube, nein. Für eine Affäre wäre es mir wurscht, aber eine feste Beziehung mit einem Mann, der sich so gar nichts aus meinen Kindern macht? Das käme für mich nicht infrage. Ich liebe meine Kinder, finde sie – trotz aller Schwächen – einfach wunderbar. Es sind halt meine Kinder und im internationalen Vergleich finde ich sie sehr gelungen. Okay, ich bin sicherlich ein bisschen parteiisch in dieser Hinsicht.

Aber so oder so: Egal, wie sie sind, sie sind ein Teil von mir. Und ohne bin ich nicht zu haben. Jedenfalls nicht für die längere Strecke.

PRINZESSIN IM ABWEHRMODUS

Michi, eine gute Bekannte, hat einen echt netten Mann kennengelernt, der eine Tochter hat. Zwölf Jahre alt und hauptberuflich Prinzessin. Auf dem Weg zur Königin. Mindestens. Es war, gelinde gesagt, die Hölle. Miss Princess hatte so gar keine Lust, ihren Hauptverehrer, ihren Papa, zu teilen. Wollte die gesamte Aufmerksamkeit und Liebe. Sie lebte bei ihrem Vater und für andere »Frauen« war der Zutritt eigentlich strengstens untersagt. Bisher hatte sie erfolgreich jede Mitbewerberin um Papas Liebe weggebissen. Ein Kampfhund ist ein Dreck gegen die selbst ernannte Prinzessin. Immer wenn Michi auftauchte, zog die Prinzessin, die im realen Leben Clara heißt, einen Megaflunsch. Sie sprach nie von sich aus, verzog sich in ihr prunkvolles Zimmer und auf Fragen kam, wenn überhaupt, ein patziges Ja oder Nein. Kurzum: Sie war gnadenlos unhöflich.

Michis neuem Freund war das unangenehm, aber er verteidigte seine Tochter vehement. Sie habe halt schon einiges mitgemacht und es sei schwer für das Kind, eine neue Frau zu akzeptieren.

Man müsse da sehr behutsam sein, sie sei eigentlich ein wahrer Sonnenschein.

Michi fand, dass Clara das zumindest eins a verbergen konnte. Manchmal, wenn ihr Freund der kleinen Clara einen Kuss auf die Wange drückte, sah Michi, wie Clara sie geradezu triumphierend anschaute, fast so, als wollte sie sagen: »Ätsch, ich habe gewonnen.« Da helfen nur Langmut und die alte Weisheit: Akzeptanz durch Penetranz. Man darf sich nicht geschlagen geben. Nicht von einer Zwölfjährigen. Hat Michi auch nicht getan. Sie hat sich die Ignoranz und das Gemotze ein halbes Jahr lang angesehen. Mit Geduld und guter Laune. Dann hat sie einen Moment abgepasst, in dem ihr Freund nicht in der Nähe war, und zu Clara gesagt: »Hör zu, ich bin die Freundin deines Papas. Ich habe ihn lieb und er mich. Ich werde nicht gehen, egal, was du machst. Ich kann viel aushalten. Aber auch du hast ein schöneres Leben, wenn du damit aufhörst. Ich bin nämlich eine richtig nette Frau und du hast verdammtes Glück gehabt. Ich werde dir deinen Papa nicht wegnehmen.«

Das hat geholfen. Clara hat neulich sogar mal mit Michi gelacht. Aus Versehen wahrscheinlich. Und sie waren gemeinsam im Kino. Ohne Papa. Ein Anfang.

MAMA, NACKT AUF DEM KÜCHENTISCH

Eifersucht gibt es auf allen Seiten. Man muss – wenn Kinder da sind – Liebe immer teilen. Es gibt auch Männer, die das schwer aushalten. Ein Kollege hat mir mal gestanden, dass er rasend verliebt sei. So wie fast noch nie. Dann kam ein fettes Aber: »Sie hat zwei Kinder und die sind der Dreh- und Angelpunkt ihres Lebens. Die liegen sogar nachts manchmal mit im Bett. Wenn sie krank sind, schlecht träumen, Sehnsucht haben oder was auch immer. Sie essen mit uns, sie sind dauerpräsent, bis auf jedes zweite Wochenende, an dem der Vater sie hat. Ehrlich, ich habe nichts gegen Kinder, aber wo bleibt da Platz für Romantik und Zweisamkeit? Ich wollte eine Frau, nicht direkt eine Kleinfamilie. Und es sind noch nicht mal meine Kinder!«

Klar, man treibt es nicht wollüstig auf dem Küchentisch, wenn jederzeit ein Kind Richtung Kühlschrank unterwegs sein könnte. Allein der Gedanke, erklären zu müssen, was Mama da nackt auf dem Küchentisch macht …

GLEICHES RECHT

Wenn man einen neuen Partner mit Kindern hat, fühlt man sich oft so, als würde man die Anfangsphase einer Beziehung überspringen. Tagelang nicht das Schlafzimmer verlassen, ständig, egal wo, herumknutschen und sich verliebt anstarren – all das ist in einem Haushalt mit Kindern enorm schwierig. Schneller, als man guckt, befindet man sich in einem Familien-Kosmos. Gemeinsame Abendessen, Fernsehabende, Hausaufgabenkontrolle, Fingernägel schneiden und ein bisschen erschöpfter, leiser Sex, wenn die Kinder endlich mal schlafen.

Eifersucht ist eine zentrale Komponente im Patchwork-Kosmos: die Kinder des einen auf die Kinder des anderen, er auf ihre Kinder, sie auf seine. Der Möglichkeiten sind da viele. Auch ich kenne das. Ich stehe nicht gerne in zweiter Reihe. Der Verstand sagt: Es ist sein Kind, aber eine Stimme nölt: Wo bleibe da ich?

Man stellt sich diese bekloppten Fragen: Wenn es brennt und er könnte nur einen von uns retten – wen würde er wählen? Man weiß insgeheim, dass es das Kind sein würde. So wie eben auch bei mir. Auch ich würde mir die Kinder schnappen und dann erst den Mann.

Insofern: Gleiches Recht für beide. Und eines ist ja auch klar: Die Liebe zwischen Eltern und Kind ist eine andere als zwischen Mann und Frau. Ich will nicht mit einem 17-Jährigen konkurrieren und tue es auch nicht. Der Mann an meiner Seite hat genug

Liebe für uns beide. Das Gute: Irgendwann sind die Kinder flügge und man hat den Partner für sich allein. Es gibt übrigens auch Frauen, die sich dann die Kinder zurückwünschen …

VERMINTES GELÄNDE

Man hat sehr viel weniger Zeit zu zweit, das kann man nicht schönreden. Man muss oft hintanstehen. Niemand spielt gerne die zweite Geige. Aber damit muss man partiell zurechtkommen. Eines ist auch logisch: Es gibt mehr Diskussionen. Erziehung ist generell ein heikles Thema, und wenn der eine so ganz anders tickt als der andere, dann ist Streit vorprogrammiert. Auch mir geht das manchmal so. Ich bin eher ein wenig strenger, mein Freund hat gerne Ruhe an der Erziehungsfront und lässt schon deshalb mehr durchgehen. Fragt er mich um Rat, sage ich ihm mal gerne meine Meinung. Ungefragt versuche ich, die Klappe zu halten, was mal besser und mal schlechter gelingt.

Immer wieder sage ich mir: Es ist nicht mein Kind. Wie ein Mantra geradezu. Dabei – es ist ja doch ein bisschen mein Kind. Schließlich habe ich es in mein Herz geschlossen. Sehr sogar. Aber ich muss trotzdem akzeptieren, dass ich nicht die bin, die entscheidet. Ich kann Tipps geben. Mehr nicht.

Pamela kennt das Problem nur zu gut. Der Sohn ihres Lebensgefährten liegt seit dem Abitur reglos nur rum. Jedenfalls tagsüber. Gegen Abend erhebt er sich mühsam und geht aus. Das Ganze betreibt er in Perfektion seit mehr als einem Jahr. Ihr Freund findet, sein Sohn habe sich die Auszeit durchs Abitur redlich verdient und es sei ja auch legitim, dass er noch nicht genau wisse, was er mal machen wolle. Pamelas Anregungen – vielleicht mal ein Praktikum oder Berufsberatung oder jobben – lehnt er ab. Der Junge sei in der Findungsphase, das könne nun mal dauern. Pamela macht das fast schon aggressiv, sie mag den Sohn und kann kaum mit ansehen, wie er seine Zeit an der Playstation verdaddelt und seine Jugend verpennt. Aber sie weiß sehr genau, dass das Thema ein vermintes Gelände ist. Sie und ihr Lebensgefährte verstehen sich ansonsten prächtig, aber sobald der Sohn zum Gesprächsstoff wird, verhärten sich die Fronten.

»Es könnte mir ja egal sein, ist es aber nicht. Der Junge ist an sich toll, aber was er da macht, braucht ein entschiedenes Machtwort. Aber das kommt nicht.« Je mehr Pamela nörgelt und insistiert, umso mehr verteidigt ihr Freund seine Erziehungsmaximen. Insofern: Auch wenn es schwerfällt, lieber immer mal die Klappe halten.

Klar, es fällt schwer. Aber ich kenne auch die Gegenseite und weiß, wie sehr es nervt, wenn es jemand, der kein Elternteil ist, immerzu alles besser weiß.

FRIEDE, FREUDE, EIERKUCHEN

Gestern Nacht habe ich einen Podcast gehört, in dem es um Patchworkfamilien ging. Es hieß, alle würden nach Harmonie streben, aber das sei eben oft nicht möglich und auch nicht nötig. Leicht gesagt, finde ich. Natürlich will man Harmonie. Wenn das Leben mit Partner so viel anstrengender ist, als es vorher war, spricht auf Dauer nicht so viel für die Beziehung. Man hat ja im Leben schon genug Anstrengung.

Dass man nach Harmonie strebt, halte ich per se auch nicht für verwerflich. Jeder hat es gerne schön, entspannt und damit harmonisch. Alle Patchworkelternteile sehnen sich danach, vom »Beutekind« geliebt zu werden. Man sagt ja überhaupt heute kaum mehr Stiefkind, sondern nennt es »Beute-« oder auch »Bonuskind«. Manche versuchen es über Geschenke, mit ein wenig Schleimerei oder ewigem Jasagen. Aber Kinder sind schlauer, als man denkt. Sie durchschauen Strategien.

Es ist auch kein guter Schachzug, immer automatisch in die zweite Reihe zurückzutreten, um sich dadurch beliebter zu machen. Kinder nutzen jeden noch so klitzekleinen Vorsprung gerne aus und ratzfatz bestimmen sie alles. Wann, wohin und wie lange ein Ausflug gemacht wird. Was es zum Frühstück gibt.

Renate hat einen Freund, dessen Sohn Fritz sich wie ein kleiner Diktator aufgeführt hat. Das komplette Wochenendprogramm bestimmte der 11-jährige Fritz und Renate und ihr Freund fügten sich kampflos. Alles, damit Fritz ein schönes Leben hat und sich mit der neuen Frau an Papas Seite anfreundet.

Fritz hat schnell gemerkt, wie der Hase läuft, und hat ausdauernd ausprobiert, wann endlich jemand sagt: »Tickst du eigentlich noch richtig?« Frühstück bitte gegen elf und mit Pfannkuchen. Fehlte das Apfelmus, hat er so lange gequengelt, bis Papi noch mal los ist, um es zu besorgen. Sollte es Samstag in den Zoo gehen, wollte Fritz auf einmal eher sonntags und dann am Sonntag doch lieber ins Kino. Und nicht vormittags, sondern eher später. So ging es Monat für Monat. Renate, selbst kinderlos, war verzweifelt. »Ich hätte nicht gedacht, dass ich in meinem Leben noch mal nach der Pfeife eines Elfjährigen tanze«, hat sie erzählt. Irgendwann hat sie genug gehabt und sich Fritz zur Brust genommen: »Hör zu, ab jetzt bekommt jeder von uns einen Tag am Wochenende, den er planen kann, und die anderen machen mit. Das finde ich gerecht.« Sie war erstaunt, wie klaglos Fritz das abgenickt hat. Seither läuft es sehr viel besser. Letzte Woche war Fritz mit im Museum, vielleicht weil er wusste, dass am nächsten Tag sein Programm »Lasertag« dran war.

So weit, so gut. Manchmal aber mag man das Kind des Partners einfach nicht, egal, wie viel Mühe man sich gibt. Es hilft nicht, sich an dem Problem abzuarbeiten. Ab und an braucht es Zeit, um Zuneigung zu entwickeln. Manchmal sehr viel Zeit. So ungefähr, bis die Kinder dreißig sind.

Aber: Schlimmer geht bekanntlich immer. Zum Beispiel, wenn die Ex mehr als noch einen Fuß in der Tür hat. Oder es einem wenigstens so vorkommt. Wie viel Ex sollte man akzeptieren und ab wann ist es genug?

WIE VIEL EX DARF'S SEIN?

I'm friends with all my exes,
apart from husbands.
(Cher)[1]

Constanze

Natürlich hatte mein Mann auch schon mal und mehrfach Sex mit anderen. Er verreiste mit ihnen, zog mit ihnen durch die Kneipen, schwor ihnen ewige Liebe und verschwendete keinerlei Gedanken an mich. War ja auch alles vor meiner beziehungsweise vor unserer Zeit.

Das könnte ich mir jetzt in den schillerndsten Farben ausmalen. Ein ganzes saftiges Panorama voller beunruhigender Details. Ich kann es aber auch einfach bei einer groben Skizze belassen. Das ist allein meine Entscheidung. Und da ich nicht dazu neige, mir das Leben unnötig schwer zu machen, habe ich die Verflossenen meines Mannes eigentlich immer als das behandelt, was sie sind: Vergangenheit.

Wenn man mich denn lässt. Denn auf der anderen Seite kann so eine Ex einen ganz schön langen Arm haben. Dann ist sie immer noch präsent. In dem, was ein Mann tut oder unterlässt, und in den Konsequenzen, die er aus den letzten Beziehungen gezogen hat.

Zum Beispiel macht sich mein Mann bei mir keinerlei Sorgen darüber, ob ich – etwa nach Lesungen – abends auch sicher nach Hause komme. Manchmal stehe ich dann nachts allein an stockdunklen Gleisen an irgendeinem unwirtlichen Vorortbahnhof. Ich warte auf die S-Bahn und vertreibe mir die Zeit bis zum Überfall (der ganz sicher passieren wird) damit, mich zu fragen, was meine Vorgängerin hatte, das ich offenbar nicht habe. Karin hat er nämlich stets abgeholt. Egal, um welche Zeit. Nicht, dass er sie mehr geliebt hätte als mich. Sagt er jedenfalls. Sie hat nur mehr Stress gemacht beim Einfordern von Dienstleistungen als ich und ihn überhaupt an einer ziemlich kurzen Leine durch die gemeinsame Zeit geführt.

Meine Vorgängerin war auch wahnsinnig eifersüchtig. Auf alles. Auf die Freunde meines Mannes und praktisch auf jede Frau auf diesem Planeten. Deshalb wünscht mir mein Mann selbst dann sehr entspannt einen »schönen Abend«, wenn ich mich zum Speeddating verabschiede. Nicht, um einen neuen Mann zu finden, der mich auch mal von Lesungen abholt (also wenigstens nicht offiziell). Sondern weil ich einer Single-Freundin versprochen habe, sie bei der Männerakquise zu unterstützen.

Natürlich ärgere ich mich – bevorzugt auf dunklen Bahnhöfen –, dass ich da offenbar wesentliche Weichen nicht gestellt habe. Ich muss mir aber auch eingestehen, dass ich meinen Teil dazu beigetragen habe. Ich wollte mich nämlich wohltuend von meiner Vorgängerin unterscheiden. Wollte cooler, selbstständiger, souveräner sein. Sozusagen beim »Produktvergleich« besser abschneiden. Obwohl ich sicher weiß, dass für ihn ohnehin kein Weg zurück zu meiner Vorgängerin geführt hätte. Die beiden haben sich nach dem Ende der Beziehung kein einziges Mal mehr getroffen.

Dafür hat mein Mann mit Regine eine andere Vorgängerin aus seinen ersten wilden Studentenjahren mit in unsere Beziehung gebracht. Sie war ein paar Jahre nach der Trennung von meinem Mann nach Italien gezogen – der Liebe wegen. Hatte aber beruflich noch einmal im Monat in Frankfurt zu tun. Dann wohnte sie bei uns. Jeweils vier Tage lang. Wir gingen gemeinsam essen, kochten, hockten vor dem Fernseher, veranstalteten zusammen Spieleabende. Ich hätte meinem Mann auch einen Urlaub mit ihr abgenickt, so sicher bin ich mir bis heute, dass da nichts mehr passiert.

Ich habe umgekehrt auch einen Ex, der lange nach dem Ende der Beziehung noch eine meiner besten Freundinnen für mich war.

Wir haben sogar einige Jahre – in allen Ehren – zusammengewohnt. Bis uns seine Frau reingrätschte und jeden Kontakt energisch unterband. Was ich beiden – ehrlich gesagt – noch heute ziemlich übel nehme. Ihm, weil er für unsere Freundschaft nicht ausreichend gekämpft hat. Ihr, weil sie da etwas in ein sehr schräges Licht rückte, was dort nicht hingehört.

DENKFEHLER

Ich wäre auch beunruhigt, geriete ich an einen Mann, der seine Ex noch überall präsent hat. Der am liebsten dieselben Urlaubsorte aufsuchen würde, an denen er schon mit ihr eine gute Zeit verbracht hat. Der ständig mit ihr telefoniert, sich in den wichtigsten Lebensfragen von ihr beraten lässt, dauernd mal eben nach der kaputten Waschmaschine, der vertrackten Steuererklärung, dem tropfenden Wasserhahn schaut. Wenn da mein Mann mit einer anderen eine Vertrautheit zelebrierte, für die ich erst mal ein paar Jahre oder Jahrzehnte brauche, während die andere ihren uneinholbaren Vorsprung da offenbar gerade noch ausbaut.

Auf der anderen Seite finde ich es einen seltsamen Gedanken, dass man einen Menschen, der einem mal so nahe war – mit dem man ja nicht nur eine Liebesbeziehung hatte, sondern mit dem man im besten Fall auch befreundet gewesen ist, mit dem man so viel geteilt und erlebt hat –, einfach so aus seinem Leben streichen sollte. Bloß weil wenigstens einem die ganz großen Gefühle abhandengekommen sind, muss dasselbe ja nicht mit dem Respekt vor und der Nähe zu einem besonderen Menschen passieren.

Trotz manchmal schwieriger Trennung und einigem zerschlagenen Porzellan befreundet zu bleiben klappt ohnehin selten genug. Und wenn, dann ist es doch eigentlich etwas sehr Kostbares, etwas, das man sich auch für sich selbst wünscht. Vor allem, wenn Kinder da sind.

DER EX-SHITSTORM

Umgekehrt habe ich mich schon manchmal gefragt, wie es der Mann, der da gerade über seine Ex herzieht, und nach allem, was er ihr so eifrig ins Sündenregister schreibt, es überhaupt nur einen einzigen Tag an der Seite der »eiskalten Egomanin« oder »hysterischen Drama-Queen« ausgehalten hat. Offenbar war es doch erst mal gut. Immerhin waren die beiden eine ganze Weile liiert oder sogar verheiratet. Es steht nicht zu vermuten, dass einer der beiden jahrelang im Koma lag oder von Außerirdischen zwischendurch ausgetauscht wurde. Man fand also mal ziemlich toll, was auf einmal unmöglich sein soll.

Ich habe mich selbst schon dabei erwischt, anderen einen Mann – an den ich vier meiner besten Jahre verschwendet hatte – in den düstersten Farben auszumalen. Andererseits war ich es, die alle Warnzeichen ignoriert hatte: dass wir uns kaum etwas zu sagen hatten. Dass er mich ständig betrog. Dass wir keinerlei Gemeinsamkeiten hatten. Dass er meine Freunde nicht mochte und ich mit seinen nichts anfangen konnte. Er legte außerdem einfach alles flach, was nicht bei drei auf dem Baum war (und ich bin mir nicht ganz sicher, ob er sich da oben nicht auch wie ein Tarzan auf Speed mit einer Überdosis Viagra in den Wipfeln von einer zu anderen schwang). Ich habe mir immer wieder das Gegenteil von dem einreden wollen, was ich schon sehr früh sehr viel besser wusste: Das hat einfach keine Zukunft.

Ich war halt verliebt. Und dann sah er ja auch unfassbar gut aus. Ihm verdanke ich die Erkenntnis, dass längst nicht alle stillen Wasser tief sind. Ich habe ihm und mir mit uns keinen Gefallen getan. Damit, unbedingt eine Beziehung mit ihm zu wollen.

Deshalb habe ich irgendwann aufgehört, ihn schlechtzumachen. Schließlich war es mein Irrtum, in ihm etwas zu sehen, was er nicht ist. Es gibt Ex-Partner, mit denen kann man abschließen. Es gibt Ex-Partner, mit denen kann man sich arrangieren.

Und dann gibt es noch die Mutter seiner Kinder. Die bleibt einem ja auf ewig erhalten. Gibt es da so etwas wie Umgangsformen, die man beachten sollte?

WIE GEHT MAN UM MIT DER MUTTER SEINER KINDER?

Parenting is »f* * * hard«

(Adele)[1]

Susanne

Wenn man im Patchworkleben ankommt, gibt es immer noch eine gratis Extrazugabe: die oder den Ex. Den Vater oder die Mutter der Kinder. »Die Alte kostet mich noch meinen letzten Nerv!«, beschwert sich Kati. »Sie mischt sich in alles ein und hetzt die Kinder permanent gegen mich auf! Sie kann einfach nicht akzeptieren, dass ihr Ex-Mann eine neue Freundin hat. Sie hasst mich, ohne mich auch nur zu kennen.«

Manchmal hilft es, sich in die andere Seite zu versetzen, zu sehen, dass sich da eine Menge aufgestaut hat. Ansonsten lautet die Devise: So entspannt wie möglich bleiben. Auch wenn es schwerfällt. Der/die Ex wird nie komplett verschwinden. Damit muss man leider leben.

Ein absolutes No-Go: vor den Kindern die Mutter oder den Vater schlechtmachen. Man muss einfach kapieren, dass die Ex dazugehört. Gemeinsame Kinder sind ein lebenslanges Bündnis. Es gilt, Entscheidungen zu treffen. Es gibt Ereignisse wie zum Beispiel die Einschulung, Geburtstage und Weihnachten. Mit anderen Worten: Es gibt kein Entkommen.

Man muss sich nicht mit ihr anfreunden, nicht die neue beste Freundin sein, nicht die Mittlerin der Parteien spielen, aber man muss versuchen, fair und einigermaßen freundlich zu bleiben. Nicht mehr und nicht weniger.

»Thorstens Ex ist nicht unnett, aber sie versteht irgendwie

nicht, dass es nicht mehr ihr Mann ist, sondern meiner!«, beklagt sich Janet. »Ständig ruft sie an, bestellt ihn ein, zum Gardinenaufhängen, Bild-Andübeln und für irgendwelche anderen kleinen Dienstleistungen. Und er ist total genervt, aber nur vor mir. Wenn sie anruft, springt er. Ohne Widerrede. Schon aus schlechtem Gewissen. Und eins muss man ihr lassen, sie hat ein Megatiming. Ruft eigentlich fast immer am Wochenende oder abends an, immer dann, wenn wir es uns nett machen wollen. Manchmal habe ich das Gefühl, wir führen eine Dreierbeziehung. Und immer öfter denke ich inzwischen, sie kann ihn zurückhaben, wenn er nicht bald mal den Mut hat, Stopp zu sagen und ihr Einhalt zu gebieten.«

Ohne Ex gibt es keinen Mann mit Kindern. Selbst wenn er Witwer ist, kann die Ex noch sehr bestimmend sein. Eine Bekannte ist mal zu ihrem Freund, einem Witwer, gezogen und das gesamte Haus war eine Art Schrein für die Verstorbene. »Aus jedem Regal hat mich ihr Foto angeguckt, selbst vom Nachttisch im Schlafzimmer, es war fast ein bisschen gruselig.« Zu viel von der Ex- – lebendig oder tot – ist auf die lange Strecke schwer auszuhalten. Irgendwann will man doch mal ein klares Bekenntnis.

»Du bist die, für die ich mich entschieden habe!« Wenn das deutlich ist für alle Beteiligten, nimmt das der Ex ihren Schrecken.

Zählt man aber mal alle so zusammen, sind ganz schön viele Menschen involviert in das Liebesspiel. Was mich zu einem neuen Phänomen bringt: der Polyamorie. Kannst du dir vorstellen, so eine Mehrfachbeziehung zu führen? Reichen nicht überhaupt zwei Menschen – also für alles rund um die Intimität?

IST MONOGAMIE EIN AUSLAUFMODELL?

Herzen sind wilde Kreaturen.
(Addams Family)

Constanze

Gestern habe ich mit unserer Freundin Carla telefoniert. Ihre letzte Liebe ging vor zwei Jahren in die Brüche. Seitdem hatte sie auf unterschiedlichen Wegen verschiedene Männer kennengelernt. Doch bei keinem hat es so richtig gezündet. Bis Michael auf der Bildfläche erschien. In ihn habe sie sich sofort verliebt, erzählte sie. Obwohl er ihr zügig mitteilte, er sei bereits in einer festen Beziehung und lebe auch mit dieser Frau zusammen. Das sei aber überhaupt kein Problem. Mit seiner Frau sei er übereingekommen, eine offene Partnerschaft zu leben – Polyamorie eben. Ein Modell, bei dem man ganz offiziell und einvernehmlich auch noch andere lieben kann.

Carla fand das natürlich nur so mittelgut. Einerseits. Andererseits muss Michael über einige Lockstoffe verfügen, zu denen auch noch ziemlich guter Sex gehört. Die Alternative war also: entweder ein halber Michael oder gar keiner. Sie entschied sich für den halben, von dem sie sagt, dass er aber immerhin dann ganz für sie da sei, wenn sie zusammen sind. Nun hat sie mittlerweile auch seine Frau kennengelernt, die sich entweder sehr gut zusammenreißen kann oder wirklich nichts dabei findet, mit der Geliebten ihres Mannes abends am gemeinsamen Küchentisch Wein zu trinken.

Carla sagt, ihr sei es anfangs schwergefallen, dauernd die nagende Eifersucht, diese Gedanken, welche der beiden Frauen ihm wohl wichtiger ist und zu welcher er im Zweifel stehen würde. »Dieses tiefe Bedürfnis, jemanden ganz exklusiv allein für sich zu haben, war für mich immer der Inbegriff von Liebe.« Das Gute aber sei, dass sie noch nie mit einem Mann so viel über ihre Gefühle gesprochen habe. Es klang allerdings eher so, als habe ein Mann ihr zuvor noch nie so ausführlich erklärt, was eine Frau idealerweise zu fühlen habe: »Die Wahrheit sei nun mal, so hat Michael mir das gesagt, dass der Mensch nicht für die Monogamie gemacht sei. Und dass es das Ziel sein müsse, die Leidenschaft nicht durch kleinliches Besitzdenken zu ersticken, damit man möglichst lange etwas davon habe.«

Tatsächlich kam bald eine dritte Frau ins Spiel. Womit Carla dann plötzlich nur noch zu einem Drittel an Michael und seiner Zeit beteiligt war. »Aber wenn er bei mir ist …«, erklärte Carla wiederholt. Räumte allerdings ein, dass die Momente mit einem ganzen Michael immer seltener würden. Damit kam eine andere Wahrheit ins Spiel: dass die anderen Frauen der Preis sind, den sie für das Zusammensein mit Michael bezahlt. Es ist ein Preis, den er bestimmt hat. Es sind seine Bedingungen. Nicht ihre.

Da kann ich mitreden. In den bewegten 1980er-Jahren hatte ich auch schon mal einen Mann, der glaubte, man brauche das Prinzip »Nimm zwei oder auch drei« bloß mit einem stabilen ideologischen Überbau zu versehen, um mit anderen schlafen zu können. Und zwar ohne sich deshalb schlecht fühlen zu müssen oder Vorwürfe zu riskieren. Er meinte damals, was er denn tun solle? Er liebe nun mal uns beide, da sei er ganz ehrlich mit mir. Wir seien außerdem nun mal in neuen Zeiten unterwegs und da hätten wir die spießige Vorstellung, Liebe sei Privateigentum, längst weit hinter uns gelassen. Ihm schwebte da eher eine Art Gefühlssozialismus vor, in dem auch für das emotionale und erotische Kapital gelte: »Alles für alle.« Ich könne auch gern etwas mit einem anderen anfangen.

Habe ich dann auch mal gemacht. War kein großer Spaß, weil es eben gerade nicht das war, was ich wollte.

Ich wollte den einen. Deshalb machte ich eine Weile mit. Richtete meine Termine nach seinen und letztlich nach denen, die er mit der anderen Frau hatte. Auch Sabina – die andere – war nicht begeistert von dem Arrangement, das unser nun gemeinsamer Freund ihr ebenso aufgedrängt hatte wie mir. Nicht, dass wir uns an einen Tisch gesetzt hätten – schließlich war sie nicht meine, sondern seine Freundin. Und nicht sie war das Problem, sondern er.

Ich erfuhr es sehr viel später, als ich sie einmal auf einer Party traf. Da hatte erst ich längst Schluss mit ihm gemacht und dann sie kurz darauf auch. Ironie des Schicksals: Unser dann schon nicht mehr gemeinsamer Liebhaber geriet schließlich an eine Frau, die kein Problem damit gehabt hätte, erst seine Plattensammlung zu verbrennen, dann sein Auto in die Luft zu sprengen, um ihm schließlich die Ohren abzuschneiden, hätte er das Wort Polyamorie auch nur gedacht! Und siehe da: Seitdem kann er treu sein. Soweit man das »von außen« beurteilen kann.

SCHÖNE VIELFALT

Trotzdem verfügt die Polyamorie über einige Verlockungen. Möglicherweise gäbe es viel weniger Scheidungen, wenn sich Männer gar nicht erst zwischen ihrer Langzeitehefrau und der Geliebten zu entscheiden bräuchten, weil sie beides haben könnten. Kann auch sein, dass man als Frau irgendwann – so nach zwanzig Jahren – recht froh sein könnte, wäre da noch eine andere Frau, die sich immer noch über die mäßigen Witze des Gatten amüsieren kann. Und die sich seine ellenlangen Ausführungen über Nabenschaltungen im Allgemeinen und seine eigene im Besondern anhören würde, ohne wegzunicken. Umgekehrt wäre ja sicher auch mindestens noch ein zweiter Mann im Spiel. Einer, der etwas mehr oder wenigstens eine andere Begeisterung mitbrächte als der Erstmann. Auch und gerade beim Sex.

Dann ist es ein wenig wie bei den Kleidertauschpartys, die wir unter uns Freundinnen manchmal veranstalten: Eigentlich hatte man sich innerlich längst von einer Klamotte verabschiedet, weil die Farbe nicht optimal ist oder der Schnitt. Aber dann greift eine andere Frau danach und ist so entzückt über ihr neues Traumteil, dass man sofort bereut, es überhaupt abgelegt zu haben. Wie das verschmähte Sommerkleid gewinnen ja vielleicht auch Udo oder Stefan oder Markus ganz neue Anziehungskräfte, wenn erst mal eine andere sich für sie interessiert.

Was außerdem noch für die Polyamorie spricht: Männer haben mit zunehmendem Alter einen wachsenden Betreuungsbedarf. Rein rechnerisch wird der idealerweise von zwei Frauen gedeckt. Das will der US-Anthropologe Chris Wilson[1] herausgefunden haben. Der Wissenschaftler glaubt, mehrere Frauen könnten besser abfedern, was ein alternder Mann an Arbeit verursacht.

Bleibt die Frage, ob wir uns in so einem ja sehr viel lockereren Beziehungsgeflecht überhaupt einander noch verpflichtet fühlen – oder ob wir uns nicht wegducken, wenn es schwierig wird. Eigentlich liegt doch der Witz an der Polyamorie gerade darin, den Spaß zu verdoppeln, oder? Und bedeutet das nicht gleichzeitig, die Verantwortung zu halbieren?

Dann ist es ja auch so, dass Männer immer noch – zumal wenn sie erfolgreich und finanziell gut ausgestattet sind – in Altersgruppen wildern können, die uns Frauen weniger offenstehen. Jedenfalls zeigt das die Tinder-Suche. Aber Männer können – zumal, wenn sie finanziell gut ausgestattet sind – in der Altersgruppe ihrer Töchter wildern. Während die Auswahl für Frauen schon ab vierzig eher eng wird. Es sei denn, sie haben etwas übrig für Männer im Alter ihrer Väter. Meint: Am Ende hat der Mann noch zwei, die Frau aber nur noch einen halben Partner, dann versandet die Polyamorie früher oder später in Polygamie. Für mich wirkt das verdammt nach Trostpreis. Jedenfalls für uns Frauen.

Was mich aber vor allem daran stört, ist die »Friss oder stirb«-Haltung, die damit einhergeht. Schließlich sollte mein Bedürfnis nach Exklusivität doch mindestens genauso viel Gewicht haben wie das des anderen nach mehreren Beziehungen. Das wird schwierig, wenn einem das eine als Zukunfts- und das andere als Auslaufmodell präsentiert wird. Und dann kann man nicht mal mehr sauer sein. Schließlich hat der andere ja von Anfang an mit offenen Karten gespielt, womit der Beziehungsstraftatbestand des »Betrugs« auch vom Tisch wäre. Im Grunde ist es dann bloß ein Seitensprung, für den man vorab sogar die Absolution erteilen soll.

Für mich ist das Modell weit entfernt von Alltagstauglichkeit. Zumal ich schon keine Lust hätte, ständig meine Claims neu abstecken zu müssen. Sicher ist es verlockend, jemand anderen kennenzulernen, ohne den Mann, den ich schon habe und den ich ja liebe, zu verlieren. Aber ich möchte ihn eben umgekehrt auch nicht teilen müssen. Und wie wahrscheinlich ist es, dass beide gleichzeitig Nebenbeziehungen haben mit ähnlichen Gefühlsinvestitionen?

So gesehen hat sie vielleicht doch Vorteile, die klassische Monogamie. Und mit ihr auch die »verlogene Doppelmoral«: nach außen die Zweisamkeit zu schützen und heimlich doch hier und da auch auswärts zu lieben.

Laut Statistik hat sich jeder Fünfte schon mal einen Seitensprung geleistet. Ohne gleich das ganze Beziehungsporzellan zu zerschlagen.

Ich weiß deshalb nicht, ob es nicht zu radikal ist, was eine andere Freundin sagt: dass sie sofort alles hinschmeißen würde, hätte ihr Mann eine Affäre. Die beiden haben zwei Kinder und eine über dreißig Jahre alte Ehe auf der Habenseite. Das alles soll man wegen eines Fehltrittes einfach in die Tonne treten? Ich würde für mich einfach hoffen, dass ich nichts davon erfahre. Dass ich daher keine Konsequenzen zu ziehen brauche und mir weiterhin erfolgreich einbilden kann, die Einzige für meinen Mann zu sein.

Vielleicht bin ich auch entspannter, weil ich schon so lange mit ihm zusammen bin, möglicherweise wiege ich mich ja auch in trügerischer Sicherheit. Schließlich sind wir sehr oft getrennt unterwegs. Das irritiert Freundinnen gelegentlich ziemlich.

Was meinst du? Sollten Paare möglichst viel Zeit miteinander verbringen?

SOLLTEN WIR MEHR ZEIT MITEINANDER VERBRINGEN?

Come together. Yeah
(Beatles)[1]

Susanne

Absolut und unbedingt. (Während ich das schreibe, ahne ich schon, wie du aufstöhnst …) Ich bin eine sehr anhängliche Person. Und neige zum »Mehr, mehr, mehr«. Ich weiß aber auch, dass es nicht besonders attraktiv ist, zu klammern und jemandem zu sehr auf die Pelle zu rücken. Und ich weiß auch (der neue Mann ist nicht meine erste Beziehung), dass sich diese »Sehnsucht nach mehr« mit den Jahren und Jahrzehnten durchaus ein wenig verflüchtigt.

Manchmal sehnt man sich sogar nach »weniger, weniger, weniger«. Ein gewisses Dilemma. Nähe zu suchen, immer zusammen sein zu wollen und gleichzeitig spannend zu bleiben, interessant und aufregend und nicht wie ein Klammeräffchen zu wirken.

Im besten Fall ticken die Partner ähnlich. Am Anfang einer Beziehung, dann, wenn man vor lauter Hormonausschüttung kaum mehr klar denken kann, ist die Lage oft ganz einfach. Da wollen beide nur zusammen sein. Dauernd und ständig.

Bei uns kam Corona ins Spiel. Wir kannten uns gerade mal ein halbes Jahr und der erste Lockdown war da. Der erste der Pandemie und der erste in meinem Leben.

Ich hätte nicht für möglich gehalten, ihn zu genießen. Wir, der »frische« Liebste und ich, haben spontan beschlossen, einfach zusammenzuziehen. Nur für die Lockdown-Zeit, wohlgemerkt. Unter normalen Umständen wäre das mit Sicherheit nicht infrage gekommen. So aber haben wir etwas gewagt, was viele im Freundeskreis »Wahnsinn« nannten. Ich fand es praktisch. Eine Art Brandbeschleuniger. Ein Schnellversuch. Klar wussten wir beide: Dieser Brandbeschleuniger kann das Feuer richtig entfachen oder aber – wenn es mies läuft – die Hütte abfackeln. Trotzdem haben wir es getan. Entgegen aller Bedenken. Haben alle Warnungen in den Wind geschrieben.

Es war fantastisch. Intensiv. Und wir haben gemerkt: Wir können auch Pandemie. Ohne Sozialkontakte, ohne Ausgehmöglichkeit, mit anderen Worten: ohne jegliche Ablenkung von außen. Wir haben uns gut kennengelernt in der Zeit, im Eilverfahren sozusagen.

Aber ich weiß: Das war eine Ausnahmesituation. Sobald ich in der Nach-Lockdown-Phase wieder im eigenen Zuhause gelebt habe, haben wir uns fast nur an den Wochenenden gesehen. Das war mir manchmal zu wenig. Einerseits. Andererseits blieb dadurch auch eine Menge Zeit für alles andere. Jeder von uns hat ja auch eigene Sozialkontakte, wir beide haben Kind und Kinder, Haushalt und Arbeit.

»Das erhöht doch auch die Vorfreude, wenn man sich nicht ständig sieht!«, hat eine Freundin zu mir gesagt. Und dass sie mich beneide, einfach nur dafür, dass ich auch mal meine Ruhe habe.

FÜSSE KRAULEN

Stimmt alles, aber man ist nun mal in den Anfängen so verliebt, dass man nicht genug kriegen kann vom anderen. Dass »man« im letzten Satz muss ich ehrlicherweise durch ein »ich« ersetzen.

Mein Freund ist da entspannter. Er hat gerne genug Zeit für seinen Alltagskram, und wenn ich da bin, hat er das Gefühl, er müsse sich kümmern. Mich bespaßen. Wobei das so nicht richtig ist.

Ich mag es einfach zu wissen, dass mein Freund in der Nähe ist. Er muss nicht neben mir sitzen und mir die Füße kraulen und Komplimente machen. Wenn er im ersten Stock am Schreibtisch arbeitet und ich im Wohnzimmer lese, dann reicht mir das vollkommen. Ich will dabei ja nicht auf seinem Schoß sitzen. Aber ich will auch nicht drängeln. Um Zeit bitten. Ich will, dass er mindestens so viel will wie ich.

So ist es ja in vielen Beziehungen. Man muss sein Zeitmanagement aneinander anpassen. Dazu kommt die Tatsache, dass wir alle unsere Erfahrungen gemacht haben.

Mein Freund hatte eine sehr besitzergreifende Frau vor mir. (In jeder Hinsicht übrigens.) Insofern hat er natürlich Angst, wieder in so eine Lage zu kommen, in der er nicht einen Abend mal mit jemand anderem ausgehen darf. Ohne sie.

Dieses siamesische Paarverhalten ist nicht mein Fall. Auch ich brauche Zeit für mich. Will Zeit für meine Freundinnen haben und fände es wunderlich, wenn mein Liebster immer dabeisitzen würde. Wie ein mitgebrachtes Kleinkind, für das man keinen Babysitter gefunden hat.

IM EIGENEN PÄRCHENSAFT

Mit wem man viel Zeit verbringt, ist aber auch ein Zeichen dafür, wem man Priorität im Leben einräumt. Schon deshalb ist es mir wichtig, dass ich in dieser Hinsicht erste Wahl bin. Ich möchte keinen Freund, der, wenn er die Wahl hat, fast alles lieber macht, als den Abend mit mir zu verbringen. Aber natürlich ist mir bewusst, dass es eine Beziehung auch belebt, wenn man nicht ständig auf- oder nebeneinander hockt. Man hat was zu erzählen, man erweitert seinen Horizont und schmort nicht nur im eigenen Pärchensaft.

Trotzdem, noch gilt für mich: »Mehr, mehr, mehr.« Ja, ich weiß, ich höre förmlich deine Stimme: »Sei erst mal zehn Jahre liiert.«

Wir werden sehen, was dann ist. (Ich kann mich dunkel erinnern … Ich habe ja auch schon mal einundzwanzig Jahre geschafft.)

Ich sehe bei dir, dass sich die Abstandsregeln mit den Jahren offenbar verschieben.

Was zu der Frage führt: Gibt es da eigentlich einen Richtwert?

GIBT ES AUCH ABSTANDSREGELN FÜR DIE LIEBE?

How Can I Miss You,
If You Won't Go Away?
(Dan Hick and His Hot Licks)[1]

Constanze

Früher haben Single-Freundinnen immer mal wieder entsetzt gefragt, wieso ich mit anderen tue, was ich – nach ihrem Empfinden – doch viel besser mit meinem Mann erledigen könnte. In den Urlaub fahren zum Beispiel. Oder ins Kino gehen oder ins Restaurant. Ihr Gedanke dahinter: Wenn man schon einen Mann hat, dann sollte man ihn auch möglichst häufig nutzen. Ich habe dann meist gesagt, dass ich sehr gern auch mal ohne ihn bin.

Vielleicht braucht man einfach ein paar Beziehungsjahre, um zu erkennen, wie wunderbar es ist, ein eigenes neben dem zweisamen Leben zu haben. Für mich gilt, was Claudia Cardinale einmal gesagt haben soll: »Die Ehe funktioniert am besten, wenn beide Partner ein bisschen unverheiratet bleiben.«[2] Ich würde aber kein Rezept draus machen. Entgegen der landläufigen Ansicht, dass man die Liebe doch nur befeuert, wenn man auch mal zu ihr auf Abstand geht, habe ich durchaus Paare im Umfeld, die sehr, sehr glücklich darüber sind, so zu leben, als seien sie mit dem Partner an der Hüfte zusammengewachsen. Und zwar schon seit Jahrzehnten und ohne die Erschöpfungszustände, die ich schon bei dem Gedanken habe, dass mein Mann und ich uns das Einzige wären.

Kaum etwas ist ja so relativ wie unser Distanz-Nähe-Bedürfnis. Das beginnt schon bei den kulturellen Unterschieden. Lebt man etwa in Finnland, könnte man allein mit der Frage »Wie geht's dir?« schon sozial auffällig werden. Zwar ist es dort ganz normal, gemeinsam in die Sauna zu gehen – die quasi zur Grundausstattung jedes Mietshauses gehört. Nicht normal aber ist, den Nachbarn, neben dem man eben noch fast nackt geschwitzt hat, einfach mal so zum Kaffee einzuladen.

Das kann ich qualifiziert beurteilen, weil mein Bruder seit vielen Jahren in Finnland lebt. Als ich einmal fünf Sätze mit seinem finnischen Schwager wechselte – bei denen es im Kern um die Frage ging, ob meine Anreise sehr beschwerlich gewesen sei –, fragte mich die Gattin erstaunt, worüber wir gesprochen hatten. So viel habe ihr Mann seit Jahren nicht mehr geredet. Und kürzlich erst musste mein Bruder einmal wieder einen Neu-Finnen bremsen, der ihm gegenüber eingezogen war. Der gebürtige Portugiese hatte in typisch südländischem Überschwang das ganze Haus zu einem Willkommensumtrunk einladen wollen. »Da habe ich ihm dringend abgeraten. Genauso gut hätte er uns alle zu einer Swingerparty bitten können.«

Auch in England halten selbst enge Freunde Distanz, während sich Südamerikaner bis zu hundertachtzig Mal die Stunde berühren müssen, um sich wohlzufühlen. Irgendwo hörte ich einmal die Geschichte von einem Poloclub, der an der Grenze zwischen Nord- und Südamerika lag. Dort wunderte man sich, dass so viele Menschen über die Brüstung der Terrasse stürzten, obwohl doch wirklich ausreichend Platz gewesen war. Die Erklärung: Die Südamerikaner rückten den Nordamerikanern beim Sprechen immer näher, während diese ihre Intimsphäre schwer verletzt sahen und nach hinten auswichen – bis ihnen die Brüstung dazwischenkam.

VERTRAUTHEITSMASSSTÄBE

Ähnliche regionale Unterschiede die Nähe und Distanz betreffend finden wir ja sogar in Deutschland. In Köln etwa ist man an jedem x-beliebigen Tresen nach nur zwei Kölsch mit allen beim »Du«, nach dem vierten Glas nehmen einen Wildfremde in den Arm und nach sechs Gläsern ist man zur Hochzeit des Barkeepers geladen. Während man einen Hannoveraner in Alkohol einlegen könnte und er würde einem nicht mal seine Schuhgröße verraten.

Auch bei Männern und Frauen gibt es jeweils andere Voreinstellungen. Männer beanspruchen durchschnittlich für sich sechzig Zentimeter von dem, was man den »persönlichen Raum« nennt. Frauen sind da bescheidener: Sie begnügen sich mit bloß vierzig Zentimetern. Und selbst die lässt man ihnen oft nicht, wenn man an all die männlichen Spreizdübel denkt, die sich etwa in der U-Bahn, im Flugzeug oder im Zug ganz selbstverständlich wie Hefeteig mit einer Überdosis Treibmitteln über Armlehnen und Sitzplätze ausdehnen, die ihnen nicht gehören.

Über die Abstandsregeln in der Liebe entscheidet außerdem der jeweilige Background. Ist einer in einer sehr körperbetonten Familie aufgewachsen, in der man sich stets umarmte, Händchen hielt, küsste, kann er jemanden, der in einem vergleichsweise eher zugeknöpften Umfeld aufgewachsen ist, als fast beleidigend distanziert empfinden. Während derselbe sich wiederum ständig von seinem zutraulichen Gegenüber bedrängt fühlt.

KEIN LÖFFELCHEN FÜR ALLE

Bevor man also dem anderen etwas übel nimmt, sollte man wissen, dass die Menschen auch in Sachen Nähe-Distanz sehr verschieden ticken. Das legendäre »Löffelchen«, das manche für den Inbegriff der Vertrautheit und eine ideale Einschlafhilfe halten, kann anderen wie ein Schraubstock vorkommen, der einem die

Luft abschnürt. Ich ordne mich da eher Letzteren zu. Und nicht bloß, weil ich Asthma habe. Mir wird es leicht zu eng und zu nah. Ich würde den Raum, den ich für mich brauche, so etwa in der Größenordnung »Flugzeughangar« veranschlagen.

Ich hatte mal einen Freund, der da mehr auf Abstellkammer-Dimensionen gepolt war. Der überall dabei sein musste, der alles von mir wissen wollte und tatsächlich einmal einen ganzen Abend sehr beleidigt gewesen ist, weil er erst im vierten Monat unserer Beziehung erfahren hatte, dass ich am liebsten Kartoffelpuffer esse. Als hätte ich ihm vorenthalten, dass ich zwei Kinder habe und einmal ein Mann war. Er hat auch alles notiert, was mich und uns betraf. Das fand ich schon etwas beängstigend. Wir waren nur kurz zusammen. Es hat nicht funktioniert. Ich fühlte mich überwacht und bespitzelt und ständig in Erklärungsnot. Dauernd fragte er mich, warum ich dieses so und jenes anders gemacht habe.

Meinem Mann hingegen kommen solche Erkundigungen nur selten über die Lippen. Man könnte sagen, dass er fast beleidigend desinteressiert ist. Einerseits. Andererseits redet er mir nicht rein. Und schon gar nicht auf die Art und Weise, die ich aus teilnehmender Beobachtung anderer Beziehungen kenne. Solchen, in denen der Mann sich wie eine Eislaufmutti verhält – wie der Coach seiner schreibenden Frau. Wo es nach der Devise läuft: Ein Mann kann sowieso und immer alles, während man einer Frau selbst ihren eigenen Job regelmäßig erklären muss.

JEDER JECK IST ANDERS

Für meine Bedürfnisse passt es, dass wir einander größtmöglichen Freiraum lassen, weil wir darin die kleinstmögliche gegenseitige Behinderung sehen.

Mein Mann ist gern daheim. Ich gehe gern aus – sofern Corona einen nicht ohnehin zu Hausarrest verdonnert. Ich liebe es zu reisen, etwas, das mein Mann nur in einem – sagen wir mal – recht übersichtlichen Rahmen schätzt. Er hat aber überhaupt kein Problem damit, wenn ich mit Freundinnen wegfahre. Auch wenn das mal länger dauert. Er sagt: »Viel Spaß!«, wenn ich abends das Haus verlasse. Und er meint es so. Weil auch er dann viel Spaß hat. Nämlich beim Hören von Musik, die vermutlich in Guantánamo eingesetzt wurde. Oder beim Gitarrespielen – WÄHREND der Fernseher läuft! –, was nach meinem Empfinden ganz oben auf die Liste der mildernden Umstände für Gattenmord gehört. Natürlich könnte ich ihn überreden, sich zum Beispiel mit mir ein Ballett anzuschauen, und vermutlich würde er auch mitgehen. Aber es strengt mich an, jemanden bei so etwas Schönem dabeizuhaben, der sich fühlt wie ein Achtjähriger, der bei seiner 86-jährigen Urgroßtante vier Stunden Kaffeeklatsch absitzen soll. Und selbst wenn mein Mann ein engagierter Globetrotter wäre oder beim »Schwanensee« in Ekstase geriete, würde ich nicht darauf verzichten wollen, Zeit mit dir und mit unseren Freundinnen zu verbringen.

Am Ende des Tages sehe ich das auch als eine Art Altersvorsorge. Erst recht, seit eine alte Schulfreundin erst große Eheprobleme hatte und nun Single ist. Sie war so ein Fall von praktiziertem Ganztags-Löffelchen. Sie und ihr Mann haben alles gemeinsam unternommen. Teilten denselben Freundeskreis, waren nur als Paar zu haben – und nur in ganz selten Fällen mal allein ohne den anderen unterwegs. Nun ist mit Kurt auch ein großer Teil der Freizeitaktivitäten weggefallen. Die anderen Paare laden die Neu-Single-Frau Miriam kaum noch ein (offenbar hat diese bekloppte Idee, dass eine alleinstehende Frau sich vor allem damit beschäftigt, verheiratete Männer ins Bett zu bekommen, das Geheimnis der Unsterblichkeit gelöst). Miriam hat nun schon einige Male moniert, dass alle Frauen um sie herum verblüffend wenig Zeit für sie erübrigen.

Ich habe es ihr gesagt, dass es nicht gerade freundschaftsmotivierend wirkt, sozusagen nur dann von Interesse zu sein, wenn gerade kein Mann in Sicht ist. Aber klar ist Nähe immer auch ein Zeichen von Liebe. Und bevor man auf Distanz geht, muss man ja erst mal das Fundament geschaffen haben, auf dem das gefahrlos möglich ist. Da kommt für viele dann auch das Thema »Ehe« ins Spiel. Also die Frage, ob und wie der Heiratsantrag ein Indikator für Liebe ist.

SOLLTE EIN MANN EINE FRAU NICHT UNBEDINGT HEIRATEN WOLLEN?

Einen Mann zu heiraten ist, wie etwas zu kaufen,
das man schon lange im Schaufenster bewundert hat.
Man ist überglücklich, wenn man es schließlich zu Hause hat,
aber nicht immer passt es zu allem dazu.

(Jean Kerr)[1]

Susanne

Unbedingt. Und zwar mit Betonung auf »wollen«. Man muss es ja am Ende gar nicht tun. Aber zumindest die Absichtserklärung – finde ich – gehört unbedingt mit ins Portfolio. Da erklärt schließlich einer, dass er nicht nur die Gegenwart, sondern auch die Zukunft mit mir teilen will und mich nebenbei für eine solche Trophäe hält, dass er mich vorsichtshalber schon mal für die nächsten Jahrzehnte reservieren möchte.

Ich finde das wunderbar. Obwohl ich mir nichts aus Kutschfahrten mache, mir Weiß nicht besonders steht und ich meinen Nachnamen ohnehin nie ablegen würde. Aber ich finde es zutiefst trostlos, was eine Freundin einmal erzählte: Ihr Freund habe ihr von Anfang an erklärt, sie niemals heiraten zu wollen. Ja, das ist schon ziemlich extrem uncharmant. Ich glaube allerdings auch: Fast alle Männer neigen dazu, den Antrag als hochsymbolischen Akt notorisch zu unterschätzen.

Es mag damit zu tun haben, dass Winnetou eben nicht zu Old Shatterhand sagte: »Seit ich acht bin, träume ich davon, in elfenbeinfarbener Shantungseide zu heiraten.« Auch den Terminator sah man schließlich niemals beim Brautausstatter und statt mit dem Kummerbund kämpft der wahre Held lieber mit Außerirdischen. Selbst der letzte James Bond endete – meiner Meinung nach total uncool – damit, dass die Macher ihn lieber tot sahen als vor dem Traualtar mit der Frau, die er liebte und mit der er schon ein Kind hatte.

Diese Art der Ehe-Verachtung ist mittlerweile fast genauso spießig, wie es die Ehe lange Jahrzehnte war. Wozu diese bescheuerte Idee dauernd wieder aufwärmen, die Ehe würde den Mann knechten? Wenn, dann ist sie doch ein Versprechen zwischen zwei gleichberechtigten Partnern. Okay, ohne Ehe auch keine Scheidungen. Die können äußerst übel sein, zugegeben. Schließlich handelt es sich um eine Art Vertrag, den aufzulösen die Beteiligten manchmal viel länger zusammenkettet, als mindestens einem lieb ist.

Eine Kollegin etwa war ungefähr drei Mal länger mit einer sehr schmutzigen Scheidung beschäftigt, als sie verheiratet gewesen ist. Der Hass des Ex war wie ein verheerender Brand. Immer wenn man dachte, er sei gelöscht, flammten irgendwo wieder kleine Feuer auf: beim Unterhalt, beim Sorgerecht fürs Kind, bei der Frage, wem eigentlich der Plattenspieler im Keller gehört, um den er sich fünf Jahre nicht geschert hatte.

Wer gar nicht erst heiratet, spart sich natürlich diese Nach-Ehe-Querelen. Alternativ empfehle ich allerdings eine bindende Vereinbarung über einen finanziellen Ausgleich, sollte die Frau etwa auf berufliches Weiterkommen und damit auf Rentenpunkte verzichtet haben, um eine Weile daheim bei den Kindern zu bleiben.

SEHNSUCHT NACH STETIGKEIT

Alles kann, nichts muss – die gute alte Swingerclub-Devise gilt auch für das Heiraten. Entgegen dem unausrottbaren Gerücht, dass Männer es nur aus Gefälligkeit und den Frauen zuliebe tun, die es wohl nötig haben, sind es eigentlich sie, die am meisten von der Ehe profitieren. Verheiratete Männer leben länger. Manche Studien behaupten sogar: bis zu sieben Jahre. Vermutlich auch, weil Frauen dafür sorgen, dass ab und zu mal etwas anderes auf den Tisch kommt als Tiefkühlpizza, und sie einen Mann so lange nerven können, bis ihm die Prostatakrebsvorsorge-Untersuchung und die Zahnreinigung als das kleinere Übel erscheinen. Jedenfalls im Vergleich zu noch einem Monat »ewiger Nörgelei«.

Verheiratete Männer haben die besseren Jobs und auch den besseren Sex – sagt die Statistik.[2]

Und dann erfüllt die Ehe ja auch eine Sehnsucht nach Stetigkeit. Gerade bei jenen, die viel zu lange von der Chance ferngehalten wurden, ihre Zugehörigkeit ganz offiziell zu dokumentieren. Homosexuelle haben hart und endlich erfolgreich darum gekämpft, gleichberechtigt an dieser Lebensform teilhaben zu können und Ehen zu schließen, nicht zuletzt um Kinder adoptieren und also Familien gründen zu können. Vielleicht, weil in der Ehe immer noch diese großartige und beruhigende Idee lebt, dass es möglicherweise gar nicht so lästig sein könnte, Verpflichtungen und Verantwortung für andere zu übernehmen. Und dass es eben nicht funktioniert, nur die Vorteile von Beziehungen nutzen und andere den Preis dafür zahlen lassen zu wollen: das Bekümmern, das Versorgen, das Aufrichten. Es auszuhalten, dass Menschen einander unmöglich dauernd ganz doll viel Spaß machen können. Der Gedanke, dass man auch mal vom Performance-Haken sein will, den finde ich wichtig – statt anderen ständig beweisen zu müssen, dass man sich »lohnt«.

Vielleicht ist die Ehe – wenn es gut läuft – für die Liebe eine Art Basislager. Ein Rahmen zum Festhalten. Wenn manche dazu dann noch beim Einstieg ordentlich Glitzer und Puderzuckerverzierungen brauchen – Kleider, die aussehen, als hätte die Fee aus Cinderella zu viel Eierlikör gehabt –, warum nicht?! Die Gelegenheiten, einmal über alle Kitsch-Stränge zu schlagen, sind selten genug für Menschen über vier.

Du hast es ja dann spät, aber sehr schön getan! Ich war dabei. Ich fand eure Hochzeit wunderbar. Aber fühlt es sich denn wirklich so ganz anders an, wenn man verheiratet ist?

IST ES SCHÖN, VERHEIRATET ZU SEIN?

Es wird so viel darüber geredet,
warum so viele Ehen in die Brüche gehen.
Aber mal andersrum gefragt:
Wieso halten eigentlich doch so viele?
(Erma Bombeck)[1]

Constanze

Wir haben es in dem Jahr getan, als wir beide fünfzig wurden. Nein, nicht wegen der Steuer (ehrlich, das wird ohnehin maßlos überschätzt). Mein Mann wollte es wirklich wahnsinnig gern und ich habe mich so sehr über diesen Wunsch gefreut. Gut, er hatte ihn schon recht früh, ziemlich häufig und sehr lange geäußert. Erst habe ich gesagt: »Das muss wirklich nicht sein!« Und außerdem: »Wenn, dann will ich einen ordentlichen Heiratsantrag!« Damit war die Sache dann erst mal erledigt. Auch wegen der Anstrengungen, die mein Mann da auf sich zukommen sah, irgendein romantisches Megaevent aus dem Hut zu zaubern.

Dann ist er eines Abends – wir lagen schon im Bett – noch einmal aufgestanden und hat eine kleine Schmuckschachtel aus irgendeiner Schublade gezaubert, in der, nein, kein Diamantring, sondern ein kleiner Anhänger war, mit einer sehr süßen Gravur. Einem Kosewort, das uns sehr wichtig ist.

Dann haben wir die Hochzeit geplant und mitten in dieser Planung waren kurz hintereinander – völlig überraschend – unsere beiden Mütter gestorben. Vier Monate vor dem Termin beim Standesamt. Wir waren viel zu traurig und, ja, auch ein wenig zu traumatisiert, um mit einhundert Gästen zu feiern. Dann erzählte mir eine Freundin meiner Mutter noch einmal, was ich eigentlich wusste: wie froh meine Mutter darüber gewesen ist, dass wir heiraten wollten. Und auch meine Schwiegermutter war über die Nachricht sehr glücklich gewesen. Ich erinnerte mich, wie meine Mutter sich stets so unglaublich über alles freuen konnte: über gutes Essen, Reisen, eine schöne Aussicht und wenn in ihrem Garten die Rosen blühten. Wie sie stets meinte, man müsse jede Gelegenheit nutzen, es sich gut gehen zu lassen. Sollte sich einmal keine bieten, müsse man sich eben selbst eine schaffen.

Auch deshalb haben wir es dann doch getan: geheiratet. Wir hatten ein herrliches Fest. Und waren dabei gleichzeitig unfassbar traurig und unglaublich glücklich. Schließlich – so dachten wir – läuft es doch im Leben darauf hinaus, dass die Gegenwart weder freiwillig noch unter Druck keinen einzigen schönen Moment an die Zukunft abtritt und dass »später« ein verdammt schlechter Zeitpunkt ist. Für eigentlich alles. Außer vielleicht Diäten. Ich glaube, dass unsere Mütter das genauso gesehen haben, und weiß ganz sicher, dass sie irgendwie doch auf unserem Fest waren. Und deshalb: Ja, für uns war die Hochzeit sehr zeitgemäß. Sie war genau dann da, als wir sehr viel Trost brauchten. Und es hat uns getröstet zu heiraten. Dieses Fest zu haben – und all die Menschen um uns herum, die uns so viel bedeuten.

Danach? Nun ja. Ich wache ja nicht morgens auf und denke sofort: »Toll! Ich bin verheiratet!« Ich habe nicht mal einen Ring, der mich ständig daran erinnern würde. Bei all der Hektik – die Hochzeit zu planen nach zwei Beerdigungen – blieb für die Ringauswahl keine Zeit mehr. Wir haben das nicht nachgeholt, weil wir beide da nichts vermissen.

Und ich habe meinen Namen behalten. Selbstverständlich. Ich finde ihn viel schöner als den meines Mannes. Ich hatte ihn bereits mehr als mein halbes Leben in Gebrauch. Wieso sollte ich ihn also ändern? Ich fand es schon immer seltsam, dass man als Frau den eigenen Namen – und damit ja auch einen Teil der eigenen Identität und Geschichte – quasi beim Standesbeamten abgibt und Petra Müller plötzlich nicht mehr existiert, weil sie jetzt

Petra Schmidt heißen soll. Noch verrückter finde ich es, wenn man heute ENDLICH seinen Namen behalten kann, aber dennoch keinen Gebrauch von dem Recht macht. »Das ist ja der Witz: dass wir beide gleich heißen und man also überall als verheiratetes Paar identifiziert wird!«, erklärte mir mal eine Freundin. Sie sagte auch, dass gemeinsame Kinder ja auch einen Nachnamen brauchen und dass es doch schön wäre, die ganze Familie teile denselben. Aber wieso geben dann drei Viertel der Frauen ihren Geburtsnamen bei der Hochzeit ab? Wieso entscheiden sich nur sechs Prozent der Paare für den der Frau?[2] Hießen die vorher alle »Pickel« oder »Hodenberg« oder »Scheißner« oder »Schweinefuß«? Manchmal sagen Frauen dann: »Mir war das nicht so wichtig!« Da würde ich schon hellhörig werden und mir überlegen: Ah, wenn es so eine große Rolle für ihn spielt, dann hat der Name ja doch eine Bedeutung. Männer kämpfen erfahrungsgemäß selten um Nichtiges. Mir ist jedenfalls noch keiner untergekommen, der etwa um die Farbe der Sofakissen ein ähnliches Bohei gemacht hätte.

»Der Geburtsname eines Menschen ist Ausdruck der Individualität und Identität«, so formulierte es das Verfassungsgericht 1991 ganz richtig.[3] Und warum sollte ich meine Individualität und Identität an den Haken der Ehe-Garderobe hängen? Ohne Not, da man sich ja nicht mehr nur für einen Namen entscheiden muss.

Ja, wenn es mir zwischendurch immer mal wieder einfällt, dann ist es schon schön, verheiratet zu sein. Aber vor diesem Schritt gibt es noch einen anderen: das Zusammenziehen. Obwohl in den 25 Jahren, in denen ich mir mit meinem Mann eine Wohnung teile, schon dann und wann mal der Wunsch aufkam, einmal wieder eigene vier Wände zu haben. Meinst du, dass Zusammenziehen immer zu empfehlen ist?

IST ZUSAMMENZIEHEN IMMER EINE GUTE IDEE?

**Ich frage mich manchmal,
ob Männer und Frauen wirklich zueinander passen.
Vielleicht sollten sie einfach nebeneinander wohnen
und sich nur ab und zu besuchen.**
(Katherine Hepburn)[1]

Susanne

Es ist so was wie der berüchtigte erste große Schritt. Die Frage nach dem Zusammenziehen. Die Absichtserklärung, dass man was Längerfristiges miteinander vorhat und diese Schritte auf demselben Parkett tun will. Ein erstes Zeichen ist oft die Schlüsselübergabe.

Jutta hat Monate darauf hingefiebert. »Damit hat man quasi den Fuß in der Tür!«, war ihr Argument. »Erst ist man ein Paar, dann gibt's den Schlüssel, dann zieht man zusammen und dann, wenn alles gut läuft, heiratet man«, erläutert Jutta mir ihre Liebeschoreografie. Schon deshalb war ihr der Wohnungsschlüssel des Liebsten so wichtig.

Das Thema »Zusammenziehen« hat Jutta nach zwei Jahren Schlüsselbesitz aufgebracht. Sie seien doch eh dauernd zusammen, da sei es doch praktischer, endlich das Geschirr zu vereinen und eine gemeinsame Adresse zu haben. Gregor, der Mann an ihrer Seite, war nicht komplett abgeneigt, hat allerdings, nach langen hartnäckigen Überzeugungsreden von Jutta, vorgeschlagen, »sie könne dann halt zu ihm ziehen«. Das wiederum war nicht in Juttas Sinn. »Aber das war es doch, was du wolltest!«, habe ich gesagt. »Nein, nein, das ist ja seine Wohnung, mit seinem Kram, alles schwarz und Chrom. Und so leer. Und der Fluglärm. Und nicht eine einzige Grünpflanze, von Blumen ganz zu schweigen.«

Eine neue gemeinsame Wohnung, wo jeder seinen Krempel mitbringt und man es sich im Einklang hübsch macht, das wäre in Juttas Sinne. Oder Gregor zieht gleich zu ihr, weil das mit der Wohnungssuche einfach schwer und irre teuer ist und es ja schade wäre, sie würde ihre süße Wohnung aufgeben. Weil es bei ihr ja sehr viel gemütlicher ist und man von ihrer Küche direkt ins Grüne guckt. Außerdem gefällt es ihr bei ihr nun mal sehr viel besser. Sie hat halt ein Händchen für Deko und sowieso den besseren Geschmack. Gregor findet ihre Wohnung überfüllt und hat Angst, auf seine alten Tage noch Platzangst zu bekommen, unter Kissenbergen auf dem Sofa zu verenden, und er ahnt, dass seine Sammlung alter Matchboxautos nicht angemessen präsentiert werden wird. Seither ist das Verhältnis der beiden ein wenig angespannt.

STATIONÄR ODER AMBULANT

Amelie, eine weitere Freundin, hat volles Verständnis für Jutta. Ihr Freund, mit dem sie wahnsinnig gerne zusammenleben will, wohnt in einem riesigen Haus etwa fünfunddreißig Kilometer von ihrer Wohnung entfernt. Es wäre mit Sicherheit genug Platz für die zarte Amelie und ihre Pferdebilder, aber sie weigert sich standhaft, »da« hinzuziehen. Ihre Wohnung sei kleiner, ja, aber einfach viel heimeliger. Dass ihr Freund gerne in der Nähe seines Arbeitsplatzes und seines Sohnes leben will, findet Amelie nicht einleuchtend. Er sieht den Sohn doch eh selten und die Strecke zu seinem Arbeitsplatz wäre auf der Autobahn ratzfatz erledigt. Außerdem hat er in dem Riesenhaus ja auch mit der Ex gewohnt und dieser Gedanke behagt Amelie gar nicht. Schon Karma-mäßig. Dass auch in ihrer Wohnung schon mal ein anderer Mann gewohnt hat, findet sie hingegen nicht so tragisch.

Wer zieht zu wem? Das ist oft die große Frage, nachdem man sich entschieden hat, dauerhaft ein Bett zu teilen. Und oft genug ist es auch die Frage, an der die Beziehung am Ende scheitert. Wer mit Sack und Pack beim anderen einzieht, ist oft genug derjenige, der sich – gefühlt – unterordnet.

Eine gute Lösung sind zwei Wohnungen nebeneinander, findet Jörg: »Jeder hat seins, man ist nah beieinander, aber man kann auch mal fliehen.« Viele jauchzen fast, wenn sie von Jörgs Modell hören. Aber zwei Häuschen oder zwei Wohnungen fußläufig und richtig nah beieinander zu finden, ist bei der Wohnungsmarktlage ziemlich schwierig. Oft genug ist schon ein eigenes Zimmer für jeden eine Lösung. Da kann man seinen Kladderadatsch verstreuen, dekorieren, ganz wie man will, ohne dass es zu endlosen Diskussionen kommt und es heißt: »Deine Comicsammlung oder ich!«

Eine Tür schließen zu können kann eine große Erleichterung sein. Aber selbst dann hat Zusammenziehen immer auch etwas mit Kompromissfähigkeit zu tun. Ich erinnere mich gut, wie du deinem Mann erklärt hast, dass ihr seit Jahren eine Handtuchfarbfamilie habt und er bass erstaunt war. Du schaffst es, mit vier Gitarren (oder sind es fünf?) und Tausenden von Schallplatten zu leben, und ab und an poppt natürlich der Wunsch auf, den Mann mitsamt den Platten in eine geräumige Garage auszulagern oder ihn gleich auf den Mond zu schießen.

Meiner hat neulich eine Fußmatte gekauft, deren Anblick mir nachgerade Übelkeit verursacht hat. Es war mit Sicherheit eine der hässlichsten Fußmatten weltweit. Und das bei einem Mann, der ansonsten eigentlich einen Sinn für Ästhetik hat. Manche Partner lieben es kühl, manche haben es gerne so puschelwarm, dass sie im Bikini am Schreibtisch sitzen können. Einige lieben dunkle Kuschelhöhlen, andere wollen es hell, leicht und luftig. Beate, eine Bekannte, hat es nicht ausgehalten, dass ihr Wohnzimmer nach und nach zum Fitnesscenter mutiert ist. Erst das Laufband, dann ein Spinning-Fahrrad. Da war Schluss für sie.

Vor allem, weil der Mann an ihrer Seite sehr viel mehr Zeit auf dem Laufband als auf ihr verbracht hat …

Manche dieser Vorlieben sollten direkt in ersten Akquisegesprächen thematisiert werden. Und: Mehr Raum entzerrt die Lage, aber den muss man sich erst mal leisten können.

DAS GROSSE THEMA »DIENSTLEISTUNGEN«

»Ambulant? Gerne! Stationär? Auf keinen Fall«, sagen schon deshalb jede Menge Frauen, wenn das Zusammenziehen Thema wird. Vor allem die älteren. Da geht es allerdings nicht nur um schlimme Kaffeetassen, Fußmatten oder farbfamilienfremde Handtücher, sondern um das große Thema Dienstleistung. »Ich bin geschieden, die Kinder sind aus dem Haus und ich habe echt so gar keine Lust, wieder jemanden täglich zu bekochen und fremde Unterhosen zu waschen. Ich mag es, wenn mein Freund zum Essen kommt und auch mal über Nacht bleibt, aber ich will gerne die Herrscherin über mein Inventar und Leben bleiben. Sein und mein Ordnungsdenken sind nicht kompatibel, aber ansonsten ist er toll. Wenn ich bei ihm bin, unterdrücke ich den Impuls, aufzuräumen, und freue mich nach dem Wochenende, in meine ordentliche Wohnung zu kommen. Wir hätten garantiert jede Menge Ärger, wenn wir eine Wohnung teilen würden. So kann ich großherzig über seine Schlampigkeit hinwegsehen und er lächelt entspannt über meine Pingeligkeit.«

Es ist also ratsam, sehr genau zu überlegen, ob das Zusammenziehen wirklich der Weisheit letzter Schluss ist. Klar: Will man eine Familie gründen, Kinder haben und gemeinsam aufziehen, ist es sinnvoll.

Was aber die Dinge leichter machen kann, habe ich gemerkt, seit ich deinen Tipp beherzige, Beziehung und Wohnsituation nicht zu vermengen. Das heißt, den Partner so zu behandeln wie jemanden, mit dem man in einer WG lebt. Nicht sagen: Wenn du mich wirklich lieben würdest, dann würdest du deine dreckigen Klamotten wenigstens in den Wäschekorb bringen! Sondern: Bitte schmeiß deine Sachen dahin, wo sie hingehören. Mit Liebe hat das Verhalten nämlich im Normalfall nichts zu tun. Komischerweise ist man mit Menschen, mit denen man nicht liiert ist, sehr viel nachsichtiger. Ja, er ist ihr Mann, aber er ist auch ein Mitbewohner. Das kann helfen. Zumindest manchmal.

Diesen Unterschied würde ich bei einem anderen – wichtigen – Thema nicht machen: beim Schenken. Ich finde, da sollte man schon merken, dass man viel mehr ist als eine Zweckgemeinschaft. Aber wie schenkt die Liebe?

WIE SCHENKT DIE LIEBE?

Der Köder muss dem Fisch gefallen.
Nicht dem Angler.
(Alte Anglerweisheit)

Constanze

Großzügig, überschwänglich, wahnsinnig – so schenkt die Liebe. Das stelle ich mir jedenfalls immer vor. In Wirklichkeit ist Schenken in meinen Beziehungen immer ein ziemlich steiniger Acker gewesen. Ich hatte mal einen Freund, der zu meinem Geburtstag mit mir in einen Blumenladen ging und sagte: »Such dir was aus! Aber nicht so teuer!« Ein anderer schenkte zwar äußerst kostspielig. Er war aber selbst so ergriffen von seiner Großzügigkeit, dass er einmal sogar in Tränen ausbrach, als er mir eine Kette überreichte. Die war ohnehin eher sein als mein Geschmack, sodass ich sie leichten Herzens an eine Freundin weitergeben konnte, als ich erfuhr, dass dieser Kerl mich ständig betrogen hatte.

Mein Mann eroberte mich – wie damals üblich – mit selbst aufgenommenen Musikkassetten und Büchern. Das machte mir Hoffnung. Ich dachte, da plant einer, mich mit erstaunlichen, wunderbaren Gaben zu beglücken. Tatsächlich wollte er alsbald eine Verabredung mit mir treffen, einander gar nichts mehr zu schenken. Er fand schon die Beschaffung der Präsente stressig und überhaupt müsse man den ganzen Konsumterror ja nicht noch unterstützen.

Ich sagte, ich fände es interessant, dass ihn der Konsumterror ausgerechnet beim Schenken störe, wo er ihn doch etwa beim Kauf von neuen Schallplatten so erfolgreich ignorieren könne. Und auch: dass es einem Mann durchaus zwei Mal im Jahr – mindestens – zuzumuten sei, sich ein paar Gedanken darüber zu machen, wie er seine Frau froh stimmt. Wie viel klüger es doch außerdem sei, sich mit einem hübschen Präsent einen emotionalen Kredit zu verschaffen, von dem eine Beziehung monatelang zehren könne. Einen Reiseproviant durch die tiefen Täler, die man ja in Beziehungen IMMER mal durchschreitet. So in der Art wie: »Okay, er hat schon wieder nicht angerufen, dass es sehr viel später wird, aber was soll's – für den Mantel, den ich mir so sehr gewünscht hatte, hat er beim letzten Geburtstag entgegen seiner sonstigen Sparsamkeit mal richtig viel Geld ausgegeben.«

Dem englischen Zitat »Seeing's believing, but feeling's the truth« (Sehen heißt glauben, aber Fühlen ist die Wahrheit) liegt genau dieser Geschenkgedanke zugrunde: dass sich Liebe dann und wann eben auch mal materialisieren muss.

Was passiert, wenn Männer glauben, darauf verzichten zu können, habe ich schon als Kind erlebt. Es war an einem Heiligen Abend, als es kurz nach der Bescherung an der Tür klingelte. Die Nachbarin stand heulend im Hausflur. Im Wohnzimmer redete sie sich dann unter der Tanne und mithilfe einiger Gläser Kellergeister ihr Weihnachtsdrama von der Seele: Ihr Mann hatte sich an die vor dem Fest getroffene Vereinbarung gehalten, einander nichts zu schenken. Sie nicht. »Ich hhäähäääteee nieee gedacht, dass er sohohooo herzlos sein kann!«, schniefte sie. Und dann sagte sie noch, dass es ohnehin »*seine* bekloppte« Idee gewesen sei, das Beste am Fest einfach auszulassen. Sie ließ sich bald scheiden. Zu Recht.

»Wir schenken uns nichts« ist nach »ab morgen kein Zucker mehr« der vermutlich trostloseste Satz überhaupt. Meist sind es zwar die Männer, die solche Gefühlssparmaßnahmen vorschlagen. Man muss fairerweise aber sagen, dass es die Mütter sind, die dafür die Steilvorlage liefern.

Inge etwa, die ihrem Sohn keinesfalls die Anstrengungen der Geschenkebeschaffung zumuten wollte. Die immer tapfer sagte: »Ich brauche nichts und er soll sich bloß keinen Stress machen«, wenn wir sie fragten, was ihr Sohn ihr geschenkt habe. Zum Geburtstag oder zu Weihnachten. Umgekehrt wurde das Kind stets mit den herrlichsten Präsenten überhäuft, die sich seine alleinerziehende Mutter eisern und unter viel Verzicht auf eigene Freuden für ihn zusammensparte. Kein Wunder, wenn die solchermaßen Gehätschelten sich fühlen, als wären sie selbst an sich schon das größte Geschenk überhaupt, und sich jedwede weiteren Anstrengungen verkneifen. Deshalb hier die Nachricht an die Mütter: Natürlich sollten auch Kinder schenken, so wie sie selbst beschenkt werden. Auch um später souverän diesen – wie ich finde – zentralen Teil der Beziehungspflege bewältigen zu können. Zumal die Chancen hoch sind, an eine Frau wie mich zu geraten, die darauf nicht verzichten mag.

Ich habe das Schenken tatsächlich durchgesetzt. Wenigstens an Weihnachten und an Geburtstagen, ebenso wie zu Ostern und Nikolaus. (Ja, tatsächlich Nikolaus! Man muss jeden Anlass mitnehmen, der sich bietet, einander eine Freude zu machen.) Für den Valentinstag fehlte mir dann allerdings die Kraft. Der kam erst im Laufe unserer Beziehung so richtig groß raus und irgendwie habe ich ihn nicht mehr in unserem Schenkkalender untergebracht. Auch Jahres- und Hochzeitstage werden stiefmütterlich behandelt. Übrigens von uns beiden gemeinsam.

Aber im Großen und Ganzen hat mein Mann verstanden, worum es geht: die teilnehmende Beobachtung des zu Beschenkenden samt Erwerb von Dingen, die man sich selbst niemals angeschafft hätte, weil man sie für zu teuer und/oder verzichtbar hält oder nach denen man manchmal so lange fahnden muss, dass man in der Zeit auch eine Fremdsprache lernen könnte. So wie ich nach einer Schallplatte, die es damals weltweit nur in einem kleinen Vinylladen in irgendeiner mexikanischen Kleinstadt online zu kaufen gab. Die hat meinen Mann sehr, sehr, sehr glücklich gemacht.

Umgekehrt ist ihm das in all den Jahren gelegentlich auch gelungen. Einmal schenkte er mir Akkordeonunterricht und hatte außerdem auch gleich ein Akkordeon besorgt. Das war süß, weil es ein sehr stiller Wunsch gewesen war – und ich das Projekt, dieses Instrument zu lernen, nie in Angriff genommen hätte ohne seinen Anstoß. Ich habe schöne Bilder, hübsche Taschen, tolle Ohrringe, Ringe – überhaupt herrlichen Schmuck von ihm bekommen. Das klappt besonders gut, seit ich genau sage, was mir gefallen würde. Ja, das sage ich laut und deutlich und mit Adresse des Ladens und genauen Angaben zu Aussehen und Preis. (Nachdem er anfangs in Eigenregie ein paar Sachen besorgt hatte, die mir so gar nicht gefielen, gehen wir beide da lieber auf Nummer sicher.) Zwischendurch bringt er mir immer mal Bücher mit, die er in der Tageszeitung seines Vertrauens gut besprochen fand, und auch gelegentlich Blumen.

Ich bin mit diesem Geschenke-Status-quo zufrieden.

Manchmal stehe ich im Hausflur vor unserer Wohnungstür und stelle mir vor, wie ich jetzt aufschließe und in ein Meer aus Blumen komme – auf dem Tisch liegen Tickets für uns beide, für eine Fernreise oder einen Städtetrip, die er organisiert hat. Etwas, das ich gewöhnlich tue. Dann denke ich an meine Mutter, die noch nach mehr als fünfzig Jahren Ehe darauf hoffte, mein Vater würde eines Morgens in die Küche kommen und sagen: »Schatz, ich habe uns für heute Mittag einen Tisch beim Italiener reserviert. Vorher würde ich wahnsinnig gern mit dir shoppen gehen. Zieh dir was Hübsches an!« Das ist natürlich nie passiert. Er war einfach nicht der Mann dafür. Am Anfang ihrer Beziehung so wenig wie am Ende ihres Lebens. Ich weiß also familiär bedingt sehr gut, wie man sich die größten Enttäuschungen selbst beschert.

Ich öffne also die Tür und mein Mann sagt noch nach dreißig Jahren: »Wie schön, dass du da bist!« Das ist irgendwie ja auch ein sehr großes Geschenk. Oder was meinst du?

KÖNNEN GESCHENKE NICHT EINFACH IDEELL SEIN?

The best presents don't come in boxes.
(Bill Watterson)[1]

Susanne

Ein gewisser Standard muss bei mir sein. Ich bin streng, was Geschenke angeht. Ich werde nie das Weihnachten vergessen, an dem mir mein Ex eine teure Kaffeemaschine unter den Baum gestellt hat. Ich mag Kaffee, allerdings mag er Kaffee noch viel lieber. Es war also kein Geschenk für mich, sondern ein Geschenk für unseren Haushalt und vor allem auch für ihn selbst. Ich war direkt bedient.

Zum Glück war mein Ex ein Mann, der mich sehr genau kannte und geahnt hatte, was er mit diesem – durchaus großzügigen – Geschenk anrichten würde. Nachdem er mein Gesicht und meine latente Enttäuschung einen Moment lang genossen hatte, zog er ein weiteres Geschenk hinter dem Sofa hervor: ein wunderschönes Bild. Die Weihnachtsstimmung war wiederhergestellt. Der Geschenkdrachen in mir bezähmt. Gerätschaften für den Haushalt sind als Geschenk – meiner Meinung nach – fast schon skandalös. (Okay, natürlich ausgenommen, man wünscht sich sehnlichst einen Thermomix oder ein neues Pfannenset!) Aber neulich hat mir eine Frau geschrieben, dass sie eine Panierstraße zu Weihnachten bekommen habe. Ich musste »Panierstraße« erst einmal googeln, um dann wirklich entsetzt zu sein. Es handelt sich um drei Schalen, eine für Ei, eine für Mehl und eine für Panade …

Geschenke haben immer auch einen klitzekleinen Subtext. Was aber sollte eine Küchenmaschine uns sagen wollen? Abmarsch in die Küche? Deinen natürlichen Aufenthaltsort? Ich mache dir deine naturgegebenen Aufgaben ein bisschen leichter? Und gar eine Panierstraße? Heißt das so viel wie: »Mach endlich mal ordentliche Schnitzel?!«

Geschenke sollten Sehnsüchte erfüllen. Sie dürfen – im möglichen Rahmen, der ja sehr individuell ist – auch mal luxuriös sein. Oder einfach nur schön. Objekt der geheimen Begierde. So weit die schnöde Theorie. Man wünscht sich, dass der Liebste erahnt, wonach man lechzt. Geschmeide zum Beispiel. Ich liebe Schmuck als Geschenk.

Aber teuer ist – genau wie du schreibst – nicht gleich gut. Allerdings auch nicht per se schlecht. Es geht in erster Linie um Aufmerksamkeit. Man will beachtet und gehört werden. Geschenke sind auch eine Form der Würdigung. Zu merken, jemand hat sich gemerkt, was man mal quasi nebenbei geäußert hat, das ist wunderbar. Das ist der Traum.

So geschehen bei mir letzte Weihnachten. Ein gutes halbes Jahr vorher hatte ich in einer Zeitungsbeilage einen traumschönen Ring gesehen. »Schlicht und toll!«, habe ich bei seinem Anblick nur geseufzt.

Das hat sich der Mann an meiner Seite anscheinend gemerkt. Jedenfalls lag genau dieser Ring unter dem Baum. Neben der Tatsache, dass der Ring mir wirklich ausnehmend gut gefällt und perfekt passt (auch das hat er irgendwie geschafft), fand ich es bemerkenswert, dass er tatsächlich so langfristig vorausgeplant hat.

Daran sieht man, dass Männer durchaus können, wenn sie denn wollen. Auch meiner hat sich enorm gesteigert. Beim ersten Weihnachtsfest bekam ich einen breiten silbernen Armreif. Ganz hübsch, habe ich gedacht, noch hübscher wäre er für eine Frau, die gerne Silberschmuck trägt. Ich tue das eher sehr, sehr selten. Eigentlich gar nicht. Das hätte man durchaus bemerken können. Da es unser erstes Weihnachten war, wollte ich ihn nicht direkt verschrecken. Vom Ansatz her war das Präsent ja okay. Die grobe

Richtung hat immerhin gestimmt. Und der Armreif war schön. Nur eben silberfarben.

Aber zu kleinlich sollte man nun auch nicht sein und gerade zu Beginn einer Beziehung ist das mit dem Schenken eine recht diffizile Angelegenheit. Vor allem die Preiskategorie. Zu viel wirkt übergriffig und zu wenig knauserig. Man denkt schnell: Bin ich ihm nicht mal dreißig Euro wert? Natürlich kann man, wenig romantisch, auch vorher darüber reden, in welchem Preisrahmen sich das Ganze abspielen sollte. Schenkt er einen Diamanten und sie einen Angebotsduft aus dem Drogeriemarkt, kann das zu einem sehr unschönen Fest führen. Männer, die sagen, sie ließen sich nicht vorschreiben, wann und wie sie zu schenken hätten, finde ich nervig. »Ich schenke, wann ich will!«, sagen oft genau die, die dann leider nie schenken.

Geburtstag und Weihnachten fallen für mich unter Pflichtprogramm. Der Jahrestag eigentlich auch. Kleine Aufmerksamkeiten zu Ostern und zum Nikolaus finde ich lieb. Verhandlungsbereit bin ich am Valentinstag. Aber mal ehrlich: Ein paar Blümchen kosten nicht die Welt und heben die Stimmung insgesamt. Ja, ich bin eine geschenkanspruchsvolle Frau. Aber zu meiner Verteidigung: Noch lieber mache ich selbst Geschenke. Ohne dabei etwas sehr Wichtiges aus den Augen zu verlieren: meine Finanzen. Ich glaube, das ist ein Thema, das gerade in Beziehungen ganz schön vernachlässigt wird. Weil Frauen immer noch denken, es geht nur eines: Geld oder Liebe?

GELD ODER LIEBE?

Geld ist geprägte Freiheit.
(Fjodor Michailowitsch Dostojewski)[1]

Constanze

Ich weiß noch, wie du dir einmal deine Tochter geschnappt hast und mit ihr in den Sender gefahren bist, für den ihr Vater und du damals arbeitetet. Vereinbart war, dass er an diesem Nachmittag die Kindsbetreuung übernehmen sollte, damit du schreiben konntest. Er kam aber nicht. Er hatte, wie dir seine Sekretärin am Telefon mitteilte, eine »wichtige Sitzung«. Die hast du kurzerhand gesprengt, indem du in den Konferenzraum geplatzt bist, ihm den Säugling auf den Tisch gelegt und einfach gesagt hast: »Du hast etwas zu Hause vergessen!«

Ja, das war drastisch. Aber erstens lieben wir ja eben auch unseren Beruf. Zweitens braucht man schon etwas Entschiedenheit, um nicht als Hauptdarstellerin in dem Sozialdrama mit dem Titel »Rentenerwartung von Frauen in Deutschland« zu enden. Zugegeben, das klingt enorm dröge. Und das ist das Problem: Wir beschäftigen uns einfach nicht gern mit dem Thema »Geld«, wenn wir uns derweil genauso gut gemeinsam mit dem Liebsten in den Laken wälzen oder überlegen können, was genau wir am anderen so unglaublich süß finden. Dabei trägt die Liebe zu einem nicht geringen Teil Verantwortung für die trostlose Rentenerwartung von Frauen.

Wer sich um die Kinder kümmert? Wer beruflich dann einmal kürzertreten wird? Themen, die die überwiegend meisten Frauen im Überschwang der Gefühle gern meiden. Es ist auch denkbar unsexy, dem Mann mit Berechnungen zur Altersvorsorge oder zu empfindlichen Einkommenseinbußen bei ausgedehnten Kinderbetreuungszeiten zu kommen statt mit einem neuen Rezept von Ottolenghi.

Die überwiegend meisten Frauen lassen es deshalb auch lieber »auf sich zukommen«, wie dann genau die Arbeitsteilung aussehen wird, und hoffen, das ergebe sich dann schon. Sie setzen dabei auf eine grundsätzliche Bereitschaft des frischgebackenen Vaters, seine Frau nicht einfach im Regen – beziehungsweise allein im Kinderzimmer – stehen zu lassen, und denken auch, dass er sein Fleisch und Blut sicher rasend gern oft länger und allein bekümmern wird.

Das sieht er auch so. Bis das Kind da ist. Da nehmen dann die überwiegend meisten Väter gerade so viel Elternzeit, wie man braucht, um die dafür vorgesehene staatliche Unterstützung zu kassieren. Nicht mehr. Dann wird behauptet, der Mann an sich sei ja schon längst zu weit mehr bereit. Aber leider nicht die Arbeitswelt.

Was ich immer besonders albern finde. Als sei »die Arbeitswelt« ein eigener Organismus, dazu angetreten, Männer von ihrem sehnlichsten Wunsch fernzuhalten – sich paritätisch um ihren Nachwuchs zu kümmern. Dabei sind es Männer, die immer noch vorwiegend an den Schaltstellen von Politik und Wirtschaft sitzen. Dort, wo man ratzfatz sehr viel für die Vereinbarkeit von Elternschaft und Karriere tun könnte. Wenn auch die Väter nur halb so interessiert daran wären, sich tiefer in die Kinderbetreuung zu knien, wie sie gern behaupten.

Das sind keine böswilligen Unterstellungen und damit sollen auch keinesfalls jene Männer beleidigt werden, die für ihr Vater-

Sein tatsächlich beruflich kürzertreten, die sich richtig reinhängen in die Kinderbetreuung und alles drumherum – etwa den Haushalt. Die gibt es. Wir kennen solche Prachtexemplare aus dem eigenen Umfeld. Aber bei den überwiegend meisten klafft zwischen Ideal und Realität noch immer eine tiefe Schlucht.

Das bestätigt auch der aktuelle Väter-Report des Familien-Ministeriums.[2] Eine wissenschaftliche Erhebung zu Gefühlshaushalt und Lebenssituation von Vätern mit Kindern unter zehn Jahren. Demnach hindere vor allem die Sorge um das finanzielle Auskommen und die Folgen für die Rente den Mann daran, seinen oft so vollmundigen Absichtserklärungen auch Taten folgen zu lassen.

KELLER-KINDER

Frauen haben da auf ihrer Sorgenliste offenbar ganz andere Prioritäten: Wird mein Kind später nicht vielleicht hauptberuflich Geiselnehmer, wenn ich wieder in meinen Job einsteige? Bin ich eine Rabenmutter, weil ich ganz glücklich bin, mal aus dem Haus rauszukommen und statt mit einer Dreijährigen und einem Fünfjährigen mit erwachsenen Menschen über erwachsene Themen zu reden?

Natürlich kenne ich diese leidigen Kämpfe zwischen Müttern um die Frage, wer es besser macht: die, die nach der Geburt ihrer Kinder zügig wieder an ihren Arbeitsplatz zurückgekehrt sind, oder jene, die ihm jahrelang fernblieben? Wer hat das gelungenere »Produkt«, also den überzeugenderen Nachweis, dass ihr Modell das überlegenere ist: die, die ihr Kind schon mittags aus der Kita rausnimmt, damit es etwas »Ordentliches« zu essen bekommt, oder jene, die abends schon mal eine Tiefkühlpizza auftaut und den Kinderkanal anwirft, damit sie noch ein paar Mails schreiben kann? Und egal, was man tut, immer ist es falsch. Immer finden sich andere Mütter, die einen – ungefragt – darauf aufmerksam machen.

Auf Lesungen wurdest du – im Unterschied zu deinem Ex, dem Kindsvater – wirklich jedes Mal gefragt: »Wo sind denn Ihre Kinder?« Als könne man als Frau nur eines sein – ENTWEDER Mutter ODER berufstätig. Du sagtest dann irgendwann: »Meine Kinder habe ich im Keller angekettet, damit sie nicht verloren gehen.« Die Wahrheit – natürlich war ihr Vater bei ihnen und hat sie bestens versorgt – hätte immer irgendwie nach Rechtfertigung geklungen. Aber wofür hättest du dich entschuldigen müssen?

GLÜCKSHOCHBEGABTE

Es bleibt jeder Frau überlassen, welches Mutterschafts- und Lebensmodell sie wählt. Sie sollte allerdings wissen: Man ist nicht schon allein deshalb eine gute Mutter, weil man seine beruflichen Ambitionen ostentativ auf dem Mutti-Altar geopfert hat. Entgegen anderslautenden Gerüchten wird eine Kindheit nachweislich nicht zwangsläufig in dem Maße glücklicher, je mehr Zeit eine Mutter daheim ist.

Umgekehrt tragen Kinder keinen Schaden davon, wenn sie mit anderen Kindern in einer Kita bestens betreut werden (auch ohne dass die Beschäftigten dort eine Pädagogik- UND Psychologie-Promotion vorweisen können und das Mittagessen von vegetarischen Sterneköchen zubereitet wird). Wer seine Zeit mit einer bezahlten Beschäftigung verbringt, hat trotzdem gute Chancen, irgendwann eine stabile, ausbalancierte, selbstbewusste, glückshochbegabte Persönlichkeit herangezogen zu haben. Es war meine Mutter, die gearbeitet hat. Und ich würde mich dann doch nicht als glückshochbegabt bezeichnen.

Die überwiegend meisten Frauen haben ohnehin keine Wahl: Sie müssen Geld verdienen. Das Modell des Alleinverdieners und Familienernährers lässt sich – zumal in den Städten – längst nicht mehr mit bloß einem Einkommen finanzieren.

Warum es also dann nicht gleich so machen, dass man die Väter mehr in die Pflicht nimmt, damit die Mütter nicht in schlecht bezahlten Teilzeitjobs hängen bleiben? Ist ja nicht nur fürs Beziehungsklima besser, wenn man mehr Unterstützung erhält. Es rettet uns – wenigstens ein bisschen – vor der Hauptrolle in einem der größten Sozialdramen überhaupt: die Rentenerwartung von Frauen in Deutschland.

TRAUERSPIEL

Frauen müssen im Alter ja nicht nur mit sehr viel weniger Geld auskommen als Männer, sondern auch sehr viel länger, weil sie ihre Partner im Schnitt um knapp fünf Jahre überleben. In den alten Bundesländern stehen ihnen dafür trostlose 730 Euro Rente zur Verfügung, in den neuen Bundesländern 1075 Euro. Den Unterschied macht die längere Arbeitszeit von Frauen in den neuen Bundesländern, während den Frauen in den alten Bundesländern durchschnittlich siebzehn Beitragsjahre fehlen. Zeit, in der sie sich um die Familie und die Kinder gekümmert haben, dafür aus ihren qualifizierten Jobs ausgestiegen sind, um als Aushilfen zu arbeiten, und/oder die Stundenzahl ihrer Jobs reduzierten. In der englischsprachigen Fachliteratur der Soziologie nennt man das »Motherhood-Penalty«, also »Strafe der Mutterschaft«[3].

Ich finde ja, schon die Geburt an sich, die Herausforderung, einen Kürbis durch einen Strohhalm zu pressen, ist Zumutung genug. Da sollte man dann am Ende seines Lebens nicht auch noch mit dem Darben für die Mutterschaft »bezahlen« müssen. Deshalb ist es unbedingt, und zwar sehr, sehr viel Liebe, wenn ein Mann mit dafür sorgt, dass seine Frau einen manierlichen Rentenanspruch erwirtschaften kann. Und zwar einen eigenen und nicht seinen.

Genauso sollten wir Frauen ausreichend Selbstliebe aufbringen, den Mann beizeiten auf Unterstützung und leidlich gleichberechtigte Teilhabe einzunorden. Zur Not eben damit, dass man ihm – wie du es getan hast – sein Fleisch und Blut zur Erinnerung an Absprachen einfach mal auf den Schreibtisch legt. Letztlich hast du damit sehr gute Erfahrungen gemacht. Allerdings hattest du ein entgegenkommendes, einsichtiges Gegenüber. Einen großmütigen und vor allem großzügigen Mann. Das wäre anders wohl kaum auszuhalten gewesen, wenn einer knickerig ist, wenn ständig vor- und abgerechnet wird.

Scheint ganz schön oft vorzukommen. Laut Statistik steht »Geld« bei Paaren ganz oben auf der Liste der bevorzugten Streitthemen. Da kann ich mitreden. Ich habe schließlich auch ausreichend Zeit mit einem Geizkragen verbracht.

GEFÜHLE GÜNSTIG ABZUGEBEN

Meine Mutter sagte oft, man könne (und müsse) bei Männern über vieles hinwegsehen. Doch eines ginge gar nicht: Geiz! Der sei für sie der größte Spaltpilz der Liebe.

Ich konnte mir nicht so recht vorstellen, was sie meint. Erstens habe ich einen unfasslich großzügigen Vater. Egal, wie viel oder wenig Geld er gerade hatte, er gab gern. Oft mehr, als er sich leisten konnte. Zweitens dachte ich immer, dass ich ja mein eigenes Geld verdienen werde und es mir deshalb egal sein kann, ob der Liebste ein Sparfuchs ist oder nicht. Knausern, glaubte ich, sei wie ein Faible für Fenchel oder eine Leidenschaft für Techno: nicht schön, aber letztlich Privatangelegenheit. Da hatte ich aber auch noch nicht mit einem Mann am Frühstückstisch darüber diskutieren müssen, ob es ein Ei der günstigsten Kategorie 3 – also aus inakzeptabler Tierquälerei – nicht auch tut und wieso wir nicht campen? Sei doch viel billiger. Und lustiger sei es auch.

Ich fand es dann allerdings nicht sehr spaßig im Zweimannzelt auf dem Campingplatz in Cinque Terre – kilometerweit vom Strand entfernt. Einen Weg, den wir natürlich zu Fuß bewältigten, weil wir per Mitfahrgelegenheit angereist waren. Wir gingen selbstverständlich auch nicht ins Restaurant, sondern kochten im wahrsten Sinne des Wortes Eintopfgerichte, weil wir eben auch nur einen Topf dabeihatten. Das Einkaufen fürs karge Mahl nahm dennoch enorm viel Zeit in Anspruch, so viel man eben braucht, um die Preise für Tomaten – damals Pfennigbeträge – in sämtlichen Lebensmittelgeschäften der Kleinstadt miteinander zu vergleichen. Etwas, das dieser Mann sehr »romantisch« fand. Am Tag vor unserer Abreise – wir wollten nach Hause trampen – fragte ich mal in einem kleinen Hotel in Strandnähe nach den Übernachtungspreisen. Als ich hörte, dass die kaum höher lagen als die auf dem Campingplatz, war das mein letztes Zeltabenteuer.

Eine Weile blieb ich noch mit diesem Mann zusammen. Schlug mir im ewigen Dunkel unserer Wohnung die Schienbeine blutig, weil uns das pro Jahr ca. fünf Euro Stromkosten sparte. Ich führte ermüdende Gespräche darüber, warum ich etwas, was ich nicht brauche, auch dann nicht kaufen mag, wenn es sensationell heruntergesetzt ist. Nein, auch nicht auf die Option hin, dass ich etwa die zwei Dutzend Aktenordner, um die es ging, in zehn Jahren vielleicht vermissen könnte.

Nun wusste ich, was meine Mutter gemeint hatte: Geiz war alles andere als geil. Er legte sich nämlich, im Gegenteil, wie Mehltau auf unsere Beziehung und bald trennten wir uns.

ERBSENZÄHLER

Der Umgang mit Geld steht ja irgendwie für den Umgang mit Gefühlen. Wer grundsätzlich gern hortet und ungern gibt, hat auch ansonsten dauernd eine Kosten-Nutzen-Analyse im Hinterkopf. Schlimm genug, dass hierzulande vielen Menschen gar nichts anderes übrig bleibt, als jeden Cent umzudrehen. Gerade noch verzeihlich, wenn einer Geld hat und sich selbst trotzdem nichts gönnt. Aber sich an anderer Leute Mund Geld abzusparen – beim mickrigen Trinkgeld, beim dürftigen Geburtstagsgeschenk, im heruntergekommenen Hotel, obwohl man sich eigentlich eine viel bessere Bleibe leisten könnte: Das geht den Gefühlen schon ganz schön an die Substanz.

Auf der dem Erbsenzähler gegenüberliegenden Seite, also dort, wo die Verschwendung regiert, gibt es allerdings – auch das muss gesagt werden – mindestens ebenso viele Gründe, die Nerven zu verlieren. Jemandem dabei zuzuschauen, wie er nach der Devise von George Best (»Ich habe viel von meinem Geld für Alkohol, Weiber und schnelle Autos ausgegeben … Den Rest habe ich einfach verprasst.«[4]) das gemeinsame Konto plündert, ist mindestens ebenso schwer zu ertragen wie jemand, der einen Teebeutel zweimal aufbrüht.

Nicht umsonst zählen Diskussionen ums Geld zu den häufigsten Beziehungskonflikten. Jedes dritte geschiedene Paar in Deutschland gibt als Hauptgrund für die Zerwürfnisse den Streit um die Finanzen an. Schon weil bei den Debatten um die Ausgaben oft noch ganz andere Motive federführend sind. Fragen wie: Komme ich in der Beziehung eigentlich auf meine Kosten? Nimmt sich der andere mehr, als ihm zusteht? Nimmt er genügend Rücksicht auf meine Bedürfnisse? Versteht er mich? Investiert er nicht zu wenig? Interessiert ihn überhaupt, was mir wichtig ist?

Wenn er ihr scheinbar den Friseurbesuch nicht gönnt und sie ihm seine ziemlich kostenintensive Hi-Fi-Leidenschaft vorwirft, wenn er findet, dass fünf schwarze Hosen pro Frau vollkommen ausreichen, und sie der Meinung ist, dass ein Rasenmäher nicht teurer sein darf als ein Kleinwagen, dann ist das immer auch ein Zank um Anerkennung, Vertrauen, Kontrolle und unterschiedliche Wertesysteme. Einstellungen, die sehr, sehr, sehr tief sitzen und kaum veränderbar sind.

FINANZPLATZ »BEZIEHUNG«

Wie wir mit Geld umgehen, ist ja auch eine Frage der Erziehung. Wir leben die Haltungen unserer Eltern über Soll und Haben weiter. Und was wir mit auf den Weg bekommen, ist sicher nicht dasselbe, was der andere an Voreinstellungen beisteuert. Aldi oder bio? Sterne-Hotel oder Zeltplatz? Designermöbel oder Ikea? Fast unmöglich, da auf einen Nenner zu kommen. Wer den Finanz-Kriegsschauplatz befrieden will, der sollte sich vermutlich Folgendes klarmachen: Die Einstellung zu Geld ist gerade deshalb nichts Persönliches, weil sie so persönlich ist.

So wenig man einem Menschen vorwerfen kann, dass er blond ist oder grüne Augen hat, so wenig kann man einen Geizkragen einfach auf links drehen und aus ihm einen Verschwender machen.

Wenn das verstanden ist, hat man die allerbeste Grundlage für einen Kompromiss. Der setzt Respekt voraus vor der Haltung des anderen. Aber auch die Bereitschaft, dem anderen ein Stück entgegenzukommen. Schon weil man dadurch erfährt, dass man durchaus auch voneinander lernen kann.

Ich neige zum Beispiel zu einem etwas ausufernden Ausgabeverhalten. Mein Mann dagegen ist deutlich sparsamer. Einfach, weil auch seine Eltern sehr sparsam gewesen sind. Als er und ich uns kennenlernten, gab es ein paar Hürden zu überwinden. Und ich rechne ihm hoch an, dass vor allem er sie genommen hat.

GESPART IST NOCH ZU TEUER

Anfangs hat mein Mann immer noch stolz erzählt, dass er bloß zehn Mark für seinen Haarschnitt bezahlt, und ein Nahtoderlebnis simuliert, als er erfuhr, wie viel mein Haarschnitt kostet. Ich sagte, dass sein Friseur eigentlich viel teurer sei als meiner. Schließlich würde mein Mann jemanden für etwas bezahlen, von dem der offenbar nichts verstehe. Den Nutzen eines Shampoos, das sich nicht allein mit einem Dumpingpreis für den Kauf qualifiziert, ist ihm spätestens dann aufgegangen, als er anfing, meines zu benutzen. Und auch beim Lebensmitteleinkauf unterscheidet er sich mittlerweile wohltuend etwa von einem Nachbarn, dem etwas schon deshalb schmeckt, weil es wenig gekostet hat.

Sicher, wir haben sehr unterschiedliche Shopping-Neigungsfächer und auch deshalb getrennte Konten. Sowenig ich verstehe, weshalb die ohnehin ausufernde Plattensammlung weiteren Nachschub braucht, kann er bisweilen nachvollziehen, was ich etwa für Kleidung ausgebe. Auf der anderen Seite hat er ein Faible für gute Düfte – die ja auch nicht billig sind –, und was meine Gesichtscreme kostet, findet er zwar atemberaubend, aber nachvollziehbar. Er sagt mit Blick auf mich, die tue offenbar einiges für ihr Geld.

Da er selbst einmal als Handwerker gearbeitet hat, kennt er den hohen Anerkennungswert von Trinkgeld. Darüber bin ich sehr froh. Es erspart mir den – wie ich finde – unglaublich peinlichen Moment, in dem manche Männer mit großer Geste eine Rechnung von 87,50 mit den Worten »Ach, wissen Sie was, machen Sie 88 Euro draus!« aufrunden.

GEMEINSAME RECHNUNG

Als mein Mann und ich uns kennenlernten, arbeitete ich schon und er studierte wieder. Ich hatte mehr Geld und bezahlte anteilig auch mehr. Ich fand das fair und würde das auch umgekehrt nur für gerecht halten. Ich wollte außerdem auch mal manierlich essen gehen und verreisen. Das wäre nicht möglich gewesen, hätte mein Mann damals die Hälfte beisteuern müssen.

Seit einigen Jahren haben wir aber nun eine Halbe-halbe-Regelung. Einkäufe schreiben wir auf. Einmal im Monat ist Kassensturz. Da wird dann ausgeglichen, was einer vielleicht zu viel bezahlt hat. Für größere Ausgaben zahlt jeder von uns im Monat 200 Euro auf ein Konto ein. Da wir uns dabei meist einig sind – etwa darüber, was ein Sofa oder eine Lampe kosten sollte –, funktioniert das gut.

Kinder würden die Geldfrage sicher noch einmal verkomplizieren. Meist ist ja die Frau eine Weile daheim beim Kind und also finanziell abhängiger.

Eine gemeinsame Freundin hat das mit ihrem Mann so gelöst, dass der – ziemlich gut verdienend – ihr monatlich tausend Euro auf ein eigenes Konto überwiesen hat. Neben dem, was für den Haushalt anfällt. Sicher, das muss man sich leisten können. Aber wenn, sollte man das unbedingt tun. Ich fände es seltsam, meinen Mann um Geld bitten zu müssen.

Mit unseren Regeln sind wir bislang gut gefahren. Klar gibt es hier und da noch Differenzen. Etwa auch darüber, wie lange beispielsweise ein abgelaufenes Lebensmittel noch genießbar ist (sollte mein Mann einmal mit Vergiftungserscheinungen ins Krankenhaus kommen, liegt es definitiv nicht an mir).

Wir sind aber meilenweit von den Differenzen entfernt, die Stefanie mit ihrem Ex-Mann Rainer regelmäßig hatte, als sie noch zusammen waren. Rainer verdiente enorm viel. Wollte aber nichts ausgeben. Nicht für Restaurantbesuche, nicht fürs Kino und schon gar nicht für Reiseziele jenseits vom Schwarzwald, wo sein Bruder eine Ferienwohnung hatte. Und sein kleiner Sohn wird sich sicher noch lange daran erinnern, wie die Nachbarn sich amüsierten, weil er auch dort – wie sein Vater es ihm für daheim eingeschärft hatte – die Toilette nicht abzog, um Wasser zu sparen.

»Aber es hatte dann auch sein Gutes, dass er so viel gespart hat!«, sagt Stefanie. »Nach der Trennung hatte er genug Geld, um für mich und unseren Sohn Adrian eine schöne, geräumige Wohnung zu kaufen.«

Vielleicht wäre also alles anders gekommen, hätte Rainer nicht auch mit anderen Zuwendungen gegeizt: mit kleinen, süßen

Nachrichten zwischendurch. Ein Brandbeschleuniger für die Liebe – gerade auf die lange Strecke, der von Männern immer noch maßlos unterschätzt wird.

Ich frage mich oft: Wieso verdammt noch mal schreibt er nicht einfach mal? Diese Frage geht nun wieder an dich.

WIESO SCHICKT ER MIR KEINE NACHRICHTEN?

Männer reden nie wieder so viel wie in den ersten Wochen einer Liebesbeziehung.
(Helen Fisher)[1]

Susanne

Das macht wahnsinnig: Regelmäßig texte ich mir einen ab. Sende süße kleine, witzige Botschaften via WhatsApp. Und was passiert? Erst mal nix. Oft auch länger mal nix. Es vergeht schon mal ein ganzer Tag ohne eine Reaktion. Manchmal liest er meine Nachrichten nicht mal, was ich an den kleinen Häkchen sehe, die einfach grau bleiben und nicht blau werden – die Lesebestätigung von WhatsApp-Nachrichten. Ich sehe allerdings auch: Er war online. Also antwortet er nicht nur nicht. Er interessiert sich auch nicht dafür, dass und was ich geschrieben haben. Das. Macht. Mich. Rasend. Keinesfalls liegt die Unfähigkeit zu antworten daran, dass er mit Wichtigerem beschäftigt wäre. Er transplantiert keine Herzen, er ist kein Pilot auf einem Überseeflug oder hat sonst irgendwie eine 1-a-Entschuldigung für die Funkstille. Er braucht anscheinend nicht, was ich mit den Nachrichten bezwecke: zwischendurch immer mal in Verbindung kommen. Kein Wunder: Ich räume mit meinen WhatsApps ja für ihn die Zweifel daran mit aus dem Weg, ob es für mich – noch – Liebe ist. Was bedeutet, dass er sich nicht auch umgekehrt anstrengen muss. Typisch eben: Männer sind mal wieder entspannt. Frauen regt das auf. Also jedenfalls mich und die meisten um mich herum.

Es gibt sogar einen Namen für das Phänomen: »Texpectation« nennt es sich. Es meint die so ungeduldige Erwartung auf eine Antwort, die Text-Expectation. Eine relativ neue Beziehungsproblemzone. Jedenfalls gab es sie noch nicht, als unsere Eltern zusammenkamen. Die hatten sicher genug andere. Aber eben auch eine beneidenswerte Entspanntheit gegenüber den vermeintlichen Meldepflichten der Liebe. Es gab diese Erwartung gar nicht, der andere möge, sobald er das Haus verlassen hat, bitte stündlich die digitalen Rauchzeichen der Liebe absetzen.

Diese Begrenztheit hatte bisweilen eine ganz eigene Romantik. Ein Bekannter erzählte mir einmal, wie sich seine Großeltern kennenlernten. Sein Großvater sei als junger Mann für eine Reha von Süddeutschland tief in den Norden gereist. Dort habe er sich heftigst in eine junge Frau verliebt und sie sich in ihn. Aus verschiedenen Gründen sei sie nicht sofort abkömmlich gewesen: Die Eltern waren gegen die Verbindung. Die Entfernung war zu groß, um sich regelmäßig zu treffen und besser kennenzulernen. Beide vereinbarten also, sich ein Jahr lang nur zu schreiben, um dann zu entscheiden, ob sie füreinander gedacht waren.

Wie haben die das nur ausgehalten? Ohne die ständige Süßholzzufuhr von wenigstens Herz-Emojis und ohne zu wissen, was der andere gerade macht und ob er dabei auch an einen denkt? Offenbar ging es. Und gar nicht mal so übel.

Wenn ich heute über zehn Minuten auf eine Nachricht warte – und zwar ab einem Zeitpunkt, den ich selbst festgesetzt habe –, entsteht in meinem Kopf eine Art Dominoeffekt. Erst denke ich: »Cool bleiben!« Dann steigere ich mich über »Was zur Hölle ist so schwer daran, einfach mal zu antworten?!« bis hin zu: »Wie kann jemand, der etwa bei Bundesligaspielen minütlich aufs Handy schaut und der weiß, dass ich hin und wieder schreibe, nach drei Stunden behaupten, er habe die Nachricht eben erst bemerkt?«

Manchmal habe ich deshalb etwa von unterwegs Nachrichten wie diese verschickt: »Stehe hier in Düsseldorf gerade vor einem Klamottenladen. Da liegt die Jacke im Schaufenster, nach der du schon seit Wochen suchst. Total günstig. Soll ich sie dir kaufen?« Stimmte gar nicht. Aber immerhin kam mal so etwas wie eine Reaktion. Er, zwei Stunden später: »Oh, sehr gerne!« Ich: »So schade! Sitze schon im Zug. Hättest du bloß etwas früher geschaut, was ich dir geschrieben habe.«

TEXTANALYSEN

Die zweite große WhatsApp-Heimsuchung: der enorme Interpretationsspielraum, der sich selbst zwischen zwei kargen Zeilen auftut. Man kann ja schlecht mal eben nachfragen, wie ein Mann sein »Man sieht sich!« genau meint. Und man möchte es auch nicht. Aus der – in diesem Fall sehr berechtigten – Sorge, dass es sich um eine ziemlich unelegante Art der Abfuhr handeln könnte. Deshalb erkundigt man sich bei anderen.

Ein Psychologe hat mir mal erzählt, wie manche seiner Klientinnen einen Großteil der teuren Therapiezeit mittlerweile darauf verwenden, mit ihm Textanalyse betreiben zu wollen. »Als würden wir über *Krieg und Frieden* sprechen und nicht über einen Smiley.«

Natürlich haben du und ich auch schon mehrfach wahre Ewigkeiten damit verbracht, uns Männernachrichten zu übersetzen. Am Ende stellten wir regelmäßig fest, was man hätte auch am Anfang wissen können: Hinter einem »Hey du!« steckt wirklich nichts. Nicht mehr jedenfalls als Bequemlichkeit und Desinteresse. Unwahrscheinlich, dass es solche Trostlosigkeiten in eine schöne und zart nach Rosen duftende Schachtel schaffen, aus der wir uns dann im Altenheim an herzerwärmenden Erinnerungen bedienen.

Umgekehrt zeigt sich allerdings gerade beim Texten, dass wieder einmal stimmt, was der Volksmund behauptet: »Pass auf, was du dir wünschst. Es könnte in Erfüllung gehen.«

Eine Kollegin hatte erst kürzlich von einem Mann geschwärmt, den sie im Netz kennengelernt hatte. Kaum habe sie morgens die Augen aufgeschlagen, sei sie schon da gewesen: seine erste Nachricht. Quasi stündlich habe er sich über den Tag per WhatsApp erkundigt, wie es ihr gehe, wie sie sich fühle. Und – für mich persönlich Gipfel der Zuwendung –: Er habe sich ihre Antworten gemerkt. Schreibe sie heute, dass sie morgen zum Zahnarzt müsse, würde er ihr unter Garantie am nächsten Tag viel Glück wünschen. Ein Traummann. Mit einem Traumberuf. Er sei als leitender Ingenieur bei einem Entwicklungshilfeprojekt in Afrika beschäftigt, erklärte sie. Das sei auch der Grund, weshalb sie sich nach mehreren Wochen immer noch nicht getroffen hätten. Plötzlich sollte dann aber alles ganz schnell gehen. Vorausgesetzt, sie könne ihm 2000 Euro überweisen. Ausgleich für einen vorübergehenden Engpass. Irgendeine Zollgeschichte. Da wurde sie – immerhin – hellhörig. An dem schreibfreudigen Briten – so stellte sich heraus – war nur eines echt: die Adresse in Afrika. Allerdings war er kein Ingenieur, sondern hauptberuflicher Love Scammer, also damit beschäftigt, viele Frauen weltweit finanziell auszunehmen.

ZWISCHEN GUT UND BÖSE

Wer viel schreibt, will tatsächlich auch viel. Aber eben nicht immer das, was wir wollen. Zwischen redseligen Betrügern und wortkargen Schreibfaulen gibt es ihn aber doch noch: einen Rest von Hoffnung auf ein für beide Seiten verträgliches Maß an Vergewisserung, dass der andere noch an einen denkt.

Dafür habe ich ein paar Vorsätze gefasst: Ich werde nicht mehr wie hypnotisiert auf mein Handy starren, immer darauf wartend, dass mein Mann mir innerhalb von Minuten eine überraschend süße und emotionale Antwort auf meine Textnachricht beschert. (Denn genauso könnte ich hoffen, dass gleich der Weltfrieden verkündet wird.) Ich werde mich nicht mehr grämen, wenn der Mann die Mindest-Mitteilungsschlagzahl, die ich – ehrlich gesagt und ungefragt – für ihn mitbestimmt habe, nicht mal im Ansatz erreicht. Ich werde daran denken, dass es – auch wenn ich lange der Auffassung war – da offenbar kein Naturgesetz gibt, das besagt, dass Liebe wie ein Impfnachweis ist, den man dauernd vorzeigen muss.

Es gibt Frauen, die sind da beneidenswert entspannt. So wie Carola oder Miriam, mit denen wir schon mal ein paar Tage verreist waren. Sie haben dann manchmal tagelang nix von ihren Männern gehört und sich selbst auch nicht gemeldet, und soweit man das beurteilen kann, sind sie jeweils sehr glücklich mit ihren Liebsten.

Und weißt du was: Seit ich neuerdings weitgehend die Finger von WhatsApp lasse, schreibt der Mann! Sogar liebevoll und auch lustig. Das kann er nämlich. Wenn man ihn bloß nicht dazu drängt.

Dieses Streitthema ist vom Tisch. Nicht, dass wir sonst keine hätten. Das ist erstaunlicherweise ein nachwachsender Rohstoff. Gibt es eigentlich eine richtig gute Methode, sich zu zoffen?

WIE STREITET MAN RICHTIG?

Einigen wir uns also darauf,
dass wir uns uneinig sind.
(Dr. Gregory House)[1]

Constanze

Tja, das wüsste ich auch gern. Nicht, dass wir nicht streiten würden. Wir streiten regelmäßig. Aber leider nicht nach den internationalen Regularien fürs bessere und vor allem konstruktive Zoffen. Wir streiten unbeherrscht, unqualifiziert, cholerisch und meistens laut. Viel zu laut. Das findet auch eine unserer Katzen. Sie beißt mir jedes Mal in den Knöchel, wenn ich die Stimme erhebe – als wollte sie mich daran erinnern, dass man das hier doch in Ruhe, zivilisiert und ganz vernünftig regeln könne. In einem Gespräch unter Erwachsenen – und nicht wie Dreijährige im Sandkasten, die sich um das einzige Eimerchen balgen.

Manchmal wünsche ich mir einen Ringrichter. Jemanden, der noch lauter als wir brüllen kann, und zwar: »AUS! AUS! AUS!« Und der uns erst mal zum Cooldown in die jeweiligen Ecken schickt. Der ein Foul als Foul deklariert und dem die Rote Karte zeigt, der sich nicht an die Regeln hält. Also vor allem meinem Mann. Ich bin nämlich eigentlich nicht gemacht für Vulkanausbrüche im eigenen Wohnzimmer. Ich komme aus einer Familie harmoniesüchtiger Leisetreter, in der man Konflikte so lange unter den Teppich kehrt, bis der aussieht wie ein deutsches Mittelgebirge. In der man seinen Ärger einfach tapfer runterschluckt und sich vorsichtshalber immer einmal mehr entschuldigt als der andere. Nur, damit einem nachher niemand auch nur den geringsten Vorwurf machen kann.

Träfe etwa mein Vater in seiner Wohnung auf Einbrecher, würde er ihnen vermutlich einen Kaffee anbieten. Er würde fragen, ob er ihnen vielleicht noch Geld von der Bank abheben solle – weil sein Haushalt so wenig ertragreich ist und er grundsätzlich Mitleid mit Leuten hat, die für Kohle wirklich alles machen.

BRÜLLAFFEN IN FREIER WILDBAHN

Ich war also denkbar schlecht vorbereitet auf einen, der keinem dritten Weltkrieg aus dem Weg geht.

Womit wir schon beim ersten Problem mit dem Streiten wären: dass es eine so höchstpersönliche Angelegenheit ist. Wir bringen ja nicht nur Bettwäsche, Töpfe und das Kartoffelsalatrezept von Oma Luise von daheim mit, sondern auch die Art und Weise, wie wir Konflikte angehen.

Meine Freundin Jule zum Beispiel hatte einen enorm cholerischen Vater. Der Manager eines mittelständischen Unternehmens geriet schon bei der geringsten Kleinigkeit so außer sich, dass sich einmal ein Gast bei einem Essen besorgt zu Jules Mutter hinüberbeugte, fürsorglich ihre Hand nahm und ihr ins Ohr raunte: »Das tut mir wirklich leid für Sie. Ist bestimmt nicht einfach mit so einer Krankheit. Haben Sie denn einen guten Arzt?! Aber wie schön, dass Ihr Mann trotzdem bei allem dabei sein darf …« Der Gast dachte, Jules Vater würde am Tourette-Syndrom leiden.

Jule sagt, im Nachhinein hätte sich die väterliche Reizbarkeit als wahrer Segen entpuppt. Besonders, wenn sie, die Architektin, mal wieder auf Baustellen unterwegs ist. »Mir kommt da keiner blöd. Ich mache, im Gegenteil, schon auch mal eine Ansage, wenn da einer den Brüllaffen gibt, weil er hofft, ich gehe dann heim zum Heulen, wie das Mädchen halt sonst so machen.«

Tatsächlich schult so ein Brüllaffe daheim nicht nur die Nehmer-, sondern auch die Geberqualitäten. Ich habe verstanden, dass man dieses ganze Gepoltere sportlich nehmen sollte. Es ist nichts Persönliches. Es dient vor allem der Abschreckung. Der Abwehr von Dingen, die Anstrengungen mit sich bringen, ein Umdenken erfordern oder Verzicht bedeuten. Zum Beispiel auf noch mehr Landnahme durch seine raumgreifenden Hobbys.

Erhebt mein Mann mal wieder die Stimme, wenn ich nicht noch einen weiteren Gitarrenständer in UNSEREM Wohnzimmer abnicken mag, weiß ich: Das hier ist nicht schon wieder ein neuer Weltuntergang, sondern bloß der Versuch, sich einen unlauteren Vorteil zu verschaffen. Das ganze Geschrei ist nichts weiter als die Behauptung, dass da Strom auf dem Grenzzaun ist, den der Mann einmal wieder regelwidrig quer durch mein Terrain gezogen hat.

Ich denke dann an den Film *Der Zauberer von Oz*. Ich sehe das kleine, klapprige Männchen vor mir, das ungefähr so furchterregend ist wie ein Meerschweinchen. Das aber – wie sich am Schluss herausstellt – mit tausend Taschenspielertricks ein ganzes Märchenreich in Schach hielt, und sage: »Nach fünf Gitarren und 2500 Schallplatten ist hier definitiv mal Schluss!« Und dann diskutiere ich auch nicht mehr.

Das ist ja noch so ein – typisch weiblicher – Denkfehler. Wir wollen verstanden werden. Also erklären wir. Wortreich. Warum es keine gute Idee ist, die nassen Handtücher auf dem Boden liegen zu lassen. Weshalb wir mal wieder ins Restaurant gehen möchten, anstatt schon wieder daheim zu kochen. Wieso es keine Liebe sein kann, wenn der Mann den Hochzeitstag vergisst.

Wir wollen dem Interessenskonflikt die vermeintlichen Spitzen abschleifen, damit sich das Herz daran nicht blutig reißt. Zumal es nicht sein kann, dass es so etwas überhaupt zwischen zwei Liebenden gibt. Aber auch, um nicht »böse«, »fordernd« oder »egoistisch« zu erscheinen. Was für viele immer noch als der Damenbart unter den Eigenschaften gilt. Lieber versuchen wir den Mann davon zu überzeugen, dass er das, was wir wollen, doch eigentlich auch will. Er weiß es nur noch nicht.

ZOFF-DILETTANTEN

Das hat aber schon damals nicht funktioniert, als ich mit fünfzehn Jahren meinem Vater erklären wollte, weshalb es das absolut Vernünftigste und sozusagen ein Menschenrecht war, mich bis 23 Uhr auf die Party gehen zu lassen. Ich dachte, er müsse unbedingt verstehen, wie demütigend es ist, wenn es um 21 Uhr schon heißt: »Taxi für Fräulein Kleis.«

»Bis dahin habe ich nicht mal meine Jacke ausgezogen!«, argumentierte ich messerscharf. Selbstverständlich führte ich auch ins Feld, dass er sicher nicht rückständiger erscheinen wolle als alle anderen Väter, weil ich die Einzige sei, die wesentliche Teile der sicher wichtigsten Party meines Lebens verpassen werde.

Das interessierte ihn nicht nur nicht. Es nervte ihn auch. Mit dem Ergebnis, dass mir der Ausgang am Samstag komplett gestrichen wurde. Und nein, ich lernte daraus nicht, was meine Schwester schnell kapierte: Manche Themen eignen sich einfach nicht als Diskussionsstoff.

Egal, wie sehr man hofft, den anderen an dem jeweiligen Konfliktherd irgendwann so weichgekocht zu haben, dass er in Zukunft ein ganz anderer sein wird. Es wird nicht passieren. Meine Schwester wusste das. Sie diskutierte nicht. Niemals. Sie verließ mit dem Versprechen das Haus, um 21 Uhr daheim zu sein, und entschied auf der Party, ob es sich lohnte, zwei Stunden länger zu bleiben und dafür eine Woche Hausarrest in Kauf zu nehmen. Meistens lohnte es sich.

Warum aus ihr kein Zoff-Dilettant wurde? Vielleicht, weil diese Rolle schon von mir so exzellent besetzt war. Geschwister, so sagt man ja, wollen keine Doubletten sein, sondern Originale. Das Weichei war nun schon so was von weg. Da blieb eben nur der harte Knochen. Dabei ist meine Schwester wahnsinnig großherzig und kompromissbereit. Aber wenn sie mal eine Grenze zieht, dann ist da zuverlässig Strom drauf. Und zwar ausreichend für einen Lernerfolg.

AKZEPTANZ DURCH PENETRANZ

Aber gut: Ich habe dazugelernt. Unter anderem auch, dass es Dinge gibt, über die es sich nicht lohnt zu streiten. Einfach, weil man sie nicht ändern kann und man im ersten gemeinsamen Jahr darüber genauso erbittert und aussichtslos debattiert wie vierzig Jahre später. Es ist absolute Energieverschwendung. Dazu zählt, mit meinem Mann über bestimmte politische Themen zu debattieren. Deshalb habe ich das Gespräch da schon lange eingestellt. Ich sage nur noch ganz selten, dass ich anderer Meinung bin, wenn sich da etwa wieder eine Tirade darüber erhebt – nur so zur Erinnerung.

Ich habe mir außerdem verbeten, mir vorschreiben zu lassen, was ich zu fühlen habe. Findet mein Mann, dieses oder jenes sei doch »nicht schlimm«, was er vergessen, unterlassen, ignoriert hat, sage ich, dass er nicht darüber zu entscheiden hat, wie ich mich fühle und auch, was für mich wichtig ist. Jedes verdammte Mal. Ich denke dabei an einen ehemaligen Chef, dessen Credo lautete: »Akzeptanz durch Penetranz.«

Außerdem weiß ich inzwischen, dass man nicht mit Konsequenzen drohen sollte, die man sowieso nicht einhält. Wenn man sagt: »Wenn du nicht mit zum Siebzigsten von Tante Lisa willst, dann kannst du den Besuch bei deiner Mutter an Weihnachten vergessen und die Geschenke für deine Familie besorgst du dann auch selbst«, dann muss das auch durchgezogen werden. Es macht einfach keinen Sinn, bei jeder Kleinigkeit gleich richtig hoch einzusteigen, »Scheidung!!« oder »Ich ziehe aus!« zu rufen oder: »Ich zünde deine Plattensammlung an!«, wenn man es dann doch nicht tut.

Ich sehe außerdem, dass es die Verhandlungsbasis enorm schwächt, sollte man sich nicht mal selbst die kleinste Entschiedenheit zutrauen.

Unserer gemeinsamen Freundin Petra ist es so noch nach Jahrzehnten nicht geglückt, ihren Mann dazu zu bewegen, seinen Kram wegzuräumen. Die Bücherstapel, die er im ganzen Haus verteilt hat, die Klamottenberge, die sich selbst in der Küche türmen, das schmutzige Geschirr, das er – wo er steht und geht – herumstehen lässt. Er sagt zu ihr: »Wenn du es anders willst, dann ist das doch dein Problem. Ich fühle mich wohl so.« Sie hat resigniert: »Ich kann nichts dagegen machen. Ich räume halt weg, was mich sehr stört. Den Rest lasse ich liegen. Ist auch mittlerweile einfach zu viel.« Ehrlich: Sie hat einfach Angst, dass er sie verlässt, wenn sie zu entschieden auftritt. Zu viel Druck macht. Das ist ihre Achillesferse und damit sein Freifahrtschein, mit dem er sich nimmt, was ihm nicht zusteht: ihre Zeit, ihre Nerven.

Wie man dagegen Eindruck macht, wissen wir von Katharina und einer Schweinelende: »Ich hatte meinem Mann versprochen, dass es abends sein Lieblingsessen gibt. Sehr nett von mir, weil ich eigentlich kein Fleisch mehr esse. Mein Mann hatte sich nachmittags mit einem Freund zum Fußballschauen getroffen. Ich wusste, dass das Spiel bis sechs Uhr gehen sollte. Um acht war das Essen fertig: Schweinelendchen mit Kartoffeln aus dem Ofen und Brokkoli. Bloß mein Mann war nicht da. Auch nicht um neun Uhr. Um halb elf kam er beschwingt nach Hause. Er hatte mit seinem Freund noch paar Bier getrunken. Und nun hatte er Hunger. Pech für ihn. Das Essen war im Müll. Also die Reste. Ich hatte schon gegessen. Ich habe ihm weiter keine Szene gemacht. Bloß gesagt: ›Du hättest ja auch anrufen können.‹ Mehr nicht. Er war echt perplex. Wegen des Essens im Müll und so. Aber auch wegen meiner Konsequenz. Nichts von all dem Gerede vorher, dem jahrelangen – wie er es nennt – Gejauner wegen allem, was so im Zusammenleben anfällt, hat jemals einen solchen Eindruck hinterlassen wie die Schweinelende im Müll.«

EDWARD MIT DEN SCHERENHÄNDEN

Das ist ja das Problem mit all den herrlichen Anleitungen zum kultivierteren Streiten. Was nützen sie einem, wenn auf der anderen Seite nicht das zugewandte, interessierte, achtsame, entgegenkommende Gegenüber ist, sondern eines, das als Erstes denkt: »Oh, verdammt. DAS wird anstrengend. Das muss unbedingt verhindert werden.« Oder auch einfach nur: »Was will sie denn SCHON wieder. Genügt es nicht, dass ich die Steuererklärung für uns beide mache und mich außerdem um den Rasen im Vorgarten kümmere?!«

Es ist ein wenig wie damals, als unser Kater Icke wegen eines Herzproblems künftig täglich eine Tablette bekommen sollte. Ich wollte alles richtig machen und schaute mir auf YouTube dazu ein Tutorial an. Da saß der Dalai Lama unter den Katzen: friedlich, stoisch, durch nichts aus der Ruhe zu bringen. Nicht mal von der Frau, die dem Tier jetzt den Kiefer aufbog, eine Tablette reinwarf und den Hals der Katze streichelte, damit diese die Tablette auch wirklich schluckte. Ich schaute Icke an und Icke schaute zurück. Wir wussten beide: Das soll wohl ein Witz sein! Ich hatte hier Iwan den Schrecklichen und der sollte mit denselben Methoden wie der Dalai Lama zu behandeln sein?

Tatsächlich passierte nun Folgendes: Jeden Abend zogen mein Mann und ich uns Lederjacken an. Einer hielt die Katze fest, während der andere versuchte, die Tablette in das tobende Tier zu bekommen, ohne nachher auszusehen, als hätte er Sex mit Edward mit den Scherenhänden gehabt. Trotzdem floss immer mal wieder Blut und es war nicht das des Katers. So viel zu Theorie und Praxis des Streitens.

Bei allen Unterschieden gibt es trotzdem ein paar Regeln, die – wie ich finde – unverhandelbar sind: Man demütigt den anderen nicht. So verlockend es auch sein mag, schon weil »Du Versager!« oder »Du Schlappschwanz!« sehr hübsch große Wunden hinterlassen. Die heilen aber ewig nicht. Und dann hat man das Problem, das jeder hat, der etwa mit einem Messer in einen Ringkampf geht: Der Nächste kommt mit einer Pistole, dann bringt der andere eine Panzerfaust mit ins Spiel und am Ende sind alle tot.

Kritisch ist es auch, wenn man aus Angst anfängt, Diskussionen aus dem Weg zu gehen. Man sollte sich vor seinem Mann nicht fürchten müssen. Dann hat man nämlich ein Problem, das man wirklich mal besprechen sollte.

Ganz und gar nicht geht es außerdem, sich vor anderen zu zoffen. Habe ich zwar auch schon gemacht. Und gerade deshalb weiß ich, dass man es lieber lassen sollte. Man setzt andere einer hochnotpeinlichen Situation aus, debattiert man vor ihnen Privates. Und dann macht man sich selbst unmöglich. Egal, wie sehr man davon überzeugt ist, dass es der Mann verdient hat, in der Öffentlichkeit angepampt zu werden, weil er »schon wieder« zu weit vom Tisch weg sitzt oder zu lange in der Speisekarte blättert oder »dummes Zeug« erzählt oder einfach nur so, weil einem gerade wieder sein Seitensprung von vor zehn Jahren einfällt.

Tatsächlich haben wir eine Freundin, die kann das einfach nicht vergessen. Eine andere hat ihrem Mann die Affäre großmütig verziehen und heute, ein paar Jahre später, können beide sogar darüber lachen.

Wie wäre das bei dir? Wäre für dich eine Affäre auch keine Affäre?

IST EINE AFFÄRE KEINE AFFÄRE?

When he is late for dinner and I know
that he is either having an affair or lying dead in the street,
I always hope he's dead.
(Judith Viorst)[1]

Susanne

Man sollte nie seine Hand für jemanden ins Feuer legen. Wahrscheinlich nicht mal für sich selbst. Schon gar nicht für sich selbst …

Aber ehrlich gesagt, glaube ich nicht, dass ich anfällig wäre für irgendeine Offerte. Egal, wie attraktiv und knackig der Kerl auch wäre. Dafür ist mir das, was ich habe, zu wertvoll. Klingt für meine Verhältnisse extrem vernünftig, ich weiß. Aber ich bin irre verliebt und das allein lässt Verlockungen auf Miniaturformat schrumpfen. Lässt sie mich vielleicht noch nicht mal sehen. Momentan ist meine größte Verlockung der Mann, mit dem ich zusammen bin.

Hört sich vielleicht naiv an, entspricht aber meiner aktuellen Gefühlslage. Außerdem war die Akquise insgesamt eine mühsame Angelegenheit und ich war zehn Jahre mehr oder weniger Single, schon deshalb schütze ich das, was ich jetzt gerade habe. Ob das in fünfzehn Jahren noch so ist, weiß ich nicht.

Ich bin aber durchaus realistisch genug, daran ein wenig zu zweifeln. Die Jahre strapazieren jede Beziehung. Egal, wie ekstatisch der Beginn war. Der Alltag zermürbt. Man reißt sich nach Jahren der Liebe nicht mehr spontan auf den Flurflokati, weil man es nicht mehr ins Schlafzimmer schafft. Außerdem hat es die Bandscheibe auch lieber ein wenig bequemer und das bisschen

Sex mit dem Gatten kann man oft schneller und effektiver mit sich allein erledigen. Und er ist ja morgen auch noch da. Und übermorgen. Und im nächsten Jahr.

Die Leidenschaft wächst nicht parallel zur Länge der Partnerschaft. Leider. Das wäre ein absoluter Stimmungsaufheller und sicherlich sehr sinnvoll, um die Menschen bei der Stange zu halten. Alles nützt sich halt irgendwann ab, das neue Auto genauso wie der neue Mann. Um es deshalb mal bildhaft zu sagen: Wer lange keine Süßigkeiten hatte, kann einen irren Heißhunger darauf entwickeln. Wer jahrelang mit demselben Mann Sex hat (oder zumindest mal hatte), entwickelt schnell Gelüste auf etwas Neues. Neu ist immer auch aufregend. Es ist anders. Allein das kann manchmal schon genügen. Es muss nicht mal besser sein. Einfach mal nicht nach Schema F berührt zu werden hat dann schon was.

Man wird genügsamer im Laufe der Jahre. Das ist gut und schlecht. Gut, weil man selbst auch nicht mehr die ist, die man zu Beginn einer Beziehung war. Man kann nicht dauerhaft hochtourig laufen. Das schafft man auch hormonell nicht. Ekstase flaut ab. Wem Zärtlichkeit fehlt, der wird sie – über kurz oder lang – vermissen und sie woanders suchen. Das kann ich gut verstehen. Auch ich hatte schon mal eine sehr lange Beziehung … Wenn man sich lange kennt – und selbst wenn man sich lange liebt –, verliert die Liebe an Spannung. An Geheimnisvollem. Da wird das Neue, das andere, schneller interessant als zu Beginn.

Die große Frage ist die: »Kann man dagegen etwas tun?« Kann man diese Abnutzungserscheinungen mildern oder gar verhindern?

Die gängigen Ratschläge à la »neue Unterwäsche kaufen« und »mal ein Abend nur zu zweit« sind leider nicht die Lösung. Habe ich selbst schon probiert. Ich habe mich in wirklich hübscher und noch dazu sehr teurer Seidenwäsche lässig auf dem Sofa drapiert und der Kommentar des langjährigen Lebensgefährten war nur: »Ist dir nicht kalt so?« Da hatte ich für den Preis des Dessoussets wirklich mehr erwartet. Ein Feuerwerk der Leidenschaft wäre das Mindeste gewesen. Vor allem für Unterwäsche, die man auch noch mit der Hand waschen muss.

Gegenseitiger Respekt ist ein Zauberwort. Geht der flöten, dann ist das Ende nah. Aufmerksamkeit ist ein weiteres wichtiges Detail. Aber mal ehrlich: Wer hat im Strudel des Alltags immer die nötige Aufmerksamkeit für den Menschen an seiner Seite? Ist nicht jeder mal erschöpft, müde und genervt? Wie soll sich da die eh schwache Flamme der Leidenschaft entzünden? Ist man nicht schon froh, wenn man ohne Streit gemeinsam vor der Glotze abhängt? Wenn die Kinder durchschlafen und das Haus einigermaßen in Schuss ist?

Die Erwartungshaltung sinkt mit der Dauer der Beziehung und der eigene Aufwand oft genug auch. Klar kann in solchen Zeiten ein kleiner Seitensprung ausgesprochen verlockend wirken. Wenn sich dann noch die Gelegenheit bietet, warum eigentlich nicht? Warum nicht ein wenig Spannung ins Leben bringen?

GEWISSENSFRAGEN

Für mich gibt es beim Thema Seitensprung und Treue generell ein riesiges Problem: das eigene Gewissen. Die eigenen Ansprüche. Selbst wenn es nie, nie und nie rauskäme und man dafür auch noch eine Garantie hätte (die es selbst beim größtmöglichen Geschick eben auch nie gibt – der Teufel ist ein Eichhörnchen), würde ich es – und das ist jedenfalls jetzt mal rein theoretisch – nicht tun. Klar, mein Liebster wüsste von nichts, aber ich wüsste ja immer, was ich getan habe.

Natürlich ist ein Seitensprung kein Kapitalverbrechen, aber von einer Lappalie ist er aus meiner Sicht mindestens genauso weit entfernt. Und irgendwie finde ich den Grundsatz: »Was du nicht willst das man dir tu, das füg auch keinem anderen zu«, richtig. Ja, ja, ich höre dich schon sagen: Er wüsste doch von nichts. Stimmt, aber ich weiß, dass mein verdammtes Gewissen mir die Sache noch nachträglich vergällen würde. Ich hätte zum einen immerzu das ungute Gefühl, es könnte doch noch rauskommen, und zum anderen würde ich mir die Frage stellen, ob es das wert war? Steht eine, wenn auch aufregende Nacht, steht wilder Sex mit einem Superkerl für wochenlange Gewissensbisse?

Ich weiß, dass es Studien gibt, die besagen, ein Seitensprung könne eine Beziehung wiederbeleben, aber ich kenne mehr Fälle aus meinem Umfeld, in denen der Seitensprung der Anfang vom Ende war. Das hört sich spießig an, aber ich denke, mir würde es sehr schwerfallen, zu verzeihen.

Nehmen wir mal folgenden Fall: Der Lebensgefährte hat ein Seminar und landet ordentlich beschwingt mit einer Teilnehmerin im Bett. Die beiden toben durch die Laken und wachen mit Kater auf. Er bereut es direkt, kommt nach Hause und beichtet. Es würde mich kränken, mir stinken, mich verletzen, aber ich denke, das könnte ich verzeihen. Jedenfalls vordergründig. Das Problem: Es bleibt irgendwie ein latentes Misstrauen. Ist einmal keinmal? Wird er es wieder tun? Was hatte sie, das ich nicht habe? Ist sie schlanker, hat sie größere Brüste? Was nun, wenn er wieder eine Fortbildung hat? Müsste ich dann abends ständig Kontrollanrufe machen? Seine WhatsApps checken? Im Hotelzimmer anrufen? Direkt mal hinfahren? Müsste ich mir jetzt immerzu Sorgen machen, wenn er einen zu viel trinkt?

Will ich eine solche Person sein? Ein ängstlicher Kontrollfreak, der seinem Partner alles zutraut? Nein, will ich nicht, und deshalb fände ich es in einem solchen Fall besser, er würde sich die Beichte sparen und mir damit die Grübelei über das Warum. Und das latente Misstrauen. Wer fremdvögeln will, muss das schlechte Gewissen eben aushalten. Das ist der Preis.

Anders verhält es sich mit der sogenannten Affäre. Eine Affäre ist mehr als nur der berühmt-berüchtigte Seitensprung, der One-Night-Stand. Eine Affäre ist eine Parallelbeziehung. Etwas Längerfristiges. Hier geht es um »Wiederholungstäter«.

Ich war noch nie die Affäre von jemandem, nicht etwa, weil ich die Moralinstanz per se bin, sondern eher, weil es sich nie ergeben hat. Und irgendwie bin ich darüber auch ganz froh. Ich mag es nicht, die zweite Geige zu spielen. Ich kann teilen, immerhin habe ich zwei Schwestern, was bleibt einem da übrig? Nachtisch, Spielzeug oder auch die Aufmerksamkeit der Eltern – alles eine Frage der Gewohnheit. Es schadet bekanntlich nicht, zu teilen. Schützt vor überbordendem Egoismus. Teilen hat ja – im Geschwister-Kosmos jedenfalls – im günstigsten Fall auch einige Vorteile. Man teilt auch die Verantwortung. Das Kümmern um die Eltern.

Aber bei dem Mann an meiner Seite schätze ich absolute Exklusivität. Ich will mir nicht mal vorstellen, dass er eine heimliche Affäre hat. Auch dein Gedanke, dann lieber nichts darüber zu wissen und somit entspannt weiter in der Beziehung zu bleiben, käme für mich eher nicht infrage. Allein die Vorstellung, dass rund um mich herum jeder außer mir Bescheid weiß, macht mir ziemlich schlechte Laune.

Klar: Was man nicht weiß, macht einen nicht heiß. Ich kenne den Spruch. Aber irgendwie finde ich es hinterfotzig. Peinlich. Dann fast schon lieber die Offenheit einer polyamoren Beziehung. Da hat man immerhin klare Verhältnisse. Wenn mir das jemand direkt sagt, bevor wir ein Paar sind, weiß ich eben, worauf ich mich einlasse oder nicht einlasse. Und natürlich kann man sich fragen, ob es eben mehr als eine Liebe geben kann? Ist es schlicht Entscheidungsschwäche oder wirklich große Liebe zu mehreren Frauen oder Männern? Muss die Liebe immer auch die Entscheidung beinhalten? Oder ist das eine tradierte Vorstellung? Eine Form der Spießigkeit? Kann es nicht wunderbar sein, für die verschiedenen Liebesvorstellungen unterschiedliche Ansprechpartner zu haben?

Ich bin keine extrem eifersüchtige Person, aber ich stelle es mir nicht schön vor, den Mann, den ich liebe, zu teilen. Immerzu dieses nagende Gefühl: Warum genüge ich nicht? Wozu braucht er die andere? Haben sie mehr Spaß miteinander, besseren Sex oder liebt er sie vielleicht einen Tick mehr als mich? Carsharing ist kein Problem – Mansharing eher nichts für mich. Dann lieber keinen Mann als nur die halbe Ration.

Und auch die umgekehrte Variante wäre, glaube ich, nichts für mich. Zwei Männer und ich. Das ist mir, gelinde gesagt, zu viel Betreuungsaufwand. Auch wenn der Gedanke etwas sehr Schmeichelhaftes hat. Zwei Kerle, die nur mich wollen.

Natürlich gibt es auf das Thema zig weitere Varianten – und die meisten sind nicht ganz so erfreulich. Ziemlich schrecklich kann es werden, wenn sich einer von beiden in einen anderen verliebt. Hast du das schon mal erlebt?

WAS TUN, WENN SICH DER MANN IN EINE ANDERE VERLIEBT?

Sometimes I lie awake at night and ask:
»Where have I gone wrong?«
Then a voice says:
»This is going to take more than one night.«
(Charlie Brown)[1]

Constanze

Ehrlich: Das ist eine echte Großkatastrophe. Und sie ist mir auch schon passiert. Und zwar in beiden Varianten: Ich wurde schon mal wegen einer verlassen und habe für einen anderen verlassen.

Karl war damals derjenige, mit dem ich für meinen Mann Schluss gemacht habe. Aber dazu muss ich sagen, dass Karl ohnehin sehr viel mehr von mir ergriffen war, als ich umgekehrt Gefühle für ihn aufbrachte. Ich war so geschmeichelt davon, dass jemand mich so vergöttert wie noch nie ein Mann zuvor, dass ich dachte, es wird schon irgendwie gehen mit Karl. Ging es aber nicht. Und das war schrecklich.

Als ich Karl sagte, dass es einfach nicht reichte und ich das auch deshalb wüsste, weil ich da für einen anderen deutlich mehr Gefühle hätte, bat er mich darum, einfach trotzdem bei ihm zu bleiben. Er hat mich angefleht, es auch mit weniger Gefühlen zu versuchen. Sicher würden sich meine für ihn mit der Zeit noch ändern. Zumal ich ihm nur zu sagen bräuchte, wie ich ihn – im wahrsten Sinne – lieber haben könnte. Er würde ALLES tun, um es jetzt richtig zu machen. Ich sagte ihm, dass an ihm überhaupt nichts falsch sei und es so auch nicht funktionieren würde, weil es ja eben nicht um »richtig« oder »falsch« gehe. Er war fassungslos, dass ich es nicht mal versuchen wollte. Es hat mir das Herz zerrissen, ihn so zu erleben.

Gleichzeitig erkannte ich auch an ihm, wie ich mich selbst ein paar Jahre zuvor zum Horst gemacht hatte für einen Mann, der mich für eine andere verlassen hatte. Ich war damals mindestens so am Boden wie Karl. Wie er habe ich allen Stolz heruntergeschluckt und wirklich gebettelt. Nicht schön, sich daran zu erinnern.

Vielleicht hätte ich dem Mann damals sagen sollen: Pass auf, ich verstehe, dass man sich anderweitig verliebt. Probiere es aus. Wenn es nicht funktioniert – ich bin da! Gar nicht so abwegig, wie es klingt.

WIEDERVORLAGE

Wir haben einen gemeinsamen Freund, der über viele Jahre eine On-off-Beziehung zu einer anderen, sehr viel Jüngeren unterhielt. Die beiden wohnten sogar eine Weile zusammen. Seine Ehefrau hat ihm deshalb nicht etwa die Koffer und seine Comic-Sammlung vor die Tür gestellt. Sie war, im Gegenteil, allzeit bereit, ihn mit offenen Armen wieder aufzunehmen. Bisweilen kam er für ein paar Monate zurück. Dann ging er wieder zu der anderen. Sie blieb stets geduldig. Die beiden waren immer in erstaunlich freundschaftlichem Kontakt. Nie zerrte sie an ihm. Nie hat sie ihm die Reifen zerstochen, das gemeinsame Konto leer geräumt oder den beiden Turteltauben für ihr Liebesnest in praktisch allen Pizzerien der Stadt etwas zu essen bestellt. Am Ende kehrte er zu ihr zurück. Das ist nun auch schon eine Weile her. Die andere ist längst – soweit man das beurteilen kann – Geschichte. Die zwei scheinen sehr glücklich zu sein.

Ich weiß nicht, ob ich so gelassen geblieben wäre. Ich hätte bestimmt gleich gesagt: sie oder ich! Und natürlich würde ich erst mal durchdrehen, wenn ich meinem Mann draufkommen würde, dass er mich betrogen hat. Ob ich ihn deshalb verlassen würde? Sicher würde ich ihm die Hölle heißmachen. Aber ich würde ihn bestimmt nicht jahrelang dafür bluten lassen.

Ich glaube, man muss sich entscheiden. Schon aus Eigennutz: Kann ich das verzeihen? Oder ist es so schlimm, dass ich es niemals vergessen werde? Wenn ich es nicht vergessen kann, muss ich mich trennen. Ich hätte überhaupt keine Lust, mir das Restleben damit zu versauern, ständig das Gras abzufressen, bevor es über die Sache wachsen kann.

Eine Bekannte tut das. Sie weckt ihren Mann sogar manchmal nachts und fragt: »Wieso, verdammt, hast du mich 2012 mit dieser Schlampe betrogen? SAG ES MIR!« Was soll der Mann nach zehn Jahren sagen, was er nicht schon hundert Mal gesagt hat: Es tut mir leid! Und wie immer wird der Schmerz auch diesmal davon nicht weggehen. Ganz einfach, weil er ihn ihr nicht nehmen kann. Das muss schon sie selbst für sich tun.

KONTROLLE IST AUCH NICHT BESSER

Ganz schwierig wird es, wenn man nicht auch mal vergeben und vergessen kann. Niemals sollte man anfangen, sein Leben damit zu vergeuden, den anderen möglichst engmaschig kontrollieren zu wollen. Liegt halt leider so verdammt nahe, wenn man schon mal betrogen wurde und es einen so richtig kalt erwischt hat. Ob es ein nächstes Mal gibt? Das kann man eben nicht wissen. Man dachte ja schon beim ersten Mal, dass das nie passieren würde. Und schon deshalb ist man plötzlich misstrauisch. Und dann denkt man irgendwie, dass es möglicherweise nicht so wehtut, wenn es einen nicht ganz so überraschend trifft. Wenn man den Stich ins Herz praktisch schon kommen sieht, bevor der andere zugibt, überhaupt ein Messer in der Hand zu haben.

Ja, das klingt verquer. Aber ehrlich: So habe ich irgendwie wohl getickt, damals, als ich ständig versuchte, dem Fremdgänger auf die Schliche zu kommen. Als ich seinen Schreibtisch filzte und versuchte, seine Termine zu kontrollieren. Durchaus mit Erfolg. Ich habe zwar nicht mal annähernd alles herausgefunden. Aber einmal fand ich zwei Briefe von zwei verschiedenen Frauen, in denen beide versicherten, sein Tripper könne unmöglich von ihnen kommen. Sie hätten nämlich keinen. Im Nachhinein kann ich sagen, ich habe einfach unfasslich viel Zeit damit verschwendet, mir Gewissheit über etwas zu verschaffen, was ich ohnehin längst wusste: dass die Beziehung keine Zukunft hat. Nicht mal die geringste.

Heute würde ich das nicht mehr machen. Die Vorstellung, es könne so etwas wie Kontrolle geben, ist immer eine Illusion. Das gilt auch für diese ohnehin seltsame Idee, dass Männer ihre Frauen natürlich nur mit jüngeren und schöneren Frauen betrügen. Der eigentliche Gedanke dahinter: Man müsse also nur nach entsprechenden Modellen Ausschau halten, um die Gefahr rechtzeitig zu erkennen und quasi präventiv schon jegliche Fremdgeh-Ambition im Keim ersticken zu können.

Gerne würde man sich da selbst manchmal die Frage stellen: Und wovon träumst du nachts? Denn bei den meisten mir bekannten Fällen, in denen Männer ihre Frauen betrogen haben, müsste man schon sämtliche Frauen (fast) aller Altersgruppen und aus praktisch allen Gewichtsklassen auf einen anderen Planeten transferieren, um total sicher sein zu können, dass der Mann auch wirklich treu ist.

TRAU, SCHAU, WEM

Vor einigen Jahren saß ich einmal mit der Frau eines Kollegen in einer Kneipe. Der Kollege war berüchtigt für seine Seitensprünge. Alle wussten, dass er seine Frau ständig betrog. Auch sie. Wir unterhielten uns über das Phänomen der Untreue, darüber, warum Männer »das tun«.

Sie sagte, dass sie es auf eine Art ja schon verstehen könne, wenn da eine Jüngere und Hübschere zu haben wäre. (Für mich:) Auch ein Versuch, so etwas wie Verlässlichkeit in einer Beziehung zu entdecken, in der ständig alles passieren kann.

Aber ich musste ihr leider sagen, dass ich schon mit Älteren, Dickeren, Hässlicheren und Dümmeren betrogen worden war. Nicht, dass ich mich über die anderen Frauen erheben will. Es ist einfach so. Ich bin selbstverständlich auch schon mit Jüngeren betrogen worden – allerdings niemals mit Dünneren. (Das nur für all die Frauen, die immer denken, ein Mann müsse ja quasi zwanghaft zugreifen, wenn der BMI einer Frau unter dem einer Magerquarkpackung liegt.)

Einmal habe ich mich auf einer Party fast den ganzen Abend blendend mit einer Frau unterhalten, die, wie sich später herausstellte, das aktuelle Verhältnis meines damaligen Freundes war. Die hatte wirklich Nerven. Ich kann zu dem Thema also nur beitragen: Es gibt keine Sicherheit. Keine zuverlässige Vorhersage. Es kann jede sein. Immer ist alles möglich.

Wie im Fall von Arnold Schwarzenegger, der seine enorm attraktive, kluge, schlanke Gattin unter anderem mit der Haushälterin nicht nur betrogen hat. Es stammt auch ein Sohn aus dieser Liaison – übrigens das einzige seiner vier Kinder, das ihm wirklich total ähnlich sieht. Das war dann seiner Frau auch aufgefallen. Sie trennte sich von ihm. Arnold Schwarzenegger – der später in aller Öffentlichkeit gestand, noch weitere Affären gehabt zu haben – wurde einmal in einer Talkshow gefragt, warum er eigentlich seine Frau jahrelang betrogen habe. Und was sagte er? »Ich bin eben nicht perfekt!«[2] Ah ja.

Andere Promis haben gern mal ins Feld geführt, Opfer einer Sexsucht zu sein, die sie quasi dazu zwinge, dauernd Frauen klarzumachen. Obwohl sie doch sehr viel lieber treu sein würden.

Mein Fremdgänger führte etwas Ähnliches an, dass er einfach nicht an sich halten könne, wenn eine Frau ihm nun mal eindeutige Signale sende. Dass er diese »Signale« dadurch verstärkt hat,

Frauen zu erzählen, er sei Single, ließ er nonchalant unter den Tisch fallen. Mal ganz abgesehen davon, dass es doch ein ziemlich trauriges Bild abgibt, wenn Männer offenbar das Lenken und Denken kampflos ihrem Penis überlassen. So wie weiland Udo Jürgens, der einmal gesagt haben soll: »Mein Trieb ist nicht steuerbar. Mein kleiner Freund reagiert auf Sachen, die mein Verstand ablehnt.«[3]

URSACHENFORSCHUNG

Natürlich befassen sich zahlreiche Untersuchungen damit, warum der eine treu sein kann, der andere nicht. Eine Studie der Bradley University in Peoria, Illinois, mit mehr als 13 000 Teilnehmern aus 46 Nationen hat etwa ergeben, dass Menschen, die fremdgehen, bestimmte Eigenschaften haben. Darunter finden sich große Extrovertiertheit, geringes Pflichtgefühl und Offenheit für Neues. Die wären als Entschuldigung auch nicht wirklich ernsthaft in Erwägung zu ziehen.

Ich glaube eher, dass unsere Freundin Christina recht hat, wenn sie die Frage »Warum betrügen Männer?« stets so beantwortet: »Warum leckt sich der Hund die Eier? Weil er es kann!« Meint: Gelegenheit macht Seitensprung. Mehr ist es oft nicht.

Zu meinem Glück habe ich den Mann, der mich ständig betrogen hat, wenigstens niemals gefragt, was ich an mir noch ändern könne, damit er damit aufhört. War mir schon klar, dass es nichts mit dem zu tun hat, was ich nicht bin oder nicht kann. Denn das ist ja auch so ein gern genutztes Argument: dass der Mann daheim einfach nicht findet, was er braucht. Dass der Seitensprung sozusagen nur ein Symptom dafür ist. Denn ehrlich: Mir hat bei ihm auch einiges gefehlt, das ich gern durch andere Männer ergänzt hätte. Neben der Treue war das etwa Witz. Trotzdem habe ich nicht mit Seinfeld geschlafen. Und noch etwas habe ich unterlassen: auf die anderen Frauen sauer zu sein (außer auf die, die den ganzen Abend mit mir gesprochen hat – DAS war echt 'ne saumiese Sache).

Das ist sowieso das Verrückte: dass Frauen so oft die andere Frau für den Betrug verantwortlich machen. Als hätte die den Mann mal eben ohnmächtig geschlagen, um ihn dann in ihr Bett zu zerren und gegen seinen erklärten Willen Sex mit ihm zu haben. Am Ende müssen sich Männer nicht mal eine ordentliche Entschuldigung für ihren Seitensprung ausdenken, weil die Frau auch das selbst erledigt, indem sie der anderen die Schuld gibt. Nicht, dass ich mich mit den Nebenbuhlerinnen anfreunden würde, aber natürlich würde ich mich als Erstes an den Verursacher wenden: an den Mann. Mit dem hatte ich schließlich dieses Abkommen, dass wir einander treu sein sollten – und nicht mit Carla oder Marion oder Stefanie oder Miriam und wie sie alle hießen, mit denen mein Ex damals im Bett war. Der war selbst enorm eifersüchtig. Was die Theorie von Christiane bestätigt, dass oft die am eifersüchtigsten sind, die am besten wissen, wie viele Gründe es dafür gibt.

Und am Schluss noch eine Lehre, die ich aus dieser Beziehung mitgenommen habe: Wenn einer dauernd untreu ist, wird er das weiterhin sein. Er wird nicht aufhören, wenn man ihn nur ganz viel liebt. Oder wenn man ihm ständig großen Ärger macht. Oder wenn man ihm heimlich Spyware auf dem Handy installiert. Oder wenn man sich neue Unterwäsche kauft. Oder wenn man sein Auto anzündet. Die einzige Hoffnung: dass die Libido irgendwann ihren Dienst quittiert.

Kein Sex mit anderen Frauen bedeutet aber auch: kein Sex mehr mit der eigenen. Ist also auch keine Lösung. Einmal abgesehen von all dem Kummer, den Fremdgehen macht. Aber dazu muss man ja nicht zwingend immer Sex haben. Oder? Was meinst du: Wann fängt der Betrug an? Erst wenn zwei im Bett gelandet sind? Oder schon, wenn ein Mann ein wenig herumgeknutscht hat? Oder bereits, wenn da ein kleiner Flirt im Raum steht? Oder wenn einer die ganze Nacht mit einer anderen chattet?

AB WANN BEGINNT DER BETRUG?

Should've said no

(Taylor Swift)[1]

Susanne

Eine verdammt schwierige Frage. Ein bisschen züngeln, leicht oder mittelschwer angedüselt auf einer Party? Reicht bloße Nacktheit? Feierabendsex nach der Tagung mit der niedlichen Kollegin? Was ist mit einem kleinen Petting? Nur mal eben die Hand unter dem Pullover?

Ich habe darüber mal in einer Sendung mit Kollegen gesprochen. Es ging um die Frage, »ob Knutschen schon Betrug« sei. Ich stand allein auf weitem Posten, denn ich war der Meinung: Ja. Allein der Gedanke gefällt mir nicht, und das, obwohl ich, wie schon erwähnt, nicht zu übermäßiger Eifersucht neige. »Aber es ist doch nur eine Petitesse! Harmloses Küssen, nichts Besonderes, keine Liebe. Nur Körperlichkeit«, grinste mein Kollege. »Kein Grund, eine funktionierende Beziehung infrage zu stellen.« Auf der einen Seite. Aber wenn es nur harmloses Küssen ist, nichts Besonderes und schon gar keine Liebe, warum kann man es dann nicht lassen, vor allem wenn man befürchten muss, dass es die »funktionierende« Beziehung sehr strapaziert?

Obwohl mir die Vorstellung nicht behagt, würde ich eine langjährige gute Beziehung dafür sicherlich nicht aufkündigen. Es würde mich kränken, verletzen und nicht zuletzt auch sehr ärgern. Aber ich könnte es vermutlich verzeihen.

Dinge passieren. Aber selbst Dinge sind auch immer eine Entscheidung. Niemand wird gezwungen, die Hosen runterzulassen. Man kann eben auch Nein sagen. Wie zum dritten Glas Wein und zum Bungee-Sprung. Egal, wie schmeichelhaft es sein mag: »Dinge« hinterlassen Spuren, führen schnell zu generellem Misstrauen und verletzen oft sehr.

Was ist Betrug und warum? Das sind Fragen, die man besprechen kann und sollte. Es gilt, rote Linien vorab zu markieren. Auszutarieren, was in der Beziehung gilt. Was die eine als Lappalie bezeichnet, kann für die nächste ein ausgewachsener Tatbestand sein. Mein Partner weiß, dass ich das Thema vielleicht nicht ganz so locker wie andere sehe. Das hört sich moralinsauer an, ich weiß das. Aber auch ich kenne Versuchung. Ich mag es zu flirten und kann durchaus gönnen. Aber in klar skizziertem Rahmen.

Ich glaube, der Betrug fängt dort an, wo man Heimlichkeiten hat. Wenn Ernst abends neben Gudrun sitzt und nicht etwa Sudoku spielt, während sie ihre Lieblingsserie *In aller Freundschaft* schaut, sondern mit »Gazelle27« chattet. Flirtet, Komplimente macht und dabei guckt wie jemand, der kein Wässerchen trüben kann. Es ist »nichts« passiert, aber Ernst treibt es gedanklich mit »Gazelle27«, die im wahren Leben wahrscheinlich weder Gazellenmaße hat noch 27 ist, so wie auch Ernst keine 35 und kein Orthopäde ist, sondern 53 und stellvertretender Sparkassenleiter im Rodgau. Man könnte sagen: Was soll's. Da nimmt mir niemand etwas weg. Er sitzt ja weiterhin hier (erträgt stoisch die Serie, was schon heldenhaft ist) und nicht bei »Gazelle27«. Aber sein Kopf, seine Gedanken sind weg. Gehen fremd. Amüsieren sich mit einer anderen. Sind auf Abwegen. Und er macht ein Geheimnis daraus.

Die Heimlichkeit macht für mich den Betrug. Alles, was offen geschieht, Treffen mit dem Ex oder der Ex, Kaffeetrinken mit einer anderen – kein Problem.

Um eines erneut deutlich zu machen, ich bin keine supereifersüchtige Person, auch wenn es vielleicht so klingt. Im Gegenteil, ich halte mich, was Eifersucht angeht, für eine ziemlich entspannte Person, schon weil Eifersucht ja in erster Linie mein Leben verkomplizieren würde.

Ich hatte mal eine Bekannte, die schon Betrug witterte, wenn der Liebste nur eine Nackte auf einem Zeitschriftencover mit Wohlgefallen betrachtet hat. Das finde ich lächerlich. Wenn wir in vertrauter Runde Doppelkopf spielen, schäkert eine Freundin immer mit meinem Liebsten. Lobt seine wunderbaren Oberarme (sie sind wirklich sehr hübsch) und schmeichelt ihm.

»Das nächste Mal beim Doppelkopf zieh doch ein Tanktop an, damit Fiona einen besseren Ausblick auf deine Arme hat!«, habe ich ihm nur gesagt und gegrinst. Ich freue mich für ihn, wenn er Komplimente bekommt. Ich finde es eher für den Mann der Oberarmbewunderin ein wenig seltsam. (Der übrigens auch sehr schöne Oberarme hat …)

Während ich dieses Kapitel schreibe, habe ich meinen Freund zum Thema befragt. »Was denkst du, wo fängt Betrug an?« – »Je nachdem, in welchem Kulturkreis man lebt, also sagen wir mal, wenn man aus den Maghreb-Staaten stammt, dann ist das sicherlich anders als …« Ehrlich, man kann es auch verkomplizieren. Ich erspare dir den folgenden Vortrag über Kulturen, Eifersucht, Betrug etc. Weder er noch ich kommen aus dem Maghreb, wir sind Hessen.

Einig waren wir uns zumindest beim Thema Heimlichkeiten. Ach, und er möchte bitte nicht, dass ich andere küsse. Während ich das schreibe, werde ich durch ein Telefonat unterbrochen.

Eine alte Freundin meldet sich. Sie erzählt mir eine traurige Geschichte. Ihr Vater betrügt ihre Mutter, beide jenseits der achtzig, seit vielen Jahren. Sie weiß es, ignoriert es aber. Seit sechzig Jahren sind die beiden verheiratet und seit mehr als der Hälfte der Zeit geht er fremd. Im Laufe der Jahre ist der Hass darüber gewachsen, aber verlässt man in dem Alter noch seinen Mann? Wenn man es vorher nicht getan hat? Sie leidet und ist so verdammt wütend und er macht einfach weiter. Ihre Taktik war das Aussitzen. Zu warten, bis sich die Dinge von selbst erledigen. Das bisschen Sex. Um die Fassade zu wahren, die Familie zusammenzuhalten und aus Angst. Alles auf ihre Kosten. Auch jetzt nimmt sie Rücksicht. Der Mann kränkelt, so jemanden kann man doch nicht verlassen? Er ist allerdings nicht krank genug, um die Finger von seiner langjährigen Geliebten zu lassen. Immerhin: Die Feier zur diamantenen Hochzeit hat sie abgesagt. Das war dann doch zu viel.

So etwas ist beileibe kein Einzelfall. Aber wer den Betrug sanktioniert, muss im Zweifelsfall auch handeln. Das kann hart sein, wirtschaftlich und emotional.

Nebenbei bemerkt: Der Kollege, der Knutschen keinesfalls für Betrug hält, war übrigens ziemlich angefressen, als seine Frau genau das bei einer Party ohne ihn ausgiebig gemacht hat. Wie auch immer – man sollte sich mit dem Thema, wenn es ansteht, auseinandersetzen. Anstatt es unter den Teppich zu kehren. Manche können das gut, andere nicht so gut und dann gibt es solche, die sofort »die Beherrschung verlieren«, wie es so schön heißt, wenn Männer Schläger werden.

Meinst du, damit verhält es sich wie mit einer Affäre – einmal ist keinmal? Oder ist so etwas in jedem Fall unentschuldbar?

WAS TUN, WENN EIN MANN GEWALTTÄTIG WIRD?

Jede Aggression sucht sich zu rechtfertigen.
Angefangen hat doch immer der andere.
(Friedrich Hacker)[1]

Constanze

Ich wurde tatsächlich schon einmal geschlagen. Ins Gesicht. Von einem Mann, mit dem ich damals gerade zusammengezogen war. Ich könnte jetzt die sehr lange Vorgeschichte erzählen, wie eines Abends eines zum anderen kam und er mir dann eine knallte. Wäre aber egal. Denn am Ende spielt es keine Rolle, welche Ausreden ein Mann haben kann, der eine Frau schlägt. DAS GEHT EINFACH GAR NICHT. Ich habe damals die ganze Nacht geheult und bin morgens sofort ausgezogen. Danach habe ich ihn nie wieder gesehen.

Jahre später traf ich eine gemeinsame Bekannte, der er die Geschichte aus seiner Perspektive erzählt hatte. Aus Sorge, dass ich erstens meine Version schon unter die Leute gebracht haben könnte und dass es nicht so gut ankommt, wenn sich das mit der Ohrfeige herumspricht. Diese Bekannte meinte nun aus sicherer Quelle zu wissen, dass ich ja angefangen hatte – weil ich »völlig ausgerastet« sei – und dass mit einem wie ihm, der ohnehin nicht gerade wortgewandt war, da schon mal die ihm von ihr unterstellten Unterlegenheitsgefühle durchgehen könnten. Sicher sei ihm die Hand nur deshalb und quasi gegen seinen Willen »ausgerutscht«.

Vermutlich war das der Grund, nicht mal den Versuch zu unternehmen, sich bei mir zu entschuldigen, weil es eigentlich meine Schuld war. Wie ohnehin lange die Annahme galt, dass Frauen bei jedweden Formen von Beziehungsgewalt ganz sicher selbst die Steilvorlage liefern. Dass sie den Schläger oder gar ihren Mörder bestimmt zur Tat »provoziert« haben, nach dem Motto, der Mann hätte niemals rotgesehen, wenn die Frau dieses oder jenes anders gemacht oder gleich ganz unterlassen hätte. Wenn das Essen wärmer oder nicht so heiß gewesen wäre, die Kinder nicht so laut, die Wohnung ordentlicher, das Bier kälter, wenn die Frau geblieben wäre – trotz allem und anstatt sich zu trennen. Es gibt ja immer einen »Grund«, der verhindert, dass sich der Schläger einmal mit sich auseinandersetzt.

VON LEIDENSCHAFT ÜBERMANNT

Ja, immer sind die anderen schuld. Und wenn das mal nicht als Erklärung reicht, wurde der Schläger eben einfach von seinen Gefühlen übermannt (da steckt ja auch das Wort »Mann« drin …). Und konnte rein gar nichts dagegen tun. Seltsam, dass ausgerechnet das Geschlecht, das als einen seiner zahllosen »Produktvorteile« gegenüber uns vermeintlich so gefühligen Frauen immer auch die Vernunft angibt, plötzlich total von Leidenschaft überwältigt worden sein will, wenn er brutal wird.

So wie der 39-Jährige, der seine ehemalige Lebensgefährtin und Mutter seines Sohnes vor ein paar Jahren erst mit Fäusten, dann mit einem Messer und schließlich mit einer Axt traktierte, bevor er ein Seil um ihren Hals band und sie an seinem Auto durch die Stadt schleifte, während das gemeinsame dreijährige Kind mit im Wagen saß. Die Frau überlebte nur – schwer verletzt –, weil das Seil sich nach 200 Metern löste. Vor Gericht argumentierte der Täter mit Affekt. Die Axt und das Seil habe er für Gartenarbeiten bloß zufällig gerade dabeigehabt. So wie es in der Beziehung sicher auch bloß zufällig schon zu einigen – polizeilich dokumentierten – Taten häuslicher Gewalt gekommen war.[2]

Aber nicht nur die bescheuerte Idee, Männer könnten sich nicht mal wenigstens so weit zusammenreißen, Frauen nicht zu schlagen, trägt dazu bei, solche Taten zu verharmlosen. Auch unser Sprachgebrauch tut es, wenn man etwa von einer »Familientragödie« oder einem »Ehedrama« spricht. Als wäre da ein sehr schlecht gelauntes Schicksal tätig geworden.

Nennen wir die Sache doch beim Namen: »Mord« oder »Totschlag«. Jeden Tag registriert die Polizei hierzulande einen Tötungsversuch an einer Frau. Jeden dritten Tag stirbt eine Frau durch die Hand ihres Partners oder ihres Ex. Kein Wunder, wenn laut Weltgesundheitsorganisation (WHO) Partnerschaftsgewalt eines der zentralen Gesundheitsrisiken für Frauen darstellt. Und es ist nur angemessen, dass man das Phänomen als »Femizid« bezeichnet: als eine Straftat aus generellem Frauenhass. Meint: Frauen werden getötet, weil sie Frauen sind und der Mann sich in dem Glauben wähnt, die Frau gehöre ihm und er dürfe über sie bestimmen. Oft sind solche Taten schrecklicher Endpunkt eines jahrelangen Martyriums und natürlich steht da immer die Frage im Raum: Warum gehen Frauen nicht? Bevor ein Mann überhaupt zuschlägt?

Vor der körperlichen Gewalt erleiden Frauen oft schon eine lange Phase der Beleidigungen, Bloßstellungen, verbalen Erniedrigungen und von anderem Psychoterror. Und es gibt noch weitere typische Anzeichen: wenn ein Mann versucht, seine Frau zu kontrollieren.

Also Obacht etwa, wenn er darauf besteht, ihr das Handy einzurichten. Oft nur eine Methode, unbemerkt Ortungssoftware zu installieren. Als der Frankfurter Frauen-Softwarehaus e. V. Frauen anbot, ihre Handys auf solche Spyware hin zu überprüfen, waren alle Beteiligten überrascht, wie häufig die zu finden war.

Und nein, das hört nicht auf. Es wird auch nicht besser. Egal, wie hoch und heilig der Mann es verspricht, wie unfassbar zerknirscht er wirkt, wie sehr er bittet und bettelt.

Wer einmal diese rote Linie überschritten hat, wer seine Frau psychisch und physisch quält, tut das mit 99-prozentiger Wahrscheinlichkeit wieder.

Das bestätigen nicht nur Betroffene, sondern auch alle Expert*innen. Solche wie Nele Lange. Die »Koordinatorin häusliche Gewalt am Polizeipräsidium Frankfurt« kennst du ja auch von deinem eigenen Engagement gegen »häusliche Gewalt«. Sie setzt sich dafür ein, das Thema aus der Tabuzone zu holen. Ich habe mit ihr ein Interview geführt und sie unter anderem gefragt, was sich vermutlich alle fragen: Warum bleiben Frauen? Warum lassen sie es sich immer wieder gefallen, so furchtbar gedemütigt und verletzt zu werden? Wo genau beziehen sie die Hoffnung her, dass es besser wird? Entgegen aller Erfahrung?

Die Antwort von Nele Lange: Es sei zum einen die emotionale Nähe zu Ehemännern, Freunden, Vätern. Dass man es ja überhaupt erst mal in sein Herz und seinen Kopf bekommen muss, dass der Mensch, den man liebt, dem man vertraut hat, von dem man sich Schutz und Fürsorge versprochen hat, nun der ist, vor dem man sich am meisten fürchten sollte. Zudem mache die Familie oft Druck. So wie die Mutter einer Bekannten, die ihrer Tochter – vom Ehemann schlimm drangsaliert – ernsthaft sagte: »Du hast ihn dir schließlich ausgesucht, also sieh zu, wie du zurechtkommst.«

Es gilt immer noch als Versagen der Frau, wenn eine Ehe nicht »funktioniert« und der Mann tut, was ein Mann keinesfalls tun sollte. Sind Kinder da – auch das muss man sich offenbar noch ernsthaft anhören –, muss eine Frau vor allem an sie denken und daran, dass selbst ein brutaler Vater angeblich besser sein soll als gar keiner.

Ein weiterer Grund kommt hinzu: Die Frauen – so Nele Lange – trauen sich oft das Alleinleben nicht zu und die Bürokratie, die es bei einer Trennung zu bewältigen gilt: neue Wohnung, vielleicht ein Job, weniger Geld, dazu die alleinige Verantwortung für die Kinder. Und dann droht noch der Krieg mit dem Mann – der vielleicht dauernd vor der Tür steht, der nicht zahlen will, der den Terror nun eben von außen weiterführt. Faktoren, die umso schwerer wiegen, je weniger die Frauen der deutschen Sprache mächtig sind.

Nicht, dass nicht in allen sozialen Schichten und Kulturen geschlagen wird. Wenigstens beim Thema Gewalt herrscht so etwas wie soziale Ausgewogenheit. Der Chefarzt haut genauso wie der Busfahrer, der Vorstandsvorsitzende ebenso wie der ungelernte Schichtarbeiter.

Und ehrlich: In einem Porsche heult es sich da – entgegen anderslautender Gerüchte – nicht besser als in einem VW Fox. Im Gegenteil. Vielleicht ist die Scham in der Vorortvilla sogar noch größer – entsprechend der gesellschaftlichen Fallhöhe: Das belebt jede Gerüchteküche, dass der Herr Professor mit den astreinen Manieren, der ein großes Haus und ein tolles Leben finanziert, eigentlich auch bloß ein brutaler Schläger ist. Betroffene Frauen aber fürchten, dass ihnen sowieso keiner glauben wird. Und wer wäre sie denn noch, wenn das öffentlich gemacht wird: bloß eine, die ihren Mann und also ihr Leben nicht im Griff hat.

Sieben Anläufe – so Nele Lange – braucht es durchschnittlich, bis sich eine Frau von einem gewalttätigen Mann trennt. Meint: Manche gehen sofort, andere kehren immer wieder zurück in ihre Ehehölle. Auch das ist mit ein Grund, weshalb die Dunkelziffer bei kaum einer anderen Straftat so hoch ist wie bei der sogenannten Beziehungsgewalt. Sie spielt sich ja aber nicht nur in den eigenen vier Wänden ab – und man braucht auch nicht mit einem Mann verheiratet zu sein oder sonst wie in einer festen Beziehung mit ihm zu stecken, um Opfer zu werden. Man kann auch Tochter oder Schwester oder Ex sein.

Stalking gehört ins Horrorpanorama der Schrecken. »Ein Delikt, das absolutes Eskalationspotenzial hat«, warnt Nele Lange.

ERKENNE DIE MÖGLICHKEITEN

Obwohl es manchmal sehr lange dauert, bis sie genutzt werden: Es gibt Notausgänge. Zum einen ist Beziehungsgewalt mittlerweile ein Offizialdelikt. Meint: Betroffenen – die oft auch noch fürchten, dem Schläger beruflich und gesellschaftlich zu schaden, wenn sie Anzeige erstatten – wird diese Sorge genommen. Der Staat muss so oder so ermitteln. Auch gegen den ausdrücklichen Wunsch des Opfers – das allerdings bei dem automatisch in Gang gebrachten Verfahren etwa durch Zeugenaussagen mitwirken sollte.

Zu den Standardmaßnahmen, so Nele Lange, gehört außerdem die sogenannte Wegweisung. Meint: Der Schläger wird sofort der Wohnung verwiesen – und zwar bis zu zwei Wochen. Zeit, in der die Frau sich nicht nur um ihre Verletzungen kümmern kann, sondern auch darum, wie es – ohne Mann – weitergeht.

Auch das Umfeld kann viel tun. Als Erstes: nicht die Nerven verlieren, wenn eine Freundin trotz aller Horrorgeschichten wieder zu dem Mann zurückkehrt.

Das Wichtigste ist: immer im Gespräch zu bleiben. Die Betroffenen sollen nicht denken, dass man sie sowieso nicht versteht oder dass sie, wenn sie ihr Unglück offenbaren, sofort Konsequenzen ziehen müssen. Schließlich sollten sie sich, falls sie das – noch – nicht können, sich nicht auch noch dafür schämen müssen. Wichtig ist für betroffene Frauen zu wissen, dass sie nicht allein sind: Es gibt zig Beratungsstellen und Hilfsmöglichkeiten.

Klar, sinnvoll wäre auch, der Täter bekäme die Auflage, mit therapeutischer Hilfe an sich zu arbeiten, zu reflektieren, Verantwortung zu übernehmen. Denn selbst wenn die Frau es schafft, sich vom Gewalttäter zu trennen, bleibt der ja bei seinem Drehbuch und besetzt gegebenenfalls lediglich die weibliche Hauptrolle um. Aber solche Anspielstationen für Täter sind immer noch viel zu rar.

AUSSER KONTROLLE

Wenn man nicht von jetzt auf gleich etwas ändern mag, dann ist morgen auch noch ein guter Tag oder irgendwann später.

So wie bei einer Kollegin. Nicht dass ihr Mann – ein Manager – sie geschlagen hätte. Er hatte nur ihr ganzes Leben kontrolliert. Hatte sie von ihrer Familie, ihren Freundinnen isoliert und sie ständig terrorisiert. Er wollte das Wichtigste in ihrem Leben sein. Ihre Arbeit – das Schreiben – hatte er nur widerwillig geduldet, sie aber dafür ständig runtergemacht. Immer wieder gab es Kämpfe deshalb. Bis sie eines Tages, sie war damals Anfang sechzig, einfach ihn und die Villa am Stadtrand von München verließ. Sie zog in eine winzige Einzimmerwohnung mitten in der Stadt, stieg von der Limousine aufs Fahrrad um und war glücklich.

Ich traf sie danach immer mal wieder zufällig auf der Buchmesse. Ihre Bücher sind nämlich ganz schön erfolgreich.

Sie erzählte dann, wie unendlich glücklich sie sei, morgens bei Aufwachen auf die andere Seite ihres Betts zu greifen und festzustellen: Da ist niemand. Einmal berichtete sie, ihr Ex sei aussichtslos an Krebs erkrankt und habe sie gebeten, ihn zu pflegen. Er müsse sonst im Pflegeheim seine letzten Tage verbringen. »Ich sagte ihm: Dann ist es eben so!«

Kurz musste ich schlucken, dass sie das übers Herz brachte. Aber dann dachte ich: Klar, Handeln hat Konsequenzen. Und an dieser Konsequenz verstand ich vielleicht zum ersten Mal so richtig, wie hart all die Jahre an der Seite dieses Mannes für die so rundum warmherzige, kluge, lustige, offene, neugierige Frau gewesen sein müssen. Warum sie trotzdem so lange blieb? Sie kann sich da – sagt sie – rückblickend auch nicht verstehen. »Irgendwann war das alles Alltag. Ich dachte, das halte ich schon aus. Aber ich habe mich auch an dieser Idee festgehalten, dass es für unsere beiden Kinder besser ist, wenn die Eltern zusammenbleiben. Obwohl mir mein Sohn und meine Tochter – jetzt, wo sie lange erwachsen sind – schon mehrfach dieselbe Frage gestellt haben.«

Vermutlich hat sie ihren Mann auch tausend Mal gebeten, etwas zu ändern. Womit wir bei einem weiteren Phänomen wären: Warum tun die Kerle verdammt noch mal nicht einfach, was wir uns von ihnen wünschen?

WARUM TUT ER NICHT EINFACH, WORUM ICH IHN BITTE?

**Wenn man einem Mann sagt: »Vergiss es!«,
dann vergisst er es auch. Faszinierend!**
(Erfahrungswert)

Susanne

Tja, das frage ich mich auch dauernd. Mein Mann tendiert – um es vorsichtig zu sagen – zu einer Form der starken Selbstwahrnehmung. Er hört viel und oft in sich hinein. Böse Zungen könnten behaupten, er neige zur Hypochondrie. Er ist schnell mal auf dem Sprung in die Notaufnahme. So auch, als ich zu Beginn unserer Beziehung eines Abends zu ihm kam.

»Du hast Glück, uns noch zu erwischen«, sagte er mit Blick auf seinen 17-jährigen Sohn. »Er kann den Kopf nicht mehr bewegen. Wir fahren jetzt in die Notaufnahme.« Man soll, das weiß ich selbstverständlich, Krankheitssymptome ernst nehmen, lieber einmal zu viel zum Arzt als einmal zu wenig. Aber ein 17-Jähriger, der in Coronazeiten wochenlang rund um die Uhr an der Playstation daddelt, hat dann möglicherweise einfach eine Verspannung. Da schwächelt selbst ein junger Nacken gelegentlich. Ihm war weder schwindlig noch hatte er eine Sehstörung und ihm war nicht schlecht. Ich finde, dann kann man es mit einem heißen Bad und ein wenig Gymnastik probieren und eine Nacht drüber schlafen. Ich weiß, in dem Moment, in dem ich das dann sage, braut sich Ärger zusammen. Dabei, glaube ich, ahnt er durchaus, dass ich recht habe und es sinnvoll ist, auf mich zu hören.

Wie oft habe ich meinem Allerliebsten gesagt, dass diese eine Kundin, die er hat, mit Vorsicht zu genießen ist. Dass ich den Eindruck habe, sie lügt ihm die Hucke voll. Dass es einen Grund hat, warum sie nicht zahlt. Ich sei extrem misstrauisch, er kenne sich aus, hat er meine Einwände abgetan. »Gut«, habe ich nur gesagt, »dann arbeite halt umsonst, für lau, unter Charity kannst du sie allerdings nicht verbuchen.«

Das hört sich ein wenig harsch an, aber es gibt diese Themen, da kann man kaum auf Einsicht hoffen. Erst wenn das sprichwörtliche Kind in den Brunnen gefallen ist. So kam es dann natürlich auch. Das Kind war am nächsten Morgen wieder munter und die Kundin wollte all die Leistungen nicht zahlen, monatelange Arbeit für wenig bis nichts. Er ist nun mal – was ja auch sehr liebenswürdig ist – ein gutgläubiger Mann.

Ich erinnere mich nur zu gut an deine Thrombose-Geschichte, die wirklich einfach alles verdeutlicht, was es zu dem Thema »sture Männer« zu sagen gibt. Aber das erzählst du am besten selbst.

Constanze

Kürzlich klagte mein Mann über Schmerzen im Unterschenkel. Ich sagte: »Geh doch BITTE noch heute zum Arzt!« Und auch, dass ich eine Thrombose befürchte (nicht, dass ich zu medizinischen Katastrophen-Szenarien neige, aber ich habe eine Freundin, die gerade genau diese Diagnose nach genau diesen Symptomen erhalten hat). Und was sagt er: Ich soll nicht IMMER so ein Theater machen. Und dass es sich ganz klar um die Folgen eines Muskelfaserrisses vor ungefähr sechs Monaten handele. Ich daraufhin: »Seit wann hast du Medizin studiert?! Aber gut, dann stirb halt! Und zwar allein. Ich übernachte heute bei meinem Vater.«

Ja, das klingt harsch. Sehr harsch sogar. Aber ehrlich: Nach fast drei Jahrzehnten der Selbstversuche ist es eher erstaunlich, dass ich das Wort »bitte« überhaupt noch in der Kommunikation mit meinem Mann unterbringe. Allerdings spare ich mir mittlerweile die Umwege über noch mehr Bitten aller Art. Einfach, weil ich weiß, dass die ohnehin nur ins Leere führen. Ich besuchte also meinen Vater – wie ohnehin jede Woche – über Nacht. Am nächsten Morgen rief mein Mann an. Und zwar aus der Notaufnahme. Dorthin war er gerade im Rettungswagen verbracht worden. Eine Anweisung seines Hausarztes. »Es hat dann schon ganz schön wehgetan und dann bin ich doch in die Praxis gegangen und habe denen gesagt, dass meine Frau eine Thrombose befürchtet. Die haben sich das angeschaut und mich dann sofort ins Krankenhaus geschickt. Liegend. Könntest du bitte kommen?!«

Ja, das klang erfrischend kleinlaut. Natürlich bin ich sofort an seine Seite geeilt. Mit Nachtwäsche, Badeschlappen, Kulturbeutel. Vor Ort sagte der Mann dann – offenbar hatte er sich (im Unterschied zu mir) viel zu schnell vom Diagnoseschock erholt –, dass es ihm mit dem Herumliegen nun reiche und er jetzt nach Hause wolle.

Leider hatte er mir bereits seinen Hausschlüssel und seine Geldbörse mit allen Ausweispapieren übergeben. Deshalb machte ich ihn darauf aufmerksam, dass er erstens ganz sicher nicht ins Haus käme, weil ich ihn nämlich nicht reinlassen würde. Und auch, dass es zweitens außerdem ohne Kreditkarte nicht gut für ihn aussah, sollte er eine Hotelübernachtung ins Auge gefasst haben. Am Ende war es NATÜRLICH eine Thrombose. Er musste mehr als eine Woche in der Klinik bleiben und danach noch ein halbes Jahr Blutverdünner nehmen.

DRINGLICHKEITS-DOWNGRADE

Susanne

Worauf ich mit diesen kleinen Beispielgeschichten hinauswill? Dass man in vielen Fällen mit einem Bitte nicht weiterkommt. Viele Männer betrachten dieses kleine Wort offenbar als ein für sie erfreuliches Downgrade bei der Dringlichkeit eines Anliegens. Als etwas, das – wenn überhaupt – ganz angelegentlich (also irgendwann) und keinesfalls sofort erledigt werden muss. Das Mann sich mit einem »Ja, wäre schon nett, wenn du das tust. Es muss aber nicht zwingend sein. Soooo wichtig ist es dann auch nicht« übersetzt. Mit einem Bitte rutscht man auf der männlichen Prioritätenliste so weit runter, dass man eigentlich schon ein Grubenlicht braucht. Denn es liegt in der Natur einer Bitte, dass der Gebetene sie ablehnen oder auch mit Verzögerung umsetzen kann. Also irgendwann im nächsten Jahrtausend.

Diese Art der Verschleppung ist gar nicht böse gemeint (hoffe ich wenigstens). Ebenso wenig, wie man das Nichterfüllen einer Bitte zwingend als Ignoranz oder Lieblosigkeit missdeuten muss. Es ist eben nur ein sehr, sehr schwacher Reiz. Und am Ende ein Verständigungsproblem. Nicht, dass es nicht auch Männer gibt, bei denen ein Bitte vollkommen ausreicht, um etwas zu erledigen, zu verändern. Kommt vor, so wie ja eine Sonnenfinsternis auch, aber so selten, dass es keinesfalls als Maßstab taugt. Dagegen zeigt sich etwa am Beispiel Frauenquote, wie Männer reagieren, sobald man ihnen auch nur ein Fitzelchen an Ausweichmöglichkeiten bietet: gar nicht. Will man also ernsthaft, dass etwas erledigt wird, sollte man das mit dem gebotenen Nachdruck und sehr deutlich kommunizieren. Deutlicher jedenfalls, als die überwiegend meisten von uns ihre Wünsche ausdrücken. Oft aus Furcht, zu fordernd und damit unweiblich zu erscheinen.

TOTSTELLREFLEXE

Auch bei den mit der Bitte anverwandten Sätzen, wie: »Würde es dir etwas ausmachen?!« oder »Wenn du mal Zeit hast«, kann man bei meinem Mann erfahrungsgemäß das auslösen, was ein Angriff beim Rosenkäfer bewirkt: einen Totstellreflex. Ich schätze da sehr die Anregungen aus dem Sport. Da sagt der Trainer auch nicht: »Also, ihr Lieben, meint ihr nicht, ihr könntet mal wieder ein Tor schießen? Also nur, wenn es euch nichts ausmacht. Da würde ich mich echt drüber freuen!« Er schreit: »Der Ball muss rein!« Gut, mit dem Trainer haben die Spieler keinen Sex und meist hält die Verbindung ohnehin nur so lange, bis ein nächster Verein eine größere Summe auf den Tisch legt als der vorherige.

Aber meiner Erfahrung nach spiegelt der Sport genau jene Übersichtlichkeit und Geradlinigkeit, die es braucht, um eigene Interessen durchzusetzen. Ich stelle mir da immer einen American-Football-Spieler vor, der statt des Balls zum Beispiel meine Bitte unter dem Arm trägt, doch endlich einmal die Lehne des Stuhls wieder festzuschrauben, die seit etwa 2016 locker ist. Ich sehe vor mir, wie der Spieler von tausend Ablenkungen angerempelt wird – vom Anruf des Kumpels, von irgendeinem wichtigen Bundesligaspiel, von den aktuellen Schlagzeilen auf SPON, aber auch von der Sogkraft des Sofas oder des Fahrrads oder des Weber-Grills. Wo immer die männliche Interessenslage gerade liegt. Gegen all diese Anfechtungen, die von allen Seiten angreifen, muss der Spieler also mein Anliegen durchbringen. Das schafft er nur, wenn er sich energisch durchboxt – und nicht, indem er sich auf den Rasen setzt und sich selbst bemitleidet.

DAS LETZTE ASS

Gut, man kann ein »Wenn du tust, was ich sage, wird niemandem etwas passieren!« natürlich auch nett formulieren. Aber die Entschiedenheit sollte doch ein wenig durchscheinen. Wenn der Mann trotzdem jede Kooperation verweigert? Dann kann man immer noch einen Kompromiss ansteuern. Der allerdings sollte verhältnismäßig sein und dann – gepaart mit einem Ultimatum – auch konsequent verfolgt werden. Mit dem Satz: »Wenn du nicht endlich auch einmal die Spülmaschine ausräumst, zünde ich dein Auto an«, würde man da erstens möglicherweise mit Kanonen auf Spatzen schießen und zweitens einer gewissen Dickfelligkeit noch Zucker geben, weil der Mann weiß: Das tut sie ja sowieso nicht.

Es geht außerdem um Motivation und nicht um Eskalation. Man könnte also sagen: »Offenbar hast du ein Problem mit dem Geschirrspüler. Ich werde das nicht auch noch übernehmen. Also überlege dir doch, welches Kompensationsgeschäft du mir anbieten kannst – dafür, dass ich die Maschine in Zukunft ausräume.« Mit einer Deadline, versteht sich.

Besonders hartnäckige Fälle lassen die dann gern mal verstreichen. So wie mein Mann es gelegentlich tut. Offenbar in der Hoffnung, dass ich zwischenzeitlich mein Gedächtnis verloren habe. Jetzt gilt es, noch einmal alle Kräfte zu mobilisieren und nicht erschöpft zu resignieren. Denn natürlich erinnere ich ihn daran, dass da ein Vorschlag gemacht werden muss. Und auch, dass ich am nächsten Donnerstag, wenn seine Freunde wie seit Jahren zum Skatspielen zu uns kommen, möglicherweise einmal keine Zeit haben werde, um für alle zu kochen. Sauer bin ich nicht. Also jedenfalls nicht sehr. Ich finde an sich den Versuch legitim, sich das Leben so bequem wie möglich zu machen. Es ist nichts Persönliches. Aber ich bin eben auch keine Bittstellerin ihm gegenüber. Zumal es allermeistens um die Organisation unseres Zusammenlebens geht.

Mein Mann ist allerdings – auch wenn da jetzt ein anderer Eindruck entstanden sein sollte – durchaus kompromissbereit. Manches bekomme ich außerdem auch einfach so erledigt, ohne dass ich es überhaupt erst mit einem Bitte versuchen muss. Bei allem anderen mache ich meine Haltung klar. Erstaunlicherweise kann man viele Dinge einfach verordnen. Und – oh Wunder – Männer tun es dann tatsächlich. Fast erleichtert, dass sie sich deshalb keine stundenlangen Monologe anhören und dann auch noch für alles Verständnis haben sollen.

Ausnahme: der Sex. Erstens möchte man den Mann nicht ins Bett befehlen müssen. Zweitens hofft man ja auch, dass die Sache mit dem Sex von leidenschaftlicher Begierde befeuert ist.

Aber darf man das in langen Beziehungen überhaupt noch hoffen? Auf Sex für immer? Regelmäßig?

WIE BLEIBT DER SEX UND SOGAR AUFREGEND?

What will people saying about me in a hundred years?
»And he's still sexually active!«
(Bill Bryson)[1]

Constanze

Indem beide das so wollen: Sex, und zwar aufregenden. Wer an etwas Interesse hat, der verfolgt dieses Ziel. Wer nicht, der lässt die Dinge schleifen. Ich gebe allerdings zu, dass die Jahre nun nicht gerade wie ein Brandbeschleuniger für die Leidenschaft wirken. Du kennst ja die Frage, die wir uns auch schon mal gegenseitig gestellt haben: »Welches Gericht würdest du wählen, wenn du es bis ans Ende deiner Tage ausschließlich essen müsstest?« Selbst wenn ich mir sogar monatelang meinen absoluten Favoriten Reibekuchen als einziges vorstellen könnte. Für immer muss sich der Reibekuchen schon was einfallen lassen, um noch irgendwie auch nur annähernd als lecker durchzugehen.

Klar hat der Sex einen strategisch unschlagbaren Vorteil: Es locken schließlich Orgasmen oder wenigstens Intimität und Nähe. Aber zumindest zwei Drittel dieses Sex-Ertrags – so findet man irgendwann – lassen sich auch prima außerhalb des Bettes herstellen. Und zwar mit deutlich weniger Aufwand. Ein verständnisinniger Blick über den Tisch, wenn Schwiegermutti wieder anfängt, über ihre – vermutlich – eingebildeten Leiden zu referieren. Dass man abends auf dem Sofa die Hand des anderen hält. Oder wenn man gemeinsam in der kleinen Küche eine Choreografie abspult, die man frühestens nach fünfzehn Jahren so perfekt hinbekommt. Eine, bei der jeder Handgriff, jede Bewegung bis auf den letzten

Zentimeter an Herd und Spüle aufeinander abgestimmt ist. Bei der man sich nicht einmal mehr in die Quere kommt. Egal, ob für Risotto oder Spaghetti Carbonara, für grüne Soße mit Rinderbrust oder Lachs aus dem Ofen. Dann ist Sex vielleicht irgendwann eine Option unter vielen, sich verbunden zu fühlen.

Und die Orgasmen? Tja. Die erledigt man mal eben umstandslos allein unter der Decke. Man könnte auch zu zweit einmal wieder – aber dann denkt man: »Ach, morgen ist auch noch ein Tag.« Bis man nach Monaten feststellt, dass man ja ewig nicht ... Hinzu kommt ein gewisser Ermüdungsfaktor. Oder wie es die Sexologin Katrin Hinrich kürzlich in der NDR-Talkshow formulierte: »Langjährige Beziehungen sind ein Sexkiller. Das Gehirn beginnt, sich zu langweilen.«[2]

Besonders langweilig scheint den Männern zu sein. So die Ergebnisse einer doch sehr repräsentativen Umfrage im Freundinnen- und Bekanntenkreis. Wir glauben sogar, dass wir da gerade einem riesigen Irrtum auf der Spur sind: Denn entgegen der von ihnen so gern in die Welt gesetzten anderslautenden Gerüchte sind es weniger die Frauen als die Männer, die im Lauf der Jahre jede Ambition auf Sex verlieren.

»Ich glaube nicht mal, dass mein Mann mich nicht mehr liebt«, sagt Mia, eine Nachbarin. »Ernsthaft, er ist einfach zu faul für die ganze Akrobatik im Bett. Ihm fehlt einfach der Anreiz für den Aufriss. Ich kann manchmal förmlich sehen, wie ihm dieser Gedanke an Sex ganz kurz durch den Kopf und auch durch die Lenden schießt: ›JETZT könnte ich mal wieder.‹ Dann packt er mich an den Hüften oder umarmt mich innig. Aber dann sagt ihm sein Phlegma: ›Och nö. Du warst doch heute schon einkaufen und bist mit ungefähr zehn Kilo drei Etagen die Treppe hochgestiegen, weil der Aufzug immer noch kaputt ist. Nachher willst du noch in die Kneipe und vorher musst du noch deine Mails checken. Und dann erinnere dich mal, wie du dich anstrengen musst, bis Mia so weit ist. Möglicherweise hast du zwischendrin wieder einen Hänger. Das verlängert die Sache noch mal. Leg dich doch einfach erst mal aufs Sofa. Und das andere kannst du doch prima mal eben unter der Dusche erledigen. Geht viel schneller und ist längst nicht so anstrengend.‹«

UNSCHARF

Gut, man müsste den Mann dazu bekommen, dass ihm als Erstes »Au ja!« und nicht »Och nö!« einfällt. Und da hat der Sex-Kosmos durchaus ein paar Anregungen. Bei den überwiegend meisten geht es im Prinzip darum, etwas zu tun, was man vorher noch nie getan hat. Einfach, um eine Art Neuheitseffekt herzustellen. Auch deswegen wäre der Einwand »Das haben wir aber noch nie so gemacht« hier auch nicht wirklich zielführend.

Aber ehrlich gesagt, gibt es bei dem einen oder anderen Tipp schon sehr gute Gründe, ihn bislang ausgelassen zu haben. Zum Beispiel, sich gegenseitig Sahne von der Brust und auch von weiter unten abzulecken. Das kommt schon deshalb nicht infrage, weil nicht nur ich, sondern auch die Scheidenflora nichts Süßes mag. Mein Mann an sich schon. Aber nicht in den rauen Mengen. Wusstest du übrigens, dass man etwa Zucchini nur mit einem Kondom ins Liebesspiel einbauen sollte? Wegen der Infektionsgefahr, die von Lebensmitteln dort ausgeht, wohin man sie sich stecken soll. Auch das wird viel zu selten kommuniziert – jedenfalls dort, wo solche bescheuerten Tipps kursieren.

»Es außerhalb des Bettes tun« wird meiner Meinung nach auch sehr überschätzt. Selbst in dem dafür richtigen Alter war Sex im Auto kein Spaß, sondern allenfalls ein Notbehelf. Sex auf dem Teppich könnte ein Vergnügen sein, gäbe es da nicht dieses physikalische Gesetz des Abriebs – beim dem der Teppich immer gewinnt, die Knie und Ellenbogen aber leider sehr verlieren. An Haut.

Ähnliches gilt auch für Sex in der Natur. Wobei dort noch erschwerend Zecken hinzukommen und der Umstand, dass heutzutage ja jeder mit einem Fotoapparat unterwegs ist. Allein die Vorstellung, auf ewig in einer sehr unvorteilhaften Position im Netz zu landen, würde mich da von jetzt auf gleich abkühlen.

Wir kennen niemanden, der es tut, aber offenbar sind es nicht mal so wenige, die einen Swinger- oder Sexclub besuchen. Schön, wer das mag und für den es funktioniert. Nicht für mich. Ich habe mal einen – außerhalb der Betriebszeiten – besucht. Ich habe mir Fotos von den Partys dort zeigen lassen und dachte, dass kein einziger Mann dabei wäre, den ich auch nur annähernd so aufregend finden könnte wie meinen. Und dass es eine seltsame Konstruktion ist, sich quasi unter Aufsicht zu betrügen. Ich bin keinesfalls der Meinung, dass man für guten Sex immer auch große Gefühle braucht. Aber umgekehrt Sex wie ein Hobby zu betrachten und – so wie andere am Wochenende zum Kegeln oder zum Minigolf gehen – einen Swingerclub zu besuchen, das finde ich für mich ziemlich unscharf.

WO EIN WILLE IST …

… da ist auch Sex. Das glaube ich. Aber auch, dass es einfach kein Rezept gibt, in dem Sinne, dass man einfach Schraube A ein bisschen dreht, Schalter B umlegt und Ventil C öffnet. Ich denke, dass der Grundirrtum allein darin liegt, dass man annimmt, es müsse sein wie einst im Mai: dass man noch im Flur übereinander herfällt und einfach die Hände nicht voneinander lassen mag. Das wird mit einer Wahrscheinlichkeit von 95 Prozent nicht mehr passieren – außer man ist sehr betrunken, hat sich wahnsinnig gestritten oder einer von beiden hat den anderen betrogen und somit ein Befremden in die Beziehung gebracht, das nicht nur für großen Ärger, sondern oft auch (wenigstens mal kurz) für wilden und überhaupt ziemlich sensationellen Sex sorgt.

Viel gewonnen ist wohl, wenn man akzeptiert, dass auch Sex sich verändert. Dass unsere Körper andere werden. Dass diese unfassbare Geilheit, die einen einst schon beim Anblick des anderen erfasst hat, einfach verschwunden ist. Und wenn man erkennt, dass man dafür ja ein paar durchaus passable Alternativen gewonnen hat: entspannten Sex. Mit jemandem, der weiß, wie der andere tickt, was er braucht, wie es geht und der sicher auch mal Lust hat, etwas anders zu machen als die vergangenen zwanzig Jahre. Sexualforscher sagen, es sei am Ende einfach eine Frage der Entscheidung. Etwa dafür, den Sex irgendwann einfach wegzulassen. Oder dafür, ihn wieder mit offenen Armen in die Beziehung aufzunehmen.

Mir hat sehr imponiert, was mir einmal eine Sexualtherapeutin von pro familia erzählt hat. Sie hatte ein Paar – Mitte fünfzig – unter ihren Klienten, das sich für ein ganzes Jahr nichts weiter vorgenommen hatte, als sich um seine Sexualität zu kümmern. Die beiden waren etwa zehn Mal bei ihr und haben es tatsächlich geschafft, »eine leidenschaftliche Sexualität in die Beziehung zu bringen«.

ONE-TRICK-PONY

Einer der überzeugenden Tipps war auch: immer wieder »emotionale Kontaktpunkte« zu setzen. Du weißt schon: Momente, in denen man wirklich aufmerksam füreinander ist. In denen man einmal aus diesem Alltagsgewurschtel raustritt, um nichts weiter zu tun, als sich verbunden zu fühlen.

Dazu hat die Sexologin Katrin Hinrich ein hübsches Beispiel. Sie erzählte in der NDR-Talkshow, dass sie Klienten schon mal fragt, wie die ihren Hund begrüßen, wenn sie nach Hause kommen, und wie die Männer – sofern sie einen Hund besitzen – dann schwärmen: »Oh, der ist so süß. Wenn der da von Weitem kommt, da freue ich mich schon!« Sie will dann wissen, was die Männer in derselben Situation zu ihrer Frau sagen. Die Antwort: »Na, was gibt's Neues?«

Würde man morgens schon anfangen, nett zu sein, anstatt sich zu beschweren, dass die Marmelade schon wieder alle ist, so die Sexologin, wäre schon viel gewonnen. Und vielleicht auch damit, den Freunden der erotischen Einbahnstraße einmal zu erklären, wie wenig lustfördernd Vorhersehbarkeit ist. Wenn ein Mann einen nur dann berührt, wenn er Sex möchte. Oder wenn man es mit einem dieser »One Trick Ponys« zu tun hat – die um das Jahr 1998 einmal ziemlich erfolgreich einen Handgriff angewendet haben und den nun jahrzehntelang wiederholen.

Das kann einen ganz schön fertigmachen, wie Mia kürzlich an einem langen Kneipenabend ziemlich verzweifelt berichtete: »Ich wünschte, es würde einfach mal aufhören. Ich habe so ÜBERHAUPT keine Lust mehr auf Sex mit meinem Mann. Das ist alles soooo verdammt VORHERSEHBAR. Ein bisschen Rubbeln, ein bisschen Saugen, dann Penetration – mal von hinten, mal von vorne. Davon habe ich genug gehabt in meinem Leben. Mir würde nichts fehlen, wenn wir ab genau jetzt nie mehr Sex hätten.« Gäbe es da keine bessere Lösung? Warum nicht einen an sich sehr willigen Mann einmal entschieden darüber aufklären, dass es da rechts und links seiner erotischen Spurrinnen noch sehr viel Schönes zu entdecken gilt?

Am Ende gilt mal wieder: Wenn der Auserwählte sowohl in der Frequenz wie in der Qualität weit hinter dem zurückbleibt, was man sich wünscht, dann muss man darüber sprechen. Das ist vermutlich überhaupt der einzige und sowieso beste Weg, den Sex in einer Langzeitbeziehung von »unscharf« auf »wenigstens gelegentlich wieder scharf« zu stellen. Der ist nun wirklich allen Sextipps à la »investieren Sie ruhig mal in sündige Dessous« (wobei das Wort sündig hier von sündhaft teuer kommt …) sowieso haushoch überlegen. Oder was meinst du?

WAS BEFEUERT DIE LEIDENSCHAFT?

Yoga hift einem, länger und besser Sex zu haben.
Ich kann das schlecht erklären, aber gut vormachen.
(Sting)[1]

Susanne

Das klingt ja zunächst mal sehr ernüchternd, was du da schreibst, aber da ich ja durchaus Freud und Leid der Langzeitbeziehung kenne, weiß ich, dass du recht hast. Leider.

Das mit dem Sex gerät irgendwann im Laufe der Beziehung aus dem Blickfeld. Verläppert sich. Verliert zunehmend an Bedeutung. Irgendwann schaut man lieber die neue Staffel einer Serie und vertagt das bisschen routinierten Sex.

Schon deshalb, weil ich die Halbwertszeit kenne, genieße ich die Anfänge. Mir ist auch klar, dass Begierde zumeist nicht mit der Dauer der Beziehung wächst, aber noch habe ich jede Menge Hoffnung. Neues ist nun mal aufregender. Da fehlt die Routine und das schafft Spannung.

Ohne Spannung, ohne Geheimnis, wird die Sache mit dem Sex schnell fade. Aber ich bin gewappnet. Ich glaube auch, dass man Sex wie das Lauftraining oder den VHS-Kurs einfach auf die Agenda setzen muss. Ihm Zeit einräumen muss. Der Appetit kommt beim Essen. Das trifft beim Sex mit Sicherheit zu. Auch ich kenne Frauen, die froh sind, dass das Thema endgültig erledigt ist. Irgendwie traurig, denn Sex ist ja grundsätzlich etwas sehr Schönes. Und dazu noch unglaublich gesund. Und kostenneutral.

Vielleicht, so denke ich manchmal, verlangen wir auch zu viel vom Sex. Immer das ganz große Programm. Dieser Anspruch lässt jedweden Gedanken an Sex oft im Keim ersticken. Niemand muss immer das gesamte Kamasutra abturnen. Allein der Gedanke kann anstrengend sein. Wenn man sein Anspruchsprofil ein wenig runterschraubt, kann man immer noch richtig viel Spaß haben.

Nähe, du hast es geschrieben, ist oft die »Sexvorstufe«. Nähe kann man aktiv schaffen, sich darum bemühen. Liebevoll miteinander sein ist sicherlich schon ein guter Anfang. Ja, ich weiß, das fällt im Alltag oft genug schwer. Weil der andere nervt, weil man so irre viel auf der Zu-erledigen-Liste stehen hat und Sex am entbehrlichsten erscheint.

Wenn Nähe fehlt und Sex fehlt, muss man tatsächlich unbedingt sprechen. Aber um Sex zu bitten ist eine etwas demütigende Angelegenheit. Selbstverständlich will man einfach, dass der andere will. Es soll ja kein Mitleidssex werden. Der andere soll rasend vor Lust sein. Aber auch der andere hat oftmals viel um die Ohren. Da gilt es: hartnäckig bleiben.

Mein Plädoyer: Einfach Sex haben! Sex schafft Verbundenheit, ist der entscheidende Unterschied zwischen Beziehung und Freundschaft. Wenn sich zwei einig sind, dass Sex verzichtbar ist, fein (und ein bisschen traurig …). Ansonsten gilt für mich: Fight for your Sex.

Aber das ist sicher nicht das Einzige, wofür man kämpfen muss in einer langen Beziehung. Ich merke ja selbst und schon nach so kurzer Zeit mit einem neuen Mann, wie mein Geduldsfaden kürzer wird. Insofern finde ich dreißig gemeinsame Jahre schon fast olympisch.

Wie habt ihr das gemacht?

WIE SCHAFFT MAN ES, SO LANGE ZUSAMMENZUBLEIBEN?

Meine Frau und ich waren zwanzig Jahre sehr glücklich. Dann begegneten wir uns.
(Rodney Dangerfield)[1]

Constanze

Wie man zusammenbleibt? Ganz einfach: indem man sich nicht trennt.

Ja, das ist mein Ernst. Manchmal kommt es mir tatsächlich so vor, als würde allein darin die ganze Kunst der Langzeitbeziehung liegen. Als hätte es mit meinem Mann nur deshalb mittlerweile mehr als dreißig Jahre gehalten, weil wir einfach immer weitergemacht haben.

Nicht, dass ich nie über Scheidung nachgedacht hätte. Doch stets kam etwas dazwischen. Einmal erwarteten wir mitten in einer großen Krise Besuch. Und ich dachte, wie verstörend es für unsere Freunde wäre, statt auf einem spannenden Städtetrip in einem Ehedrama zu landen. Ich sah bereits vor mir, wie ich heulend mein Leid klagte, während die Gäste nun gezwungen wären, für ihn oder mich Partei zu ergreifen, anstatt, wie geplant, gemütlich beim Apfelwein zu sitzen. Ein anderes Mal hatten wir schon Urlaubsflüge gebucht und ich wollte die Ferien nicht so einfach sausen lassen. Oder ich sah unsere beiden Katzen als durstige Halbwaisen dahinvegetieren, weil mein Mann oft vergisst, ihren Wassernapf aufzufüllen.

Der Plan, auszuziehen, scheiterte außerdem auch schon mal an der Vorstellung, die Koffer packen zu müssen. Nachdem ich es eine ganze Nacht lang nicht geschafft hatte, mir in Gedanken Klamotten für die nächsten vier Wochen zurechtzulegen, war ich sehr müde und musste erst mal bis in den Tag schlafen. Danach war der Grund für die sofortige Trennung irgendwie verblasst. Ich blieb auch schon mal, weil ich meine Eltern, zu denen ich zunächst gezogen wäre, nicht beunruhigen wollte. Und manchmal einfach aus Trotz, weil ich dachte: »Wieso soll ich eigentlich gehen, wenn er es doch verbockt hat?!« Hat er dann anders gesehen, also blieben wir noch ein bisschen länger zusammen.

So einfach oder auch schwer ist das, mehr als dreißig Jahre miteinander zu verbringen. Es hätte tatsächlich fast jedes Mal ganz anders kommen können. Vielleicht wären wir längst getrennt, hätte mein Mann etwa die Wassernäpfe der Katzen zuverlässig aufgefüllt?! Und dann der Gedanke, dass man ja immer auch eine Tür zuschlägt, die man später vielleicht nicht mehr aufbekommt.

Möglicherweise war mir aber nur jeder Vorwand recht, es nicht tun zu müssen? Tatsächlich hängt so eine Beziehung oft an einem sehr dünnen Faden. Sehr viel dünner, als es die Gegenseite ahnt. Die schenkt sich vielleicht gerade in aller Seelenruhe ein Bier ein, während man dabei ist, bei Google nach »die besten Scheidungsanwälte« zu suchen, oder sich – man weiß ja nie – schon mal einen Tinder-Account einrichtet.

Und dann bleibt man eben doch, weil der Mann gerade etwas überraschend Süßes sagt oder weil die Waschmaschine ausgelaufen ist und man gemeinsam sehr viel schneller fertig ist mit dem Aufwischen als allein.

ZUSCHAUERRAUM DES GLÜCKS

Profan? Nicht, wenn man sich die Faktoren anschaut, die angeblich dafür sorgen, dass Paare zusammenbleiben. Das wären etwa:

- wenn beide eine Immobilie besitzen
- wenn beide katholisch sind
- wenn beide ähnliche Interessen teilen

- wenn beide dasselbe Bildungsniveau haben
- wenn beide etwa gleich alt sind
- wenn beide auf dem Land leben
- wenn beide nicht aus Scheidungsfamilien kommen
- wenn beide aus Ostdeutschland kommen
- wenn er im Haushalt hilft.

Das klingt alles nicht nach ausufernder Leidenschaft für immer. Tatsächlich ist es eher ziemlich ernüchternd, wenn man sich nur deshalb nicht trennt, weil es finanziell desaströs wäre, das noch längst nicht abbezahlte Einfamilienhaus abstoßen zu müssen. Oder weil Gott böse sein könnte.

Das Gute: All diese Faktoren sorgen letztlich dafür, dass man vielleicht noch ein zweites Mal darüber nachdenkt, bevor man dem ersten Impuls folgt und sich trennt. Man weiß schließlich nie, ob man überhaupt jemals noch einen Mann finden wird, der das Geschirr nicht auf die Spülmaschine stellt, sondern ein- und sogar wieder ausräumt. Oder einen, der nicht ständig »als« und »wie« verwechselt.

Das Schwierige: dass es auch dann keine Garantie gibt, wenn all diese Kriterien erfüllt sind. Ich finde es sowieso total schwer, ein Rezept zu formulieren. Zu weit driftet der offizielle Kriterienkatalog für eine gelungene Beziehung oft ab von dem, wie und womit zwei offenbar nicht nur sehr gut zurechtkommen, sondern woraus sie auch ihr eigenes kleines Glück zimmern.

Es gibt so unendlich viele verschiedene Beziehungsforme(l)n und darunter nicht wenige, bei denen man fassungslos im Zuschauerraum sitzt und staunt: DAS funktioniert?

Zum Beispiel das Paar, das abends nach Hause kommt, sich ein hübsches Abendbrot macht. Dann gehen sie in ihr riesiges Bett, essen und schauen fern. Die Frau war Teilnehmerin einer Shopping-Queen-Folge und hat ihr Leben mit einer Selbstverständlichkeit präsentiert, als hätte es ein paar Beziehungsglückfleißsternchen verdient.

Oder das Paar, das ich vor einiger Zeit für ein Magazin interviewt habe. Einfach, weil es schon so wahnsinnig lange zusammen war und wir wissen wollten, was genau eigentlich ihr Geheimnis einer jahrzehntelangen Verbindung ist. Sie schienen die Aufgabe, an der so viele scheitern, mit ziemlich viel Erfolg erledigt zu haben. Sie schafften es, zusammenzubleiben und dabei eigentlich ganz zufrieden zu wirken. Ich sprach mit ihr, weil er schon wieder auf einem wochenlangen Segeltörn war. Seine Leidenschaft. Sie gönne ihm das, sagte sie. Aber es sei eben nicht ihr Schönstes, auf den Ozeanen dieser Welt auf engstem Raum unterwegs zu sein. Sie verreise allenfalls mal an den Nordseestrand, um dort eine alte Schulfreundin zu besuchen. Überhaupt lebten sie fast ein Single-Leben. Er sei Frühaufsteher, sie schliefe gern lange. Manchmal wüsste sie gar nicht, ob ihr Mann überhaupt zu Hause sei.

Ich fragte, woran sie denn merke, dass es Liebe ist und nicht bloß eine Wohngemeinschaft? Sie erzählte, dass sie sich eben verabreden würden. Aber auch, wie sie sich einmal einer größeren Operation unterziehen musste und dazu tatsächlich allein in die Klinik fuhr. Andere hätten auf dem Weg dorthin schon mal ein Umzugsunternehmen beauftragt. Sie aber meinte bloß: »Wir sind eben einfach nicht eines dieser Paare, die sich dauernd gegenseitig betüteln müssen.« Als sie nach dem Eingriff aus der Narkose erwachte, war ihr Mann aber selbstverständlich da und auch am nächsten Tag. »Er kam in mein Zimmer und sagte, ich solle mal ans Fenster gehen. Da stand es: mein Traumauto. Ein kleiner roter Flitzer. Er sagte: ›Nur, damit du weißt, dass es sich lohnt, ganz schnell wieder gesund zu werden.‹« Ja, das ist megasüß!!

Umgekehrt kenne ich einige Frauen, bei denen praktisch täglich ein kleiner roter Flitzer vor dem Haus stehen müsste, so als Reiseproviant für die nächsten Jahre. Und die ihn auch bekommen. Einfach, weil das ihr Beziehungsdeal ist. Andere haben andere Vereinbarungen.

Michaela zum Beispiel braucht jemanden, der sie von morgens bis abends umsorgt. Sie war schon immer eine Prinzessin. »Hochsensibel«, ein sehr, sehr zartes Pflänzchen. Sie hat mit Michael das perfekte Gegenüber. Er behandelt sie wie ein Kind und darf sich im Gegenzug dafür als ihr Held fühlen. Tina wiederum würde verrückt werden mit einem wie ihm, der sich – in ihren Augen – »ständig als der Bestimmer aufführt«. Das würde ihrem Mann Eberhard nicht mal im Traum einfallen. Schon weil er die – berechtigte – Sorge hätte, dass sich das nicht gerade förderlich auf den Beziehungsfrieden auswirken könnte.

Es gibt bestimmt ebenso viele verschiedene Arten von Liebe, wie es unterschiedliche Menschen gibt, und eben nicht ein Beziehungsförmchen, das für alle passt.

VERBUNDEN IM UNGLÜCK

Jede von uns erwartet sich von einer Beziehung und vom Gegenüber etwas anderes. Jede bringt ihre speziellen Bedürfnisse, Neigungen, Hoffnungen mit, auf der Suche nach dem dafür idealen Resonanzboden. Und ich finde, ganz schön oft laufen auch gerade Beziehungen jenseits der von Experten vorgegebenen Spurrinnen fürs zweisame Glück erstaunlich weit und durchaus rund.

Fritzi und Matthias zum Beispiel sind noch länger zusammen als mein Mann und ich und leben im Unterschied zu uns in einer totalen Symbiose. Sie machen alles gemeinsam. Wir nennen sie heimlich »Chang und Eng«, wie die legendären siamesischen Zwillinge (1811–1874), die an der Körpermitte zusammengewachsen waren und diesem seltenen Phänomen den Namen gaben. Wie den beiden Brüdern fehlt auch Fritzi und Matthias jedes Eigenleben. Es ist, als würden sie jeweils im Kopf des anderen hausen. Sie scheinen allerdings sehr zufrieden damit und haben – nach Fritzis Selbstauskunft – immer noch ziemlich viel Sex.

Entgegen all der Tipps, die man sonst in Frauenmagazinen findet, scheint außerdem selbst Unglück ein starkes Bindemittel zu sein. Du kennst doch auch das eine oder andere Paar, das ein heißer Kandidat für eine frühe Trennung gewesen wäre, sich aber offenbar dafür entschieden hat, einander lebenslang nach Kräften unglücklich zu machen. Corinna und Max etwa. Sie hat gerade mal wieder die geschätzt 97ste »letzte Chance« an einen Mann vergeben, der es ganz offenbar nicht verdient. Weil er seit Jahrzehnten all das tut, was Beziehungsexperten zu den Top Ten der effektivsten Tötungsmethoden von Liebe zählen: Er macht Corinna bei jeder Gelegenheit runter, betrügt sie und hat, wenn überhaupt, nur Mitleid für sich. Wir vermuten mal, dass er nur bleibt, weil jede andere Frau in ihm sofort den larmoyanten Waschlappen und Lebensversager entdecken würde, der er ist. Und weshalb sie sich das alles gefallen lässt?

Offenbar stimmt, dass manche lieber ein bekanntes Unglück wählen als ein unbekanntes Glück. Das ergab auch eine Studie, die Julia Berkic vom Bayerischen Staatsinstitut für Frühpädagogik mit Paaren aus Süddeutschland durchgeführt hat.[2] Diese Paare waren im Schnitt schon 28 Jahre miteinander verheiratet. Mehr als ein Drittel davon bezeichnete sich auf Nachfrage als »stabil unglücklich« oder »unsicher und resigniert«. Diese Paare, das schreibt der Wissenschaftsjournalist Werner Bartens im Magazin der *Süddeutschen Zeitung*, hätten sich in »chronischer Zerrüttung eingerichtet«. »Sie schwiegen sich an, ignorierten oder verachteten einander gar, konnten sich aber trotzdem nicht aus der Verstrickung lösen, in die sie finanzielle Nöte, Schuldvorwürfe und moralische Hemmungen gebracht hatten. Gemeinsame Kinder, gemeinsame Projekte wie der Hausbau oder Abhängigkeiten in der beruflichen Entwicklung hielten sie zusammen, obwohl da längst nichts anderes mehr war, was sie zusammenhalten könnte.«[3]

Ja, es sind durchaus profane Gründe, die Paare wie im Klammergriff zusammenhalten und manchmal auf eine Weise, dass man glauben möchte, der Teufel hat diesen Pakt gemacht, als er mit Donald Trump fertig war.

Entgegen der Erwartung, dass es Eigenschaften wie Zugewandtheit, Offenheit, Verträglichkeit, emotionale Stabilität sein müssten, die einem als Paar den Weg bis zur diamantenen Hochzeit ebnen, können auch Unsicherheit und Ambivalenz einen 1-a-Superkleber abgeben.

Das jedenfalls schreibt Werner Bartens weiter in dem Artikel. »Die Angst vor der Entscheidung, den anderen zu verlassen, ist dann so groß, die Zerrissenheit zwischen verschiedenen Möglichkeiten so quälend, dass eine Trennung nicht infrage kommt.« Konfliktscheue Männer bleiben bei starken Frauen oft nur aus Angst, einen Riesenärger zu bekommen, sollten sie gehen. Bis vielleicht eine andere kommt, die noch energischer ist und den harschen Marschbefehl ausgibt: »Ab heute gehörst du mir!«

Frauen bleiben manchmal bei einem Mann, nur damit keine andere ihn bekommt. So wie Corinna. Seit Jahren hat sie keine Lust mehr, mit ihrem Franz zu schlafen. Er hätte schon Interesse. Sogar daran, das einmal in einer Beratungsstelle zu thematisieren. Aber sie sagt: »Das brauche ich nicht mehr!« Mit erst zweiundfünfzig Jahren hatte sie für beide entschieden, den Erotikladen für immer zu schließen. Gehen lassen will sie ihn aber auch nicht. Als er sie verlassen wollte, hat sie ein Drama inszeniert, das selbst die von Shakespeare in den Schatten stellt. Er ist geblieben. So werden die beiden wohl noch ein paar gemeinsame Jahre anhäufen.

Nein, das klingt nicht sehr verlockend. Aber das war ja auch nicht die Frage. Die lautete: Wie schafft man es, möglichst lange zusammenzubleiben? Und dazu muss man eben der Fairness halber sagen, dass »lange« eben kein Synonym für »glücklich« oder »ideal« oder »traumhaft« ist.

BIS DASS DER TOD

Wie es in Beziehungen, die tatsächlich erst der Tod scheidet, wirklich aussieht, das erfährt unsere Freundin Karin bisweilen an ihrem Arbeitsplatz. Sie ist Palliativpflegerin und erlebt auf ihrer Station immer mal wieder Frauen, die es nie geschafft haben, sich zu trennen. Die ihre Männer nach langer Ehe und in schwerer Krankheit zwar aufopferungsvoll pflegen.

»Allerdings wie einen Job, den es zu erledigen gilt. Man merkt an der stillen Erleichterung nach dem Tod des Mannes, wie lange sie über das Verfallsdatum ihrer Liebe geblieben sind. Aus Pflichtbewusstsein. Weil sie sich kein Single-Leben zugetraut haben. Weil sie vielleicht finanziell abhängig waren. Wegen der Kinder, was ich besonders kurios finde, weil die ja längst erwachsen sind. Aber auch, weil diese Frauen es von sich selbst erwarteten, dass sie die Aufgabe »gute Ehefrau« bis zum Schluss vorbildlich erledigen. Nur, damit ihnen bloß niemand etwas Schlechtes nachsagen kann. Als müsste man sich vor einer DSDSE-»Deutschland-sucht-die-Superehefrau«-Jury rechtfertigen. Mit Glück ist man beim Ableben des ungeliebten Gatten noch jung genug, um ein paar schöne letzte Jahre allein zu genießen.

Andererseits: Spätestens wenn man anfängt, darauf zu hoffen, dass der Mann zuerst stirbt, sollte man wirklich einmal über Trennung nachdenken. Zumal man nie sicher sein kann, ob der ungeliebte Mann wenigstens das zeitige Ableben zuverlässig erledigt. Wenn er schon bei den Beziehungshauptfächern »Lieben«, »Respektieren«, »Freude bereiten« so nachlässig war.

Das klingt vielleicht etwas drastisch. Aber ich habe den Eindruck, manche Frauen brauchen es wirklich, dass man ihnen mal energisch den Kopf und das Herz geraderückt. Und auch in aller Deutlichkeit sagt: Du hast nur dieses eine Leben.

Zu lange zu warten ist nicht gut. Bei jeder Unstimmigkeit sofort das Handtuch zu werfen? Das ist es aber auch nicht. Man braucht schon mehr als die Frustrationstoleranz einer Dreijährigen, um länger als eine Heizperiode zusammenzubleiben. Schließlich muss man im Laufe der gemeinsamen Jahre in sehr viele sehr saure Äpfel beißen. Wer etwas anderes behauptet, der lügt.

Klar, es gibt Beziehungen, die sind vom Anfang bis zum Ende von großer Leidenschaft und totaler Verständnisinnigkeit getragen. Wie es ja auch Frauen gibt, die in nur zehn Minuten praktisch schmerzfrei ein Kind gebären. Aber für die überwiegend meisten gilt: Man muss auch schon einiges ertragen können. Und zwar gegenseitig. Allein die Häufung des Immergleichen. In nur zehn gemeinsamen Jahren hat man schließlich einem Mann durchschnittlich tausendmal erklärt, dass man nach dem Duschen die Wände kurz abtrocknet, weil das VIEL gesünder und effektiver ist als der chemische Kampfstoff, den er – ist der Schimmel mal da – zum Einsatz bringen will. Man hat ihm x-mal erläutert, dass man einen Schweinebraten nach zwei Wochen im Kühlschrank ganz sicher nicht mehr essen kann. Auch dann nicht, wenn ihn seine Mutter gemacht hat. Man hat zehnmal Weihnachtsgeschenke für seine ganze Familie gekauft und dann noch die für die eigene, die er verschenken will. Man hat sechshundertmal seine Unterwäsche gewaschen und sich dabei gefragt, ob man dafür sein Einserdiplom gemacht hat, und man hat ganz sicher 1654-mal schon drei Sekunden vorher gewusst, was er gleich über die Bundesregierung sagen wird.

Ich verstehe jetzt meine Mutter und würde mich gern bei ihr entschuldigen. Dafür, dass wir Töchter nicht kapiert haben, warum sie an unserem Vater bisweilen ein wenig viel herumkritisierte. Kleinigkeiten, wie wir fanden, die man ebenso gut hätte großmütig übersehen können. Sie sagte dann schon mal: »Seid ihr erst mal so lange verheiratet, dann reden wir noch mal!«

Mittlerweile verstehe ich sie. Sie hat sich fünfzig Jahre lang angeschaut, wie mein Vater stets nervös wahlweise sein Platzdeckchen oder seine Serviette knetete. Sie hat manchmal monatelang an ihn hinreden müssen, damit er wenigstens für das Nötigste zum Arzt ging, und sie hat in ihrer ganzen Ehe niemals den Satz gehört: »Schatz, wollen wir nicht mal ein paar Tage verreisen?«

MÜCKEN UND ELEFANTEN

Ja, die Zeit kann aus winzigen Mücken riesige Elefanten machen. Ich sehe es ja an anderen Paaren, mit denen wir gelegentlich ausgehen. Da denke ich auch oft: Wegen so einer Kleinigkeit muss man doch jetzt nicht so ungehalten sein! Aber dann weiß ich: Sie schaut sich sein Gepiddel an der Nagelhaut ja nicht erst seit heute Abend an, sondern seit Jahrzehnten. Und ja, DAS kann einen wirklich fertigmachen. Dazu die emotionalen Durststrecken, die es immer mal wieder auszuhalten gilt. Weil die Beziehung gerade nicht auf der Prioritätenliste ganz oben steht, sondern den Platz räumen muss für Kinder oder Jobprobleme oder den Hausbau. Zwei Gefühlshaushalte lassen sich eben nicht so einfach stets auf Gleichklang synchronisieren. Da kann man schon mal sehr unglücklich sein.

Ich glaube ja, es wäre in jedem Fall schon viel gewonnen, würde man nicht ständig die eigene Beziehung mit einem vermeintlichen Plansoll abgleichen. Auch das kenne ich von meiner Mutter. Immer wenn wir gemeinsam shoppen waren, beneidete sie andere Ehefrauen glühend um deren Männer, obwohl die meist auch nur gelangweilt vor irgendwelchen Umkleidekabinen herumsaßen, während mein Vater lieber gleich daheim geblieben war.

Dann sagte ich, wie viel praktischer es doch sei, ohne einen Kerl unterwegs zu sein, der nach dreißig Minuten schon jede Geduld verliert und dann sowieso alles »wunderbar!« findet, was man ihm vorführt – wenn es nur nicht zu teuer kommt. »Und selbst wenn darunter der ein oder andere ist, der es wirklich liebt, seine Frau modisch zu beraten – wer weiß, was der sonst für Macken hat«, wollte ich sie trösten. Wohl wissend, dass, wo ein Plus ist, immer auch ein Minus lauert, weil wir Menschen sowieso darauf gepolt sind, das überzubewerten, was uns fehlt, und das geringzuschätzen, was wir haben (du erinnerst dich: Ich habe schließlich Erziehungswissenschaften und also auch ein wenig Psychologie studiert). Das war zwar mal nützlich, weil es uns von den Bäumen in Einfamilienhäuser mit Zentralheizung und Sitzrasenmäher gebracht hat. Aber der Hang zur Unzufriedenheit ist mit Erreichen dieses Ziels leider nicht in den wohlverdienten Ruhestand gegangen.

ERSTE HILFE

Manchmal ist es sauschwer, ein paar Gründe zusammenzukratzen, weshalb wir eigentlich noch ein Paar sind. An anderen Tagen bin ich über mich selbst empört, weil ich wegen nichts bereit gewesen wäre, etwas so Großes, Schönes, Wunderbares wie unsere Beziehung einfach mit dem anderen Sperrmüll an den Straßenrand zu stellen.

Als Reiseproviant für etwaige Durstrecken hat sich bei mir bewährt, mich an die zig schönen Momente zu erinnern. Daran, wie albern wir miteinander sein können. Dass es kaum jemanden in meinem Leben gibt, mit dem es so lustig ist – außer mit dir und meiner Schwester vielleicht noch. Es kann auch helfen, sich abends drei Dinge aufzuschreiben, die der Mann gut gemacht hat, die süß waren. Vielleicht fällt einem am Anfang nichts ein. Aber aus Erfahrung kann ich sagen: Das wird. Bei mir jedenfalls, und nachdem ich mir für die Hausaufgabe zur Belohnung ein Glas Wein in Aussicht gestellt hatte, fanden sich Eintragungen wie »Kaffee ans Bett«, »unaufgefordert aus der Kleinmarkthalle meine Lieblingslinsenbällchen mitgebracht« und »behauptet, dass er mich liebt«. Nein, das ist nicht die Bilanz eines Monats, sondern tatsächlich die eines einzigen Tages.

Was bei mir leider nicht funktioniert, ist ein Tipp, den ich mal irgendwo gelesen habe: mir die drei Dinge aufzuschreiben, die mich besonders nerven, und mir dann vorzunehmen, fortan großmütig darüber hinwegzusehen. Habe ich ausprobiert. Schaffe ich nicht.

VORSCHRIFTSMÄSSIG

Klingt nicht sehr verlockend? Doch, das ist es durchaus. Aber es ist eben nicht so, dass es dauernd Rosenblätter auf unsere Satinbettwäsche regnet und glitzernde Einhörner in unserem Wohnzimmer zum Soundtrack von *Je t'aime* Party machen. Ich glaube aber, dass es genau diese Erwartung ist, die einiges zur Unzufriedenheit gerade auf der langen Strecke beiträgt. Wir schauen nicht, was gut ist für uns, sondern hören und lesen, was andere finden, das gut sein sollte.

Keine Angst, ich denke nicht, dass man alles allein schaffen sollte. Ich finde durchaus, dass es sehr hilfreich ist, da Experten mit ins Boot zu holen, um weiterzukommen. Um eine Beziehung noch einmal neu auszurichten und/oder sie zu retten. Jemand, der einen viel besseren Überblick hat. Nur würde ich jetzt nicht bei jedem Unwohlsein gleich denken, dass sich da ein Mordskonflikt zwischen Plansoll und Wirklichkeit auftut. Einer, den nur der Profi lösen kann. Einfach, weil ich finde, dass es zum Leben wie zum Lieben gehört, nicht ständig im Friedefreudeeierkuchenland unterwegs zu sein, um gemeinsam unter Nutella-Bäumen zu grasen.

Es ist – so verrückt das klingt – auch mal schön, einfach ganz unbehelligt traurig, frustriert, wütend, melancholisch oder auch enttäuscht sein zu dürfen, ohne dass gleich jemand mit einem Optimierungsvorschlag winkt. Ich will ja, wenn ich mich bei dir über meinen Mann beklage, keine paartherapeutische Sitzung draus machen. Ich will manchmal bloß hören, dass ich ein total armes Hasi bin und der Mann natürlich einen Vollschuss hat.

Für den Moment genügt mir das völlig als »Konfliktmanagement«. Und es hilft. Gerade, weil es so herrlich unqualifiziert ist. Ich denke, dass auch Partnerschaftsexperten bisweilen zu viele eigene Aktien im Thema haben, um wirklich als »neutral« durchzugehen. Am Ende leben sie schließlich davon, uns unsere Beziehungen als ewige Baustellen mit maximalem Verbesserungsbedarf zu präsentieren.

Ich verstehe, wenn man verunsichert ist, weil die Beziehung nicht fortdauernd ein großes Glück ist. Aber ich bin auch überzeugt: Wir können ein paar Ausbesserungsarbeiten an der Liebe schon sehr gut selbst vornehmen. Es stärkt unser Selbstbewusstsein, wenigstens ein paar Reifen und Zündkerzen selbst wechseln zu können, anstatt wegen jedem »komischen Geräusch« von einem Gefühl der Hilflosigkeit übermannt zu werden.

Ich für meinem Teil möchte ohnehin keine vorschriftsmäßige Beziehung führen oder eine Hauptbeschäftigung aus der Zweisamkeit machen. Und auf keinen Fall mag ich mir erzählen lassen, dass »wir mit unserer Liebe alles bewirken können«, wie der ein oder andere Partnerschaftscoach gern behauptet. Wäre es so, würden nicht jährlich 122 Frauen von ihren Männern und Partnern getötet (die vorher sicher auch sehr geliebt haben). Wir hätten eine gerechtere Aufteilung bei Kinderbetreuung und Hausarbeit, fantastischen Sex und bessere Renten.

KRÖTENWANDERUNG

Ich mag meine Probleme eigentlich. Erstens entlastet es mich, nicht perfekt sein zu müssen, weil mein Mann es auch nicht ist. Und dann habe ich ihn mir schließlich ausgesucht. Man entscheidet sich ja nicht nur für einen Mann, sondern auch für eine Reihe von Eigenschaften, die vielleicht nicht so wunderbar sind wie der Rest des Kerls. Von denen man annimmt, dass das eine das andere aufwiegt. Weil man vieles davon als das kleinere Übel empfindet. Jedenfalls gemessen an den Alternativen.

Meint: Ich wäre immer lieber mit einem Mann zusammen, der Nägel kaut, als mit einem Coronaleugner oder einem, der die AfD wählt. Ich ignoriere, dass er vielleicht nicht dauernd über meine Schulter schaut, um zu verfolgen, mit was ich mich gerade beschäftige, weil er dafür im Haushalt unendlich viel erledigt. Perfekt wäre einer, der keine Nägel kaut und auch nichts gegen das Impfen hat. Der spült, einkauft und die Bäder schrubbt und trotzdem lückenlos die Titel all der Bücher aufsagen kann, die ich bislang geschrieben habe. Und zwar in der richtigen Reihenfolge.

Aber so läuft es ja im Leben nicht. Irgendeine Kröte muss man immer schlucken, und wenn man die eine glaubt vermieden zu haben, kommt schon die nächste herangewandert. Es gibt praktisch keinen krötenfreien Mann, so wie es auch keine krötenfreie Frau gibt. Das tröstet mich. Und auch, dass ich mir einfach vorgenommen habe, so wortkarg oder wortreich, so überschwänglich oder minimalistisch, so leidenschaftlich oder auch distanziert, so langweilig und aufregend zu lieben, wie es eben zu uns beiden und nur zu uns beiden passt.

Ansonsten behalte ich mir einfach vor, mich gegebenenfalls zu trennen. Falls nicht wieder etwas dazwischenkommt. Aber bis dahin muss ich sagen: Ich bin tatsächlich seit mehr als dreißig Jahren überwiegend meistens ziemlich glücklich verliebt. Liegt vielleicht unter anderem auch daran, dass wir ein Gästezimmer haben und ich damit die Gelegenheit, schnarchfrei durchzuschlafen. Anstatt einem Mann mit aufgerissenen Augen und Mordgedanken zuzuhören, wie er nachts den Schwarzwald zersägt.

Manche Frauen halten ein zweites Schlafzimmer ja für den Untergang der Liebe. Ich finde, es hilft ihr beim Überleben. Was meinst du?

SIND GETRENNTE SCHLAFZIMMER NICHT DER ANFANG VOM ENDE?

O, mordet nicht den heiligen Schlaf.
(Friedrich Schiller)[1]

Susanne

Ich würde sagen: Mit dem zweiten Schlafplatz verhält es sich wie mit Schwimmwesten – es ist gut, wenn welche an Bord sind. Neben einem Schnarcher ruht man ungefähr so gut wie auf dem Randstreifen der A3. Das Umweltbundesamt empfiehlt für erholsame Nachtruhe einen Pegel von weniger als dreißig Dezibel. Maximal 45. Schon »normales« Schnarchen aber erreicht Spitzenwerte von 60 bis 70 Dezibel. Das entspricht dem Krach eines eingeschalteten Staubsaugers. Man liegt also praktisch nicht etwa nur in Biberbettwäsche, sondern auch im Hochrisikobereich von Herz-Kreislauf-Erkrankungen und von Scheidungen.

Ich muss aber auch sagen: Ich liebe gemeinsame Nächte im Bett. Bis zu einem gewissen Grad kann ich deshalb sehr gut ein leises Sägen überhören. Bei RAOAUGHRAOAUGH würde ich dann aber schon mal über einen Bettenwechsel nachdenken. Aus reinem Selbsterhaltungstrieb heraus.

Denn auf Dauer sorgt Schnarchen dafür, dass mir laut einer Studie britischer Forscher der »Lung Foundation«[2] durchschnittlich 1,5 Stunden Schlaf pro Nacht abhandenkommen. Das macht 23 Tage im Jahr!

Kein Wunder, dass die Männer sich so lange an der Spitze der Weltherrschaft halten konnten. Was hätten wir Frauen alles erreichen können, wenn wir nur ausgeschlafener wären. Angeblich, so will es der Volksmund, schnarcht der Mann ja, um die wilden

Tiere fernzuhalten. Möglicherweise hält er uns damit bloß von DAX-Vorständen und dem Vatikan auf Abstand.

Neben dem Schlafzimmer kennt der Liebes-Kosmos allerdings noch einen weiteren großen Krisenherd – und der steht passenderweise in der Küche. Wenn es nämlich um die Frage geht: Wer tut was im Haushalt und wie schaffe ich es, dass ich dabei nicht allzu sehr ins Minus komme?

WIE SCHAFFE ICH ES, DASS EIN MANN SICH MEHR IM HAUSHALT ENGAGIERT?

Sie wissen ja, eine Frau hat zwei Lebensfragen: Was soll ich anziehen und was soll ich kochen?
(TV-Spot von Dr. Oetker aus den 1950er-Jahren)[1]

Constanze

Ich würde es mal mit den Grundrechenarten versuchen. Es gilt im Prinzip nur die anfallenden Arbeiten durch die Zahl der Personen zu teilen, die sie verursachen. Eigentlich eine einfache Aufgabe. Sollte man meinen. Aber die überwiegend meisten Frauen scheitern immer noch oder wieder daran.

Ganze 163,9 Minuten bringen Frauen in Deutschland täglich für den Haushalt auf. Männer dagegen 89,9. Selbst in Partnerschaften, in denen beide Partner Vollzeit arbeiten, bleibt das Putzen an den Frauen hängen. In der Zeit, in der wir also ihren Dreck mit beseitigen, mit für sie kochen, einkaufen, Wäsche waschen, dem gemeinsamen Kind vorlesen, ruhen sich Männer aus oder tun etwas sehr viel Lustigeres, als die Fliesen im Bad von Kalk zu befreien. Überwiegend meistens sagen sie nicht mal »Danke« dafür, weil das ja die Anerkenntnis einer gewissen Ungleichheit bedeuten würde. Sie finden, im Gegenteil, dass sie sich – also sagen wir mal fast – zur Hälfte an der Hausarbeit beteiligen. Und das bisschen Differenz, das selbst in ihren Augen noch bleibt, ist locker durch Tätigkeiten wie »Auto durch den TÜV bringen« oder »Steuererklärung machen« abgegolten.

Das sage nicht ich. Studien bestätigen, dass Männer nicht nur beim Sex, sondern auch beim Thema Hausarbeit zur rosaroten Brille neigen – jedenfalls, wenn sie ihre Performance selbst beurteilen sollen. Ein Rechenschwäche, die – das muss ich leider sagen – von uns Frauen noch befördert wird. Aus unterschiedlichsten Gründen.

Einmal ist es offenbar schwer, einen Mann zu enttäuschen, der sich anscheinend in dem Gefühl sonnt, im Haushalt bis zum Äußersten gegangen zu sein, wenn er mal die Küche wischt. Und das müsste man, würde man ihn auf den Boden der Tatsachen zurückzuholen. Also dorthin, wo der Haushalts-Rechenschieber auch heute noch nur eine Beteiligung von höchstens dreißig Prozent ausweist. Dann will man keinesfalls undankbar erscheinen. Zumal jedwede Hausarbeit gewöhnlich von einem großen dramaturgischen Aufwand begleitet wird: der Mann also dafür sorgt, dass auch wirklich jeder in der Wohnung, im Haus, im Stadtteil, auf diesem Planeten davon erfährt, welche Großtaten hier gerade vollbracht werden. Und dann fallen einem ja auch all die Frauen im Umfeld ein, deren Männer niemals auch nur einen Wischmopp in die Hand nehmen würden. Solche, die abends beim Wein sagen: »Ehrlich? Dein Franz hat ganz allein das Bad geputzt? BOAH, hast du ein Glück!«

Frauen haben ihre eigene Hausarbeits-Relativitätstheorie. Demnach könnte es nämlich immer noch schlimmer – und leider viel zu selten noch sehr viel besser – sein. Meint: Wir orientieren uns meist nach unten – an Männern, die im eigenen Haushalt die regungslose Zimmerpflanze geben.

DAS MUTTI-DING

Einen anderen Grund, weshalb wir uns oft so viel aufhalsen lassen, nannte vor einiger Zeit die Besucherin einer Lesung. Ich trug aus einem meiner Bücher die betrübliche Statistik zur Beteiligung von Männern bei der Hausarbeit vor. Dann machte ich eine kleine Pause. In die Stille hinein meldete sich eine empörte Stimme von hinten links: »Aber wo bleibt denn da die Liebe?«, fragte sie.

Und ich sagte – ziemlich verdattert –: »Aber wie kann es denn Liebe sein, wenn einer den anderen für sich schuften lässt?« Das ließ die Frau nicht gelten. Sie fand, gerade mit der Hausarbeit, mit dem Engagement dafür, es dem Mann »schön und gemütlich« zu machen, ihm »was Leckeres zu kochen«, würde eine für Frauen einmalige und aus Männersicht fast schon beneidenswerte Gelegenheit liegen, dem Schatzi daheim das herzerwärmende Gefühl von Umsorgtsein zu geben.

»Ich bin doch nicht seine Mutti!«, wehrte ich mich. Aber die Frau bestand darauf, dass der Dienst am Mann im Haushalt eben eine besondere – weibliche – Form sei, »einem Mann Liebe zu zeigen«. Als wären wir in einer TV-Werbung der 1950er-Jahre hängen geblieben. Zum Beispiel der von Dr. Oetker, in der es damals hieß: »Eigentlich hat die Frau es ja vieeeeel besser als er, denn sie DARF backen.«[2]

Vielleicht liegt aber genau in diesem Rollenangebot die Verlockung, alles beim Alten, also auf dem Stand der 1950er-Jahre zu belassen. Ich meine, dieses Mutti-Ding fühlt sich ja wie ein Hausschuh an, in den wir Frauen so bequem hineinschlüpfen können, weil es vor uns Generationen schon so gemacht haben. Etwas, für das wir – mit etwas Glück zwar, aber doch gelegentlich – ein wenig Anerkennung ernten. Schon weil wir uns den Erwartungen an Frauen gemäß verhalten haben, während die Alternative vor allem Ärger bringt. Und zwar so großen, dass selbst sehr kluge, sehr selbstbewusste und an sich emanzipierte Frauen kneifen.

So wie unsere Freundin Martina. Ihr Mann hält Schränke für eine Verschwörung der Möbelindustrie, die uns nur einreden will, dass man Dinge verstauen muss, um noch mehr Absatz zu machen. Gefragt, was er eigentlich im Haushalt tut, reagiert er sauer – schließlich würde er »dauernd kochen«. Aber er kauft nie ein und hinterlässt die Küche nachher in einem Zustand, der einen über Abriss nachdenken lässt. Martina schafft es einfach nicht, ihn dazu zu bringen, wenigstens seine Unordnung zu beseitigen. Von anderen Hausarbeiten, die täglich anfallen, ganz zu schweigen. Er findet, sie habe einen übertriebenen »Hygienefimmel« – den sie schon anderweitig, etwa in Therapie, bekämpfen müsse. Ihm sei es sauber und ordentlich genug.

WEGGEDUCKT

Ausgerechnet Martina erklärte mir kürzlich, dass sie die Idee mit dem Hausfrauengehalt eigentlich ziemlich gut findet. Als Anerkennung für all die Arbeit, die da unbezahlt und also auch ohne Rentenanspruch geleistet würde. »Und dann könnte ich doch einfach mein Hausfrauengehalt an eine andere Frau geben, die dann für dieses Geld bei uns putzt.« Auch eine Lösung. Aber einmal abgesehen davon, dass unsere Volkswirtschaft das nicht überlebte, würde man die Arbeit von Frauen – die Pflege des Haushalts, die Hege von Kindern, aber auch betagten Angehörigen – annähernd angemessen bezahlen, hat diese Idee noch weitere Haken. Männer könnten nun zum Beispiel sagen: »Was willst du denn, du bekommst es doch bezahlt!« Sie aber könnten sich mit dem allerbesten Gewissen zurücklehnen und der Haushalt würde weiterhin das »Reich der Frau« bleiben.

Ich antwortete also Martina: »Für dich wäre das sicher ein schöner Notausgang. Du kannst weiterhin die Auseinandersetzung mit deinem Mann vermeiden. Und hättest zudem das Gefühl, andere Frauen zu unterstützen. Aber eigentlich ist es doch so: Wenn wir es daheim nicht schaffen, unsere Männer zur Mitarbeit zu bewegen und zur Anerkenntnis, dass, wer schmutzt, auch putzt, dann werden wir auch anderswo nichts erreichen. Und es wird nie was mit der fairen Verteilung von Chefsesseln, Gehältern und Lebenschancen.«

Klar weiß ich auch, wie schwer das ist. Man hat es schließlich mit einem überaus hartnäckigen Gegenüber zu tun, das gelegentlich sogar mehr Energie in die Hausarbeitsvermeidung steckt, als es ihn kosten würde, sich zu beteiligen. Fast jede Frau kennt das

Phänomen, dass man etwa beim Anblick eines Mannes, der seit zwei Stunden versucht, einen Ärmel seines Oberhemdes zu bügeln, denkt: »Das kann ich nicht länger mit ansehen. Dann mache ich es lieber selbst. Geht schneller.« Und wir – du und ich – sagen dann: »Geh doch raus. Mach solange was anderes. Der wird schon irgendwann fertig werden. Zumal wenn er feststellt, dass die Strategie ›zwei linke Hände‹ mangels Publikum ins Leere läuft.« Es ist ohnehin hochgradig albern, wie Männer, die eben noch den Vergaser ihrer Harley selbst ausgebaut haben, stur behaupten, sie wüssten nicht, wie man Betten bezieht. Und wenn ich sehe, wie manche ganztägige YouTube-Fernstudiengänge auf sich nehmen, um zu lernen, wie man auf der Gitarre den »Hendrix-Akkord« greift, aber nicht mal bereit sind, ein Kochbuch aufzuschlagen, denke ich: Da hat ja selbst ein Achtjähriger bessere Ausreden drauf. Und natürlich: Das funktioniert nur, weil wir Frauen auf der anderen Seite sofort das Handtuch werfen, sobald ein Mann irgendwie hilflos schaut.

AMTSANMASSUNGEN

Nicht, dass man in jedem Fall alles gleich aufteilen muss. Wir haben jedenfalls nach Neigung entschieden: Tatsächlich bin ich die Büglerin in unserer Beziehung. Ich mache auch die Wäsche und koche. Dafür kauft mein Mann überwiegend meistens ein, macht immer – das heißt täglich – das Katzenklo und hat komplett die Aufräumarbeiten in der Küche übernommen. Ohne Spülmaschine. Die wollte er zum großen Erstaunen des Küchenverkäufers nicht. Obwohl wir sie – irgendwas gibt es ja in diesen Abteilungen immer »umsonst« – beim Kauf unserer Küche tatsächlich gratis bekommen hätten. Mein Mann sagt, er spüle ganz gerne. Und auch, dass ich das einfach nicht richtig könne. Tapfer habe ich meinen ersten Reflex unterdrückt, das als Amtsanmaßung zu verstehen und ihm nachzuweisen, dass er irrt. Ich habe gedacht: »Ich will mich doch jetzt nicht ernsthaft um den Abwasch balgen?!« Und habe es einfach gelassen.

Ich sage außerdem fast IMMER, wann ich etwas geputzt habe, zum Beispiel die Waschbecken in den Bädern oder den Boden. Das ist ja auch etwas, was Männer so gern »nicht mitbekommen«, weshalb sie oft nicht mal den Hauch einer Ahnung haben, wie viel Arbeit so ein Haushalt macht: weil so viel in aller Stille erledigt wird.

Ein Kardinalfehler. Ich meine, wie viele Männer wissen, dass man auch mal die Zimmertüren abwaschen sollte? Dass die Fugen im Bad gereinigt werden müssen? Dass man – gelegentlich – auch die Deckenlampen entstaubt? Die Bettenrahmen abwischt? Die Matratzen lüftet? Dass es so etwas wie Matratzenüberzüge gibt, die gewaschen werden müssen? Wenn ich höre, wie mein Mann – und nicht nur meiner – episch die Erledigung eines winzigen Punktes auf seiner To-do-Liste zum Mammutprojekt aufmotzen kann, dann verrate ich ihm nicht, dass mit der DDR auch der Ehrentitel »Held der Arbeit« abgeschafft wurde. Was er offenbar nicht weiß.

Ich lerne: Worüber man nicht spricht, das existiert nicht. Und auch: dass in der Kommunikation mit Männern, die 99 Prozent der Themen rund um den Haushalt null interessieren, weshalb Wiederholung das Mittel der Wahl ist. Und ja, mein Mann und ich kommen trotzdem noch dazu, über andere Dinge zu reden als darüber, was wir ja auch füreinander erledigt haben.

SHIT-I-DO-LISTE

Eine weitere Denkhilfe: Es bringt etwas, sich einmal einen Überblick darüber zu verschaffen, wie viel man wirklich tut. Frauen erledigen so vieles ganz selbstverständlich einfach nebenbei – ohne es auch nur in ihre innere To-do-Liste aufzunehmen. Daher ist ihnen oft gar nicht bewusst, wie viel sie »nebenbei« tun. Wenn aber selbst auf der inneren Liste schon – sagen wir mal – zwanzig Prozent fehlen, dann wird es natürlich auch mit der Aufteilung schwierig. Ich denke da an Arbeiten wie mal eben die verwelkten Blätter von der Zimmerpflanze zupfen. Die Wäsche aus dem Keller in den ersten Stock zu den Schränken tragen. Mal schauen, was im Kühlschrank fehlt. Auf dem Weg zur Arbeit dem Mann auf dem Wochenmarkt den Lieblingsschinken besorgen (und dafür eine Extraviertelstunde einplanen, wegen der langen Schlangen vor dem Stand). Die Klopapierrollen im Bad auffüllen. Mal eben die Betten aufschütteln.

Die US-amerikanische Autorin Eve Rodsky hat dafür die »Shit-I-do-Liste« erfunden. Meint: Sie fordert dazu auf, wirklich einmal ALLES aufschreiben, was man so erledigt. Sie hat ein ganzes, herrliches Buch dazu geschrieben. Es trägt im Original den so treffenden Titel *Fair Play* und ist in Deutschland unter *Auch Männer können bügeln*[3] erschienen. Sie sagt, sie habe all die »unsichtbare Arbeit« von Frauen ausleuchten wollen. Dafür hat sie Hunderte von Paaren interviewt.

Bevor sie das tat, war ihr durch ein kleines Ereignis selbst erstmals bewusst geworden, wie selbstverständlich ihr Mann über ihre Zeit verfügte. Auch und vor allem dadurch, dass er seine offenbar als wertvoller ansah. Sie erzählt, wie sie einmal auf Geschäftsreise war und ihr Mann Seth, der zu Hause war, ihr die Nachricht schickte, jemand habe seinen Müll – eine Jacke und eine Bierflasche – auf dem Rasen vor dem Haus liegen gelassen. »Als ich in dieser Nacht nach Hause kam, räumte ich die Jacke und die Bierflasche weg, aber mein Akt des Widerstands war es, die Zeit zu messen. Glasscherben aufheben, wegschmeißen, wieder nach Hause gehen – insgesamt waren es zwölf Minuten.« Das sei die Nacht gewesen, in der sie angefangen habe, darüber nachzudenken, wie in ihrer Beziehung eigentlich die Aufgabenteilung war. »Warum wurde von den letzten zwölf Minuten meines Tages erwartet, dass sie im Dienste der Hausarbeit stehen, wenn die letzten vier Stunden von Seths Tag für ihn reserviert waren?«[4]

Das war der Anfang der »Shit-I-do-Liste«, die sofort viral ging. Alles, wirklich alles aufzuschreiben, was man nebenbei erledigt, das war schon lange vor Eve Rodsky bei unserer Freundin Cornelia Ahlers der Anfang jeder Veränderung. Sie ist Hauswirtschaftsmeisterin und coacht von ihrem Standort im Rodgau bundesweit Menschen, die oft leidvoll erfahren haben, dass man im eigenen Haushalt untergehen kann, wenn man nicht ein paar Rettungsringe gereicht bekommt.

»Zu mir kommen frisch geschiedene Männer, aber auch Studenten, die ihre erste eigene Wohnung haben. Berufstätige Mütter ebenso wie gestandene Hausfrauen.« Wenn man bei ihr eine Beratung bucht (haushalts-schule.de), erfährt man als Erstes, dass man einen Haushalt tatsächlich – wie es in der Werbung heißt – wie ein Unternehmen betrachten sollte. Mit allem, was dazugehört: Buchhaltung, Verwaltung, Zeitmanagement, Materialbeschaffung, Aufgabenverteilung. Und wie man dafür zweitens wie bei einem Unternehmen auch hier zunächst einen Produktionsplan erstellt »auf der Datenbasis einer gründlichen Zeiterfassung«.

Meint: Mann und Frau sind aufgefordert, einmal eine Woche lang zu notieren, was sie jeweils im Haushalt tun. Inklusive der Versorgung der Kinder. Weil – ja – auch »Vorlesen« oder »Pausenbrote schmieren« oder »Spielen« zählen zu den Tätigkeiten, die im wahrsten Sinne des Wortes »bemerkenswert« sind.

Nach der Woche hat man es dann schwarz auf weiß: Der Mann tut nicht mal annähernd so viel, wie er glaubt zu tun, und die Frau viel mehr, als sie selbst gedacht hat. Und dann fängt erst mal das große Umverteilen an.

Ich glaube, wenn wir uns erst mal klarmachen, wie unfasslich viel wir Frauen tun und wie wenig die Männer, stärkt das unsere Durchsetzungskraft. Im Einzelfall würde ich zwar erst mal wohlwollend davon ausgehen, dass auch einem Mann das Ungleichgewicht oft nicht bewusst ist – weil wir ihn vielleicht bislang davor geschützt haben, es zur Kenntnis zu nehmen, und uns davor, etwas zu verlangen, von dem wir immer noch nicht ganz sicher sind, ob es uns zusteht. Aber spätestens wenn man es schriftlich hat, sollte doch ein gewisser Veränderungswille gezeigt werden.

In hartnäckigen Fällen von passivem und aktivem Widerstand allerdings müssen wir dringend mal darüber nachdenken, wie unfasslich respektlos es ist, wenn es sich da einer auf unsere Kosten gemütlich macht, sich versorgen und betreuen lässt. Als hätte er – bloß weil er Mann ist – eine anerkannt »schwere Beeinträchtigung der Selbstständigkeit mit besonderen Anforderungen an die pflegerische Versorgung«, womit man sich in Deutschland für die höchste Pflegestufe qualifiziert. Was könnten wir in der Zeit, die wir damit verschwenden, für so einen Mann gratis zu schuften (und der es schon deshalb nicht »verdient« hat, weil er das zulässt), nicht alles und sehr viel Besseres, Schöneres, Sinnvolleres anstellen!

Wenn wir schon unsere Zeit nicht wertschätzen, tut es auch kein anderer. Dann werden wir nie bei gleicher Arbeit gleich bezahlt werden, werden »typisch weibliche Berufe« weiterhin in den untersten Gehaltsstufen herumdümpeln. Und wir werden unsere letzten Jahre in Altersarmut fristen. Am Ende hängt an der Frage »Wer tut was?« sehr viel mehr als bloß die zehn Minuten, die es braucht, etwas zu erledigen.

Vielleicht hilft diese Erkenntnis dabei, die Entschiedenheit und Konsequenz aufzubringen, die manche Männer offenbar benötigen, um ihr Engagement im Haushalt deutlich zu verstärken. Sollten wir die scheuen – aus Angst vor Auseinandersetzungen oder davor, dass er gehen könnte, wenn es ihm daheim zu ungemütlich wird –, dann haben wir ein ganz anderes Problem. Dann fürchten wir, dass seine Liebe möglicherweise nicht groß genug ist, um – berechtigte! – Forderungen auszuhalten. Aber das hat dann auch nichts mehr mit dem Haushalt zu tun.

Gerade dort zeigt sich einmal wieder, was du immer so richtig sagst: dass genauso viel für die Anschaffung eines Mannes spricht wie dagegen. Was denkst du: Wäre es schlimm, sein Leben ohne zu verbringen?

WAS, WENN ICH KEINEN MANN MEHR FINDE?

One-half of the world cannot understand the pleasures of the other half.
(Jane Austen)[1]

Susanne

Diese Frage haben wir uns beide gestellt. Du mit dreißig. Ich mit fünfzig. Du drei Jahre. Ich ein wenig länger. Um genau zu sein: fast zehn Jahre. Ich kann sagen: In beiden Altersgruppen ist es nicht leicht – so ohne Mann. Bei Familienfesten wird man uncharmant gefragt, warum man eigentlich »noch immer« keinen hat. Was gleich mit dem Verdacht einhergeht, dass irgendwas mit einem nicht stimmt. Man irgendwie nicht richtig sei. Zu laut, zu wild, zu eigensinnig, zu mopsig, zu was auch immer. Öfter hörte ich schon mal, dass man eben nicht zu wählerisch sein dürfe, um am Ende nicht das zu werden, was man in Japan einen »Christmas-Cake« nennt: eine Frau, der es nicht gelungen ist, in der Blüte ihrer Jahre unter die Haube zu kommen. Und die – wie ein Weihnachtskuchen im Februar – gründlich den Termin verpasst hat, an dem sie noch genießbar gewesen wäre.

Freundinnen dagegen beneideten mich durchaus um meine Freiheit. Sicher, ich war ganz schön unglücklich. Immer mal wieder. Phasenweise habe ich gedacht: alle, nur ich nicht. Wie gemein! Warum trifft es ausgerechnet mich? Ich habe mich ab und an allein gefühlt und selten auch mal einsam.

Aber: Ich hatte auch viel Spaß. Ich bin dauernd ausgegangen. Habe viel gearbeitet und sehr gern. Bin mit Freundinnen verreist und hatte ab und an mal das, was man heute »casual sex« nennt.

Im Nachhinein durchaus eine schöne Zeit. Vielleicht auch, weil ich »im Nachhinein« schreiben kann. Es blieb ja nicht dabei. Auch wenn ich zwischendurch dachte: Gut, das war es. Da wird nie wieder jemand kommen. So wie damals.

Ich glaube sogar fast, das nimmt sich nichts: ob du mit dreißig denkst, dass du nicht mal im besten Paarungsalter mehr jemanden abbekommst, oder mit 50 plus, dass nun sowieso schon alles zu spät ist. Das Gefühl nimmt sich nichts. Und doch war es nicht gleich. Irgendwann kam dann doch noch einer, bei dem es sehr gut gepasst hat. Bei dir. Bei mir.

Ja, darüber sind wir ganz schön froh. Aber wir haben eben auch genug Zeit gehabt zu erleben, dass es erstens nicht immer so läuft. Und dass zweitens das Single-Dasein keinesfalls ein Leben zweiter Klasse darstellt. Obwohl nicht wenige sehr gut davon leben, uns etwas anderes zu erzählen. Dabei denke ich nicht nur an Tinder & Co. Es regiert ja noch immer diese Idee, dass man ohne Mann nicht etwa ein Fisch ohne Fahrrad ist – also etwas nicht hat, was man auch nicht zwingend braucht. Sondern dass man als Frau quasi nur mit Mann vollständig sein kann und der Zustand der Mannlosigkeit immer nur ein vorübergehender ist.

Die Autorinnen Eva Gerberding und Evelyn Holst erzählen davon auch im Vorwort von *Wer sagt, dass Männer glücklich machen?*[2]. Sie schreiben, dass ihr Buch eigentlich »Frau ohne Mann« heißen sollte, der Verlag das aber ablehnte mit den Worten, das klinge wie »Mann ohne Penis«. Also nach etwas, das die Natur nicht vorgesehen hat.

DIE LIEBE VON AUSSEN BETRACHTET

Ich denke manchmal, mit dem Single-Dasein verhält es sich wie mit Cellulite. Die viel und zu Unrecht geschmähte »Orangenhaut« ist eigentlich der natürliche Zustand weiblichen Bindegewebes. Trotzdem wird so getan, als sei sie der absolute Ausnahme-

und Katastrophenfall. Dabei ist sie ein Massenphänomen – wie das Ungebundensein.

Laut einer Studie aus dem Jahr 2021 sind in Deutschland 23 Millionen Menschen nicht in einer Partnerschaft. Das ist mehr als jeder oder jede Vierte.[3] Das sollte eigentlich genügen, um sich für ein unaufgeregtes »normal« zu qualifizieren. Tut es aber nicht. Man gilt immer noch als fehlerhaft.

Tatsächlich steckt schon in der Frage »Ich verstehe gar nicht, weshalb du keinen Mann hast!« immer der Generalverdacht, man habe da irgendwo einen bislang gut kaschierten Schaden, der es einem unmöglich macht, einen Mann zu begeistern und dauerhaft an sich zu binden. Eine Haltung, die noch von Frauen befeuert wird, die ihr Verharren in unglücklichen Beziehungen vor sich und anderen damit rechtfertigen, dass es hätte schlimmer kommen können, als mit Udo oder Fred verheiratet zu sein: gar keinen Mann zu haben. Als würde zu einem gelungenen Leben ein Mann gehören. Irgendein Mann.

Dabei steckt da doch im Hinterkopf schon die Ahnung, dass das Leben ohne Udo oder Fred möglicherweise gar nicht so übel wäre und vielleicht sogar entspannter, weniger frustrierend, weil kein Mann einen eben auch nicht enttäuschen kann. Ganz sicher wäre man ausgeschlafener und vermutlich schlanker (weniger Schweinebraten, mehr Quinoa-Avocado-Rote-Beete-Bowls). Aber dann stehen auf der anderen Seite des Gartenzauns die Singles, recken die Hälse und denken: Wow! Und auch: Hat die ein Glück. Das da drüben muss doch das Paradies sein. Eines, in dem Männer Frauen dauernd auf Händen tragen, wo man abends tiefe Gespräche am Esstisch führt, während man ein gemeinsam zubereitetes Mehrgang-Menü zu sich nimmt. Danach räumen beide ab, teilen sich den Abwasch, schauen sich keine Netflix-Serie an, sondern haben zügig wilden, leidenschaftlichen Sex. Ja, das alles kann vorkommen. Besonders am Anfang.

Überwiegend werden jedoch auch auf der anderen Seite des Gartenzauns Tütensuppen aufgewärmt, werden Hemden gebügelt, wird darüber gestritten, ob nun in neue Autofelgen oder in ein neues Sofa investiert wird. Wenn nicht ohnehin dort längst zutrifft, was Erich Kästner einmal so beschrieb: »Und am schlimmsten ist die Einsamkeit zu zweit.«[4]

Ich will die Zweisamkeit nicht schlechtreden. Dafür genieße ich sie – ja, durchaus – zu sehr. Aber sie gehört eben auch nicht auf das Podest, auf das sie so oft gestellt wird. Das tut ihr und allen Beteiligten nicht gut. Und vor allem nicht den daran gerade Unbeteiligten.

SCHLANGE AN DER LIEBESAUSGABE

Wie hoch der vermeintliche Idealzustand »Beziehung« gehängt wird, merke ich manchmal an den Reaktionen von Single-Freundinnen, die offenbar erwarten, dass mein Mann es täglich Rosen regnen lässt – so wie damals Gunter Sachs für Brigitte Bardot.

Aber ich will den Mann nicht überfordern. Und mich auch nicht damit, dauernd neue Liebesnachweise einzufordern. Das macht nämlich echt viel Arbeit.

Denn mal ehrlich: Wie oft stehen wir Frauen, die wir einen Mann haben, an der Liebesausgabe Schlange und hätten das, worauf wir da oft auch vergeblich warten – süße Präsente, Blumensträuße, Kurztrips in spannende Großstädte, intensive Gespräche –, sowieso längst viel besser und schneller selbst erledigt?! Blumen kaufen. Sich was Hübsches zum Anziehen shoppen. Mit Freundinnen verreisen und mal alles durchsprechen, ohne diesen leeren Blick, den Männer manchmal aufsetzen, wenn sie etwas nicht wirklich interessiert. Also ziemlich oft.

Vielleicht sollten wir diese so schwierige Aufgabe, uns glücklich zu machen, ein schönes Leben zu haben, nicht einzig dem Mann überlassen. Das müssen wir schon selbst erledigen. Sicher, der Mann spielt hier und da durchaus eine tragende Rolle. Er ist so etwas wie die Kirsche auf der Sahne, die Petersilie auf den Kartoffeln, das Schirmchen im Cocktail, das Zierkissen auf dem Sofa. Aber er macht nicht, dass es dauernd Zauberstaub auf unser Leben regnet, wir uns nie mehr grämen müssen, uns immer rundum verstanden und uns wahnsinnig heiß begehrt fühlen dürfen. Man verklärt sehenden Auges, was man nicht hat: Das Gras ist eben auf der anderen Seite immer grüner.

Ich weiß noch, wie ich – als ich noch mit meinem Ex, dem Philosophen und Theologen und Fernsehmoderator Gert Scobel zusammen war – oft genug gehört habe: Wie toll muss das sein. Bei Lesungen haben Frauen gefragt, mit sehnsüchtigem Blick, ob wir abends immerzu auf der Couch sitzen bei einem Glas Rotwein und die Nächte wegreden über den Sinn des Lebens …

Ich habe nur gegrinst. Es gab solche Nächte, aber Alltag waren sie mit Sicherheit nicht.

Wir haben beide eine gemeinsame Freundin, die entschieden hat, lieber ohne Mann zu bleiben, als ihre Ansprüche herunterzuschrauben – auf die Tiefebene, auf der die meisten Frauen ihrer Ansicht nach ihre Beziehungen führen. Sie sagt: »Ich will gar nicht diesen Backstagepass ins männliche Gemüt – dorthin, wo er sich immer noch nicht von seiner Mutti abgenabelt hat oder heimlich Pornos schaut oder rülpst oder die Gabel falsch hält.« Sie hat ihr Problem mit dem Allzumenschlichen im Männlichen damit gelöst, sich keinen näherkommen zu lassen, als es für ein paar Nächte unbedingt nötig ist.

Ziemlich radikal, sicherlich. Aber ihr geht es sehr gut damit. Sie hat viele Freundinnen, reist eine Menge in der Weltgeschichte herum (wenn wir nicht gerade mal wieder »Fröhlich auf Abstand«[5]

in einem Lockdown sind ...) und plant jetzt, ein paar Monate in Australien zu leben, worum ich sie wirklich beneide. Es gibt eben viele Gründe, Single zu sein, und es sind nicht die schlechtesten. Manchmal ist weniger auch mehr.

GEKNIFFEN

Eine Bekannte hat sich vor einigen Jahren – pünktlich zum Rentenantritt – aus einer sehr unglücklichen Ehe mit einem kaltherzigen Narzissten verabschiedet. Sie mietete sich eine kleine Wohnung und begann ein neues Leben. Sie genießt es, morgens aufzuwachen »und keiner will etwas von mir, ich brauche keine Rücksicht zu nehmen, niemanden zu bekochen. Mein Alltag war so lange und so viel von meiner Familie durchgetaktet, dass ich es heute einfach wunderbar finde, mich dann, wann ich will, aufs Fahrrad zu setzen oder in irgendeinem Restaurant essen zu gehen.« Sie ist abends oft allein unterwegs in der Stadt, setzt sich in Hotels an die Bar und bleibt dort nicht alleine hocken.

Sie sagt: »Ich komme eigentlich immer ins Gespräch mit spannenden Menschen.« Sie hat Freundinnen, Freunde, Klassenkameraden und Familie, die »ich alle heiß und innig liebe!«. Sie weiß: »Meine Welt ist unendlich viel größer geworden.« Und sie erzählt, wie sie manchmal – bei offiziellen Anlässen – mit altgedienten Paaren am Tisch sitzt und die Frauen ihr, sobald die Männer außer Hörweite sind (wofür in dem Alter schon ein paar Zentimeter reichen), zuraunen: »Wie ich Sie beneide um Ihr Leben ohne Mann!«

Diese Frauen fühlten sich – wie sie ihr so unauffällig zu verstehen geben – irgendwie gekniffen vom Leben. »Dabei könnten sie doch genau dasselbe tun wie ich, aber sie trauen sich das nicht.« Mich erinnert der ganze Umgang mit dem Single-Thema an die Geschichte von den fünf Affen.

Fünf Affen wurden in einen Käfig gesperrt und auf eine Leiter wurde ein Eimer voller Bananen gestellt. Jedes Mal, wenn ein Affe versuchte, an die Bananen zu gelangen, wurden die anderen Affen mit Wasser bespritzt. Schnell hinderten die Affen sich gegenseitig daran, auf die Leiter zu steigen, da sie nicht für die »Fehler« der anderen bestraft werden wollten. Einige Zeit später wurden die Affen nach und nach ausgetauscht. Ein neuer Affe versuchte nun, an die Bananen zu kommen, und wurde sogleich von den anderen verprügelt. Jeder neue Affe lernte schnell, dass man nicht auf die Leiter klettern darf und man möglichst die anderen auch daran hindern sollte. Als schließlich alle fünf Affen ausgetauscht waren, war kein Affe mehr dabei, der jemals mit Wasser bespritzt worden war. Und trotzdem versuchte niemand, die Bananen zu bekommen. Und wenn doch einer den Versuch unternahm, wurde er von den anderen daran gehindert. Wieso? »Das haben wir immer schon so gemacht«, könnten die Affen auf Nachfrage antworten …

UNBEMANNT

So verhält es sich auch mit der Angst, ohne Mann zu sein. Mag sein, dass es sehr viel früher wirklich ein Makel war – weil Frauen auch und vor allem aus wirtschaftlichen Gründen einen Mann zur Absicherung brauchten. Als Männer noch ein Statussymbol waren und man nicht mehr eingeladen wurde, wenn es fehlte.

Doch mittlerweile weiß eigentlich niemand mehr genau zu sagen, was am Beziehungsstatus »unbemannt« so schrecklich sein soll. Nur eben, dass es schrecklich sein muss. Und dann fühlt es sich gleich auch so an. Gern wird dann – weil einem sonst nichts mehr einfällt – die Bibel zitiert, wo ja schon steht, es sei nicht gut, dass der Mensch allein sei. Aber genau das trifft vor allem nicht auf Singles zu. Gerade die haben besonders enge Freundschaften, die sie oft hingebungsvoll pflegen, und damit längst den Nachweis erbracht, dass sie durchaus »Beziehung« können. Inklusive aller Verantwortlichkeiten, die dazugehören: das ganze Kümmern und Umsorgen.

Währenddessen denken manche Paare: »Ich habe ja schon einen nächsten Menschen – das muss reichen«, und stellen Freundschaften eher hintan. »Amefi« nennt der Paarberater Michael Mary[6] das »Allesmiteinemfürimmer«-Konzept, das sowieso nie aufgeht, weil einer allein nie auch nur annähernd all unsere Leidenschaften, Bedürfnisse, Sehnsüchte abdeckt. Weil Paare sehr selten gemeinsam sterben. Und ein Blick auf die Scheidungsquote genügt, um festzustellen, dass die Chancen 1:2 stehen, irgendwann wieder Single zu sein. Spätestens dann brauchen auch sie ein paar sehr gute Freundinnen.

Und was ist mit dem ganzen Umarmen und Anfassen, dem In-den-Arm-genommen-Werden? Unsere Freundin Maja hat für dieses Bedürfnis angefangen, Tantra-Seminare zu besuchen, und uns das wärmstens empfohlen. Sie sucht auch einen Mann. Aber nicht angestrengt. Oder »nur, um irgendeinen zu haben«. Wenn es klappt, wäre es schön. Wenn nicht, »habe ich auch ein tolles Leben!«.

Gut, das mit dem Tantra wäre nicht so meins. Und ich will auch nicht verleugnen, dass ich mich als Single immer mal wieder allein gefühlt habe. Trotz aller Freundschaften, aller Sozialkontakte. Einsam hingegen war ich nur sehr selten. Dann habe ich mich einen Abend in Selbstmitleid gesuhlt, darüber lamentiert, warum ausgerechnet ich den Einen nicht finde, und mich dann wieder darauf besonnen, dass ich ein verdammt schönes Leben habe. Es gibt eben keine Perfektion. Schon gar nicht da, wo Menschen und Gefühle involviert sind.

SCHLUSS:

Wir haben uns für dieses Buch ein Jahr lang gegenseitig Fragen gestellt.

Wir haben darüber gesprochen, was für uns jeweils zählt, was uns bewegt, was sich für uns richtig und was falsch anfühlt und woran wir verzweifeln. Zum Beispiel daran, wie es dann manchmal doch ganz anders kommt, als man denkt, und wie das bisweilen sogar die gute Nachricht ist.

Was wir dabei auch erfahren haben: Es gibt Dinge, die sind unverhandelbar. Solche wie Respekt, Fairness und Achtung etwa.

Und wir haben gelernt: Es gibt kein Rezept, das für alle passt. Jede Liebe ist ein Unikat. So wie die Menschen, die daran beteiligt sind.

Deshalb können nur Sie wissen, ob Sie die Liebe um sich haben, die Sie brauchen und sich wünschen. Bei allen anderen ja nicht unwesentlichen Fragen: »Was kann ich dafür tun? Wie schaffe ich es, die Liebe zu finden, zu genießen und zu halten?«, konnten wir Ihnen – hoffentlich – behilflich sein. Es würde uns sehr freuen. Schon weil Frauen heutzutage wirklich sehr viel Besseres zu tun haben, als sich mit Liebeskummer und blöden Kerlen den Tag zu versauen.

DANKSAGUNG

Liebe ist nicht nur ein Tu-Wort, sondern auch Teamwork. Ein Herzchen geht deshalb jeweils an die wunderbare Ilka Heinemann und die großartige Caroline Draeger. Und natürlich haben wir auch jeweils eines für die Männer in unserem Leben. Sie haben mehr zu diesem Buch beigetragen, als sie vermutlich ahnen.

ANMERKUNGEN

Intro: Wenn Liebe die Antwort ist, weshalb habe ich so viele Fragen?

1 Textzeile aus seinem Song *Hungry Heart*: https://www.springsteenlyrics.com/lyrics.php?song=hungryheart. Alle Internet-Zitatquellen wie diese sind zuletzt am 07.04.2022 vor 15.00 Uhr abgeglichen worden. Für spätere Änderungen übernimmt der Verlag keinerlei Verantwortung.

Woran erkenne ich den Richtigen?

1 https://www.songtexte.de/songtexte/the-rolling-stones-you-cant-always-get-what-you-want-6218649.html
2 Constanze Kleis: »Der Mann fürs Leben«, in: *Berliner Morgenpost* vom 12. Februar 2005.
3 Max Feldmann: »Hü oder hott?«, in *Süddeutsche Zeitung* vom 18. Juli 2019 (https://sz-magazin.sueddeutsche.de/wissen/entschiedungen-treffen- 8751?reduced=true).

Geht es nicht auch ohne Online-Dating?

1 Dan Slater: *A Million First Dates – Solving the Puzzle of Online-Dating*. Current Publishing, London 2014, S. 122.

Hat die Liebe einen BMI?

1 https://gutezitate.com/zitat/245495 und Peter Lückemeier in: »Herzblatt Geschichten«, nach FAZ vom 15. November 2004.

Wie viel weiblicher Erfolg ist einem Mann zuzumuten?

1 https://beruhmte-zitate.de/zitate/1976617-virginia-woolf-die-frau-hat-jahrhundertelang-als-lupe-gedient-we/

Sollte man die genaue Zahl seiner Ex-Geliebten verraten?

1 Margaret Mitchell: *Vom Winde verweht*, Kapitel 9, 1937.

Wann ist der perfekte Zeitpunkt für den ersten Sex?

1 Songtext *International Lover*, eigene Übersetzung.

Kann man Sex verlernen?

1 Nora Ephron: *Crazy Salad: Some Things About Women*. Knopf Publishing, New York 1975.

Wie trägt man heute das Schamhaar?

1 https://sti.bmj.com
2 https://medical-inn.com/mitop/hodensackstraffung/hodensackstraffung

Ist anal das neue cool?

1 https://beruhmte-zitate.de/zitate/1982663-oscar-wilde-alles-auf-der-welt-dreht-sich-um-sex-ausser-sex-b/#:~:text=%E2%80%9EAlles%20auf%20der%20Welt%20dreht,%E2%80%9C
2 https://www.sexmedpedia.com/wie-viel-anal-ist-normal/

Wer schreibt wem zuerst und wann?

1 https://musikguru.de/daliah-lavi/songtext-meine-art-liebe-zu-zeigen-109181.html

Kann man sich einen Mann auch schön denken und fühlen?

1 https://psycnet.apa.org/record/2020–05477–001

Wie erklärt man einem Mann, dass er nicht der Richtige ist?

1 Bertolt Brecht: *Der Jasager. Der Neinsager*, 2. Bild (Der Knabe), in: *Ausgewählte Werke in sechs Bänden*. Erster Band: Stücke 1. Frankfurt am Main, Suhrkamp Verlag 1997, S. 317.

Wer zahlt den ersten Restaurantbesuch?

1 Robert Byrne: *The 2,548 Wittiest Things Anybody Ever Said*. Touchstone Books, New York 2012.

Ab wann sind wir ein Paar?

1 Robert Byrne: *The 2,548 Wittiest Things Anybody Ever Said*. Touchstone Books, New York 2012.
2 Oliver Arránz Becker: *Was hält Partnerschaften zusammen?* VS Verlag, Wiesbaden 2012.
3 Julia Schaaf, »So finden Sie heraus, ob der andere es ernst meint«, in: *FAZ* vom 15. Januar 2020.

Muss ich seine Mutter mögen?

1 Florian Illies: *Liebe in Zeiten des Hasses.* S. Fischer Verlag, Frankfurt 2021, S. 51.

Wieso funktioniert Patchwork immer nur bei anderen?

1 Honoré de Balzac in: *Une fille d'Ève*, 1838 (Deutsch: *Eine Evastochter*).

Wie viel Ex darf's sein?

1 Robert Byrne: *The 2,548 Wittiest Things Anybody Ever Said.* Touchstone Books, New York 2012.

Wie geht man um mit der Mutter seiner Kinder?

1 https://www.huffingtonpost.co.uk/2015/10/28/adele-motherhood-interview_n_8405436.html

Ist Monogamie ein Auslaufmodell?

1 Chris Wilson: »Polygame leben länger«, in: *Spiegel online* vom 24. August 2008.

Sollten wir mehr Zeit miteinander verbringen?

1 Textzeile aus dem Song *Come Together* der Beatles: https://de.wikipedia.org/wiki/Come_Together

Gibt es auch Abstandsregeln für die Liebe?

1 https://en.wikipedia.org/wiki/Dan_Hicks_(singer)
2 https://gutezitate.com/zitat/170898

Sollte ein Mann eine Frau nicht unbedingt heiraten wollen?

1 https://books.google.de/books?id=4iUSAgAAQBAJ&pg=PT156&lpg=PT156&dq=Jean+kerr+einen+mann+zu+heiraten&source=bl&ots=B-Ja5–1rGOl&sig=ACfU3U02Tk5QXkJssLRZOhJN7LA_6yKpyQ&hl=de&sa=X&ved=2ahUKEwj6kde938r2AhUiRvEDHcPoB_QQ6AF6BAgZEAM#v=onepage&q=Jean%20kerr%20einen%20mann%20zu%20heiraten&f=false
2 Studien des Forschers Patrick McDonald im *Journal of Marriage and Family*: https://www.brigitte.de/liebe/sex-flirten/studie--haben-unverheiratete-paare-mehr-sex-als-verheiratete--11784056.html

Ist es schön, verheiratet zu sein?

1 https://gutezitate.com/zitat/185989
2 Vgl. Studie der Gesellschaft für deutsche Sprache (GfdS) in der *Süddeutschen Zeitung* vom 19. Dezember 2019.
3 Mareike Nieberding: »Behaltet eure Namen«, in: *Die Zeit* vom 12. Februar 2018.

Ist Zusammenziehen immer eine gute Idee?

1 https://www.pinterest.de/pin/408138784984151156/

Können Geschenke nicht einfach ideell sein?

1 Bill Watterson, in: *Calvin and Hobbes*, https://www.pinterest.de/pin/322077810843954662/

Geld oder Liebe?

1 Fjodor Michailowitsch Dostojewski: »Memoiren aus einem Totenhaus« (in Arbeit seit 1856); veröffentlicht in: *Wremja*, 1861 bis 1862.
2 https://www.bmfsfj.de
3 Mareike Nieberding: »Wie Frauen klein gehalten werden«, in: *Süddeutsche Zeitung Magazin* vom 17. Februar 2022.
4 »Die schönsten Sprüche von und über den Fußballer«, in: *Süddeutsche Zeitung* vom 19. Mai 2010.

Wieso schickt er mir keine Nachrichten?

1 Aus: *Der Spiegel*, 28. Februar 2005, S. 180.

Wie streitet man richtig?

1 https://zitate-fibel.de/zitate/dr-gregory-house-einigen-wir-uns-also-darauf-dass-wir-uns-uneinig-sind

Ist eine Affäre keine Affäre?

1 Robert Byrne: *The 2,548 Wittiest Things Anybody Ever Said.* Touchstone Books, New York 2012.

Was tun, wenn sich der Mann in eine andere verliebt?

1 https://www.google.com/search?q=sometimes+i+lie+awake+at+night+charlie+brown&rlz=1C1CHBF_deDE939DE939&oq=sometimes+i+lie+awake+at&aqs=chrome.3.0i19i355j46i19j69i57j0i19j0i19i22i30l6.8629j0j4&sourceid=chrome&ie=UTF-8

2 Violetta Simon: »Ich bin eben nicht perfekt«, in: *Süddeutsche Zeitung* vom 10. Oktober 2012.
3 https://www.n-tv.de/archiv/Er-geht-in-Sexrente-article112425.html

Ab wann beginnt der Betrug?

1 https://www.songtexte.com/songtext/taylor-swift/shouldve-said-no-4b4ba34a.html

Was tun, wenn ein Mann gewalttätig wird?

1 https://www.zitate.eu/autor/prof-dr-friedrich-hacker-zitate/32391
2 »Frau an Auto gebunden – 14 Jahre Haft«, in: *Der Spiegel*, 31. Mai 2017.

Wie bleibt der Sex und sogar aufregend?

1 Robert Byrne: *The 2,548 Wittiest Things Anybody Ever Said.* Touchstone Books, New York 2012.
2 In der Sendung *3nach9*, 14. Januar 2022.

Was befeuert die Leidenschaft?

1 Aus: *Petra* 23/1996.

Wie schafft man es, so lange zusammenzubleiben?

1 https://quotes.thefamouspeople.com/rodney-dangerfield-2736.php
2 https://www.ifp.bayern.de/ueber/mitarbeiter/berkic.php
3 Werner Bartens: »Liebe auf den ersten Riecher«, in: *Süddeutsche Zeitung* vom 4. Oktober 2013.

Sind getrennte Schlafzimmer nicht der Anfang vom Ende?

1 Friedrich Schiller, »Wallensteins Tod«, (*Wallenstein*-Trilogie, entstanden 1796–1799), Erstdruck 1800, 5. Akt, 6. Auftritt, Gordon.
2 »Schnarchen, was hilft wirklich?«, in: *Bild* vom 8. September 2013.

Wie schaffe ich es, dass ein Mann sich mehr im Haushalt engagiert?

1 https://www.whudat.de/sie-wissen-ja-eine-frau-hat-zwei-lebensfragen-was-soll-ich-anziehen-und-was-soll-ich-kochen/
2 https://fudder.de/so-krass-war-das-frauenbild-frueher-in-der-werbung--150198152.html
3 Eve Rodsky: *Auch Männer können bügeln. Mit Fair Play gehen Familie und Haushalt wie von selbst.* Knaur Verlag, München 2019.
4 Dorothea Wagner: »Männer sind großartig darin, ihre Zeit zu schützen«, in: *Süddeutsche Zeitung Magazin* vom 21. August 2020.

Was, wenn ich keinen Mann mehr finde?

1 Robert Byrne: *The 2,548 Wittiest Things Anybody Ever Said.* Touchstone Books, New York 2012.

2 Eva Gerberding und Evelyn Holst: *Wer sagt, dass Männer glücklich machen? – Frauen am Rande des Nervenzusammenbuchs.* Mit Illustrationen von Til Mette. Südwest Verlag, München 2013.

3 Verbrauchs- und Medienanalyse VuMA: https//vuma.de

4 https://www.zitat-des-tages.de/zitate/am-schlimmsten-ist-die-einsamkeit-zu-zweit-erich-kaestner

5 Susanne Fröhlich/Constanze Kleis: *Fröhlich auf Abstand.* Knaur Verlag, München 2020.

6 https://michaelmary.de/